塑造区域发展新优势

山东新旧动能转换问题研究

主编 郝宪印

山东人民出版社·济南
国家一级出版社 全国百佳图书出版单位

图书在版编目（CIP）数据

塑造区域发展新优势：山东新旧动能转换问题研究/郝宪印主编.--济南：山东人民出版社，2018.10
ISBN 978-7-209-11722-7

Ⅰ．①塑… Ⅱ．①郝… Ⅲ．①区域经济－经济结构调整－研究－山东 Ⅳ．①F127.52

中国版本图书馆CIP数据核字(2018)第239826号

塑造区域发展新优势
——山东新旧动能转换问题研究
SUZAO QUYU FAZHAN XINYOUSHI

郝宪印　主编

主管部门　山东出版传媒股份有限公司
出版发行　山东人民出版社
社　　址　济南市英雄山路165号
邮　　编　250002
电　　话　总编室（0531）82098914
　　　　　市场部（0531）82098027
网　　址　http://www.sd-book.com.cn
印　　装　山东华立印务有限公司
经　　销　新华书店

规　　格　16开（169mm×239mm）
印　　张　20.75
字　　数　220千字
版　　次　2018年10月第1版
印　　次　2018年10月第1次
印　　数　1—2000
ISBN　978-7-209-11722-7
定　　价　46.00元

前 言

影响区域发展的因素有很多，自然条件、区位优势、政策措施、人力资源、历史机遇等，都会对一个区域的发展产生一定的作用。观察区域发展的实际，我们会发展这样的现象：面对同样的政策背景、同样的历史机遇，不同的区域发展也会有所不同；自然资源和人力资源条件好的地方，不一定发展得好；区位条件优越，也可能成为一个区域竞争的劣势。拉美各国资源禀赋优势明显，资源丰富，特别是石油、铜等矿产资源在世界占有重要位置，但在发展到一定阶段后，最终没有摆脱“中等收入陷阱”；日本作为一个岛国，自然禀赋并不好，各种资源稀缺，却成为曾经的世界第二大经济体，不可谓不是一个奇迹。在世界经济发展进程中，这样的例子俯拾皆是。

进一步研究我们会发现一个共同的规律，这就是，哪个地方发挥出了自身的竞争优势，哪个地方就发展得快、发展得好，反之，发展的效果就不理想。一个地方要在区域竞争中走在前面，就必须发挥好自身的比较优势，用好各种要素资源，形成自己的竞争优势。

改革开放以来，山东领改革开放风气之先，充分利用人口众多、资源丰富的优势，推动山东实现了较长时期的高速发展，成为重要的经济大省，在全国经济格局中扮演着举足轻重的角色。但是，一个时期以来，由于没有及时调整过多依赖能源资源的传统增长模式，过于注重速度和规模，原有的发展优势逐渐弱化，新的优势没有及时得到塑造和培育，“追兵越来越近，标兵渐行渐远”，在区域竞争中慢慢和经济发达省份拉开了差距。进入新常态，我国经济由高速增长阶段转向高质量发展阶段，迫切需要山东牢固树立并大力践行新发展理念，高度重视科技创新、管理创新、制度创新，加快建设现代化经济体系，培育新增长点、形成新动能，重塑山东竞争新优势，推动山东发展持续走在全国前列。

本书作者都是长期从事政策研究工作的同志，他们经过多年的观察和研究，形成了对山东经济发展的一些见解和看法，并付诸文字，奉献给大家，希望对了解和研究山东经济问题有所帮助。

由于作者能力水平所限，加上时间仓促，书中错讹纰漏之处在所难免，望读者予以谅解、批评指正。

编　者

2018年9月

目录

contents

第一章 区域发展与竞争优势

一个地方的发展取决于很多因素，自然条件、区位优势、政策措施、人力资源、历史机遇等，这些都是不可缺少的。综观各地发展我们会发现，处在同一政策背景、历史机遇下，发展会各有不同；自然、人力资源条件好也不一定发展快，区位条件优越可能成为竞争的劣势。进一步研究我们会发现一个共同的规律在发生作用，就是哪里发挥出了自身的竞争优势，那个地方就发展得快、发展得好，反之，发展的效果就不理想。因此，研究区域发展，不仅要分析一个地方发展已经具备的现实因素，更要找出促进一个地方更好更快发展的要素组合方式。或者说，一个地方要在区域竞争中走在前面，必须发挥好自身的比较优势，用好各种要素资源，形成自己的竞争优势。

第一节 区域发展与区域竞争优势

从一个基层单位，到县、市、省甚至国家，只要是一个相对独立的单元，都可以称为一个区域，都有发展问题。要想在发展的竞争中胜出，必须立足自身实际，找出自己的比较优势并把它发挥出来。

一、区域与区域经济

（一）区域

“区域”（region）一词，最早为地理学所用，通常是指具有一定规模的地理单元和区域空间。《中国大百科全书》认为：“区域，用某个指标或某几个特定指标的结合，在地球表面中划分出具有一定范围的连续而不可分离的空间单位。”区域是一个客观存在的空间概念，不同学科赋予区域以不同的理解、属性和内涵。地理学把它作为地球表面的一个地理单元；经济学把它作为一个在经济上相对完整的经济单元；政治学一般把区域看作是国家实施行政管理的行政单元；社会学则把它作为具有某种社会文化特征的人类聚居社区和文化单元，等等。无论从哪个学科角度去理解，区域的最基本属性还是一个“具有一定规模的地理单元”，其他的各类单元都是在地理单元的基础上派生的。

（二）区域经济

《现代经济辞典》对区域经济有这样的界定：一定区域空间内各种经济活动所组合的有机整体。区域经济具有区域性、非均衡性区域、阶段性和连续性、开放性等特点，是一个国家或地区一个特殊的经济上尽可能完整的区域，是在社会劳动区域分工的基础上，随着经济发展逐步形成的、以紧密联系为基础的各具特色的经济综合体。

（三）区域发展

区域发展一般是指在一定时空范围内，以资源开发、产业组织、结构优化为主要内容的一系列经济社会活动。区域发展一般分为初级阶段、成长阶段和转型阶段。在区域发展初期，人类对环境的影响比较微弱，区域内部人地关系基本协调；在区域发展的成长阶段，随着经济的发展，资源开发的规模越来越大，区域内部产业结构和空间结构渐趋复杂，人地关系发生了很大的变化，开始出现明显的不协调；在成长阶段后期，随着资源枯竭、环境污染加重、地价上涨，以及劳动力价格提高等，区域原有优势逐渐丧失，区域原先具有的集聚效应减弱，区域产业必须进行调整，寻求新的发展。对于区域发展，人们通常存在着认识上的偏差，即将其等同于区域经济发展。事实上，区域发展不仅要实现经济增长，更要实现区域综合实力的提高，实现经济效益、社会效和生态环境效益的高效统一，实现区域的可持续发展。

二、我国区域发展与区域竞争

（一）新中国区域发展的几个阶段

纵观我国区域发展历程，大致经历了均衡发展（初级阶段）、非均衡发展（成长阶段）、协调发展（转型阶段）几个阶段。

1. 均衡发展阶段（1949—1978年）

新中国成立后，我国生产力布局和区域经济发展基本上以均衡发展为主导，在区域政策上采取的是近乎平均主义的做法。“一五”计划时期，中央调整国家工业布局，大力投资发展中西部和东北部工业，并将东部沿海的部分工业转移到中西部地区。东北地区形成以沈阳、长春、哈尔滨等城市为代表的东北老工业基地。在“三线建设”时期，国家大规模投资于三线地区11个省，形成重庆、昆明、成都、西安、贵阳、兰州等十几个新兴工业基地，基本实现了全国生产力均衡布局的目标。

2. 非均衡发展阶段（1979—1990年）

这一时期，我国对区域均衡发展战略进行了深入研究，并在改革开放后提出了非均衡发展的目标。1980年，国家设立深圳、珠海、汕头和厦门经济特区，1985年，将珠江三角洲、长江三角洲、闽南地区和环渤海四个更大范围地区列为开放地区，1988年设立海南经济特区，1990年开发开放浦东新区。东部沿海地区的经济获得了迅猛发展，形成了珠江三角洲、长江三角洲等国家核心增长极，国家的整体经济实力得到了极大提高。

3. 协调发展阶段（1991年至今）

为解决区域发展失衡问题，国家推出了西部大开发、振兴东北老工业基地、中部崛起规划，新时代又提出京津冀协同发展、长江经济带等国家区域发展战略和“一带一路”倡议，并将区域协调发展确定为国家区域发展的主导思想。随着区域协调发展战略的逐步推进，东西差距扩大、东北落后、中部塌陷的状况得到了改善。东部地区实施率先发展战略，力求在率先改革和发展中带动中西部地区的发展。与此同时，针对耕地紧张和粮食安全问题、环境资源问题、城乡差别问题以及城镇（市）之间的利益冲突问题，国家先后出台了三轮土地利用总体规划、主体功能区规划和社会主义新农村建设规划，并开始编制全国城镇体系规划。

（二）区域竞争

1. 区域竞争理论的发展

我国对于区域竞争理论探索与研究，自近代至今，大致可以分为三个阶段。

萌芽阶段。我国的区域竞争理论萌芽于19世纪中期，一些具有民族意识的知识分子，最早开始有了国与国之间的区域竞争意识。林则徐首先提出“放眼看世界”，《四洲志》《海国图志》《瀛环志略》等一些帮助人们了解世界各国地理和地区经济的“洞悉夷情”著作应运而生。在这些论著中，魏源《海国图志》影响最大，提出了“师夷长技以制夷”的观点。以此为标志，我国区域竞争思想开始萌芽。孙中山的《建国方略》对中国未来的经济作了精心的地区筹划，是我国的首部区位论著作。我国经济学科的一个分支区域经济管理理论在19世纪末20世纪初开始出现，其中中国地理学先驱、教育家张相文贡献最大。1908年，张相文发表了《地文学》，将中国分为18个地文区，这是我国第一个自然区划方案。20世纪30—40年代，我国新一代区域经济学者逐步成长起来，他们对我国人口的地区分布、农业区划、区域自然条件等作了实地考察调研，为后来的区域经济研究作了初步的奠基工作。总的来说，新中国成立前的近百年时间里，我国区域经济理论研究十分有限，有关区域竞争的理论思路更是处于萌芽状态，并没有真正触及区域竞争的实质内容。

起步阶段。新中国成立后，我国的区域竞争是以马克思主义的区域分工竞争理论为指导，对社会主义和资本主义两种不同制度的区域实行两种截然不同的区域竞争策略。对外，一方面与资本主义国家进行针锋相对的国际斗争，即对抗性竞争，实质就是联合社会主义国家与资本主义国家进行对抗性斗争。另一方面与苏联社会主义国家进行广泛深入的联系交流，即合作竞争；对内，实质上是坚持了区域一体化或协作化的区域均衡布局发展战略。但在不同时期，联合与竞争度及其表现形式是不一样的。①新中国成立至“一五”计划期间（1949—1957年），对外与苏联紧密联系强国抗美，对内与发挥优势相结合均衡布局。所采取的区域竞争对策：一方面努力争取苏联的外援，以加快我国社会主义建设步伐。另一方面坚持发扬自力更生、艰苦奋斗的精神，以马克思的区域分工竞争理论为指导，全盘规划国民经济的恢复和发展。在1949—1952年的经济恢复期内，中央实行统一领导下的区域制，因地制宜，扬长避短，发挥优势，使各个地区的经济得以尽快恢复。在“一五”计划时期，明确提出了工业建设重点向内地转移的方针。②“大跃进”和国民经济调整时期（1958—1965年），这一时期对外中苏关系恶化，独立抗美；对内在讲究地区经济自成体系的同时，进一步加强了向内地的均衡布局。1958年的“大跃进”运动，使区域发展陷入短暂混乱状态，此后不得不进行调整。同时，由于各地区片面追求自成体系，加之投资自主权归地方，导致工业建设投资处于失控状态。③畸形发展时期（1966—1976年），从1966年开始国家即采取了对中西部地区极度倾斜的畸形经济政策，将建设的重点放在“大三线”地区，而对于沿海地区则采取坚决控制投资的方针。由于这一政策过分强调战略防御的需要，建设项目的安排缺乏全面规划、综合平衡，特别是经过“文化大革命”的破坏，整个国民经济发展濒临崩溃边缘。

探索兴起阶段。改革开放以来，我国在区域竞争的研究方面，从区域经济定义、范围、研究方法到区域经济管理的实证分析、区位空间竞争与区域核心竞争力等均有涉及。但总的来看，这些理论多是一般性的论点，编译类文章、创新性成果尤其是原创性研究成果并不多。而有关区域制度环境的研究，只有张军的《区域制度环境及其变迁与城镇化》（载于《人文地理》1998年第4期）、罗双林的《西部大开中的制度创新问题探析》（载于《湖南社科》2001年第4期）涉及了这一问题；区域竞争力问题研究也是近些年才兴起的一个新课题，国内研究中较具有代表性的是福建行政学院王兴喜的《区域竞争力：理论与实践》的研究体系，其侧重点是竞争力的评估模型分析。总之，我国区域竞争理论的研究有待进一步加强。

2. 区域竞争推动我国发展

某种程度上讲，我国区域竞争发展对改革开放事业的贡献巨大，从一定程度上讲，区域竞争成就了我国改革开放的今天。

（1）我国的改革开放是一个区域创新和竞争的过程。我国改革开放初期可以说是“摸着石头过河”，摸石头的是地方政府。从创办经济特区开始，建立要素（资本、生产资料和劳动力）市场、建立现代企业制度等做法，都是由东部沿海省区及其城市的政府首先尝试的。创建经济特区之后，我国又做出了沿海开放城市、开发开放上海浦东等重大部署，但是具体怎样做还是由地方政府自己摸索。可以说，改革开放之初，经验都是由地方政府创造的，这充分体现了地方竞争的过程。

（2）“试点区域”的巨大贡献。重大改革措施和重大政策在正式实施之前进行“试点”，是我国健康稳步发展的关键制度设计之一。试点区域会优先获得政策上的优惠，得到国家部委的支持，对这种有明显“好处”的试点，各地区都积极争取。以国家部署的“综合改革试验区”来说，已经被批准的上海（浦东）、天津（滨海新区）、成渝、武汉一长（沙）株（州）（湘）潭等都是对本区域综合改革的特色、具体做法和所要求的政策等有了明确方案之后，才在众多竞争者中脱颖而出。这些试点反映了国家在深化改革进程上要解决的最重大的问题，其实践必定为国家解决全局性问题创造成熟经验。

（3）区域的发展诉求升华为国家战略。区域经济发展到一定阶段，就会要求国家对地域性发展从全局层面作出战略部署。“西部大开发”就是在沿海与内陆经济发展差距不断扩大、内陆“老少边穷”地区迫切要求加快发展的背景下形成的。东北三省对老工业基地现象苦苦探索，面对国有工业经济困境、大量城市失业、资源枯竭型城市严重衰退等问题难以自拔，在强烈的发展与改革的要求下，国家才下决心部署“振兴东北等老工业基地”的战略。而“中部崛起”没有中部6省的要求也不会成为国家战略。至此，国家关于地带性问题才有了一个比较完整的解决方案。其实，这一过程正是区域竞争的一个过程。

（4）区域竞争中的经济核心地发展带动。在我国，经济发达地区的经济中心城市及其组成的城市群就是“经济核心地”。随着产业结构向现代服务业为主的“后工业化”产业的转变，现代服务业包括金融、科技、物流及商贸等，作为真正意义上的核心地服务功能日益强大。经济核心地发展扩散过程通常被看作我国经济发展的空间过程，我国经济发展的空间格局，地带性、圈层构造和经济中心城市的等级构造即是由这个过程决定的；而接受核心地发展扩散过程则被看作是其他地区的发展过程，区域发展的基本方式就是“外部推动”。一个城市与其周边城市构成城市体系，中心城市一般是城市体系中具备相对最有利的自然、经济、社会、政治条件的城市。作为区域经济的枢纽的中心城市，其规模大、经济集中程度高，其经济发展水平较高，中心城市的生产总值和人均生产总值相比区域的平均水平而言均比较高。中心城市产业优势结构在区域经济中发挥着巨大的基础作用。基于专业分工协作、基于主导产业优势，中心城市本身的要素集聚在一起，而且向周边的城市和更远的区域延伸，区域性中心城市的发展能力，竞争能力以及区域性中心城市的组织区域经济的能力在与其他城市的分工和协作过程中得到增强。

三、区域竞争中的比较优势与竞争优势

（一）比较优势

比较优势理论最早源于亚当·斯密的绝对优势理论，这一理论认为自由贸易会引起国际分工，国际分工的基础是有利的自然禀赋或后天的有利生产条件。该理论按各国绝对有利的生产条件进行国际分工，所以被称为绝对成本理论。大卫·李嘉图进一步发展了这个观点，认为每个国家不一定要生产各种商品，而应集中力量生产那些利益较大或不利较小的商品，然后通过国际贸易，出口在生产率方面具有比较优势的商品，进口在生产率方面具有比较劣势的商品，在资本和劳动力不变的情况下，增加生产总量，提高社会福利水平。这很好地解释了贸易基础和贸易所得，也可将绝对优势看成是一般化的比较优势原理的特殊情况，该理论至今仍是国际贸易的基础理论。但这个理论存在一个严重缺陷，即它认为国际贸易发生的原因是各个国家在生产各种商品时劳动生产率的差异，而这个差异是固定不变的，所以它是假定而不是解释了比较优势产生的原因。

李嘉图的研究为后续贸易理论的发展奠定了基础，正如鲍德温所说："所谓各种国际贸易新理论，不过是列出了影响比较成本的不同因素而已。"关于比较优势的决定因素，李嘉图本人强调劳动生产率差异的重要性，即技术的差异。赫克歇尔一俄林理论则指出了比较优势的另一来源，即各国要素禀赋的差异。近年来，比较优势理论的发展主要是基于对外比较优势这一主流理论的完善和挑战。比较有代表性的观点是，以克鲁格曼、赫尔普曼

和格罗斯曼为代表，引入了规模经济、产品差异等概念体系和批判继承传统。

（二）竞争优势

竞争优势理论是波特在美国产业竞争力下降的情况下提出的，具有明显的管理战略思想。在模型的决定因素中，融合了许多传统贸易理论的思想。这个模型具有分析某一产业比较优势成因和预测其比较优势变化的作用，具有很强的应用价值，能够为某一产业的发展战略提供明确思路。

波特的研究领域主要集中在企业战略管理和产业经济学两个方面。他认为产业是经济活动的竞争主体。在他的著作中，单个的企业与产业始终是最主要的研究对象。波特在《企业战略》中提出了企业获取竞争优势的三种策略：成本领先战略、产品差别化战略、目标集聚战略。在竞争优势中，他创立了价值链理论，认为企业竞争优势的关键来源是价值链的不同。在国家竞争优势中，波特把他的国内竞争优势理论运用到国际竞争领域，提出了著名的波特钻石模型理论，即通常所说的竞争优势论，这个理论是从国际贸易和国际竞争角度提出来的。

波特在《国家竞争优势》中提出：国家竞争优势不可笼统而言。一个国家可以在某些行业遥遥领先，但同时在某些行业远远落后，所以国家竞争优势问题应该从行业的角度考察。国家竞争优势讲到底是若干行业的竞争优势问题。如果一个国家能够在那些劳动生产率提高最快，新发明技术发展最快的行业领先，国家的整体劳动生产率的发展和提高的速度就会以高于其他国家的速度发展，这样的国家就是有竞争优势的国家。波特为此进一步指出了国家竞争优势的来源，即在日益开放的全球经济体系里，一个国家或地区产业创新与升级的能力，来源于这一国家或地区所提供的环境品质。为度量一个国家或地区的环境品质，波特提出了“钻石”模型，给出了四种提高环境品质的关键因素。波特认为一个国家的产业是否能在国际上具有竞争能力，取决于该国所能给产业提供的发展条件。这个发展条件由四个基本条件和两个辅助条件构成。四个直接影响因素和两个辅助因素的相互关系构成了一个国家在国际市场竞争方面所特有的“钻石（diamond）”结构，可以用一个菱形来表示。这六个因素环境分别是：生产要素，包括人力资源、天然资源、知识资源、资本资源、基础设施等；需求状况，主要是指本国的市场需求；相关及支持产业，指这些产业和相关的上游企业是否具有国际竞争力；企业战略、结构和同业竞争，指的是国际市场需求的拉力与国内竞争对手的推力；政府，是指政府政策的影响不可漠视；机会，是指机会可遇而不可求。其中前四项是基本条件，后两项是辅助条件，画在图上就像一块钻石（见图1-1）。因此，人们把波特国家竞争优势理论形象地称为“钻石理论”。

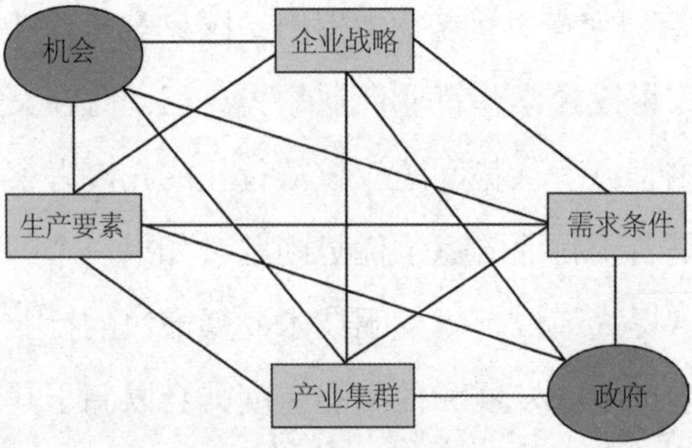

图1-1 波特钻石模型

（三）比较优势与竞争优势

迈克尔·波特在《竞争优势》一书中指出："竞争优势有两种形式：成本领先和标歧立异（差异）。"他在《国家竞争优势》一书中对此进一步表述为："企业要在国际竞技场中获胜，它的竞争优势不外是以较低的生产成本或与众不同的产品特性来取得最佳价格。"可见，竞争优势分为两种，一种是在同质商品的生产上由低成本所带来的低价格竞争优势，另一种是由商品异质性所带来的竞争优势，这与比较优势的两种表现形式，即由同质商品的价格（成本）差异产生的比较优势以及由商品的品质差异产生的比较优势恰好能够一一对应。

从一个地方或区域发展来看，当前随着经济由高速增长阶段转向高质量发展阶段，依靠（成本）差异所产生的比较优势正在逐步弱化，更多的是需要依靠商品的品质差异产生的比较优势。同时，在互联网高速发展普及的时代，区域发展与竞争优势的关系正由传统的"木桶原理"转化为"长板理论"——当你把桶倾斜，你会发现能装最多的水决定于你的长板（核心竞争力），而当你有了一块长板，围绕这块长板展开布局、无限延长，就能将

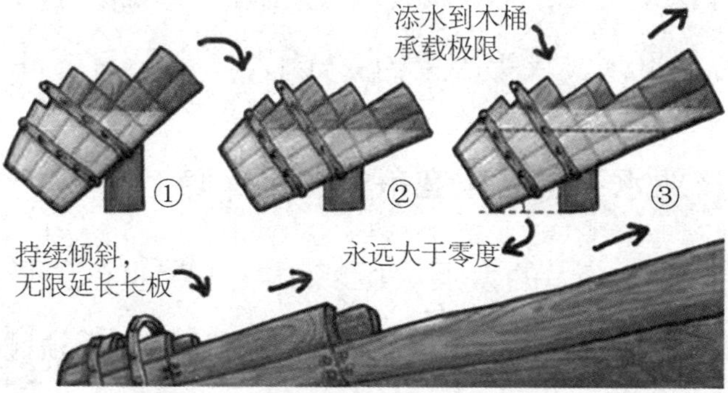

图1-2 "木桶理论"和"长板理论"

自身的比较优势转化为区域竞争优势（见图1-2）。

简单来讲，就是一个地方要在区域竞争中走在前面，就必须找出自己的比较优势（长板），更多注重提升商品和服务的质量品质，然后将自身的比较优势发挥到极致，在劳动生产率提高最快、新发明技术发展最快的行业取得领先，做到市场“才露尖尖角”，地方“早已立上头”，这样才能最大程度的提升区域竞争优势。

第二节　影响区域竞争的主要因素

改革开放40年来，我国经济充满活力、发展迅速，成为世界第二大经济体。我国经济有一个很重要的特点，就是我国作为一个大国，在经济发展进程中除存在一般的市场竞争外，地区间的竞争比较活跃。地区间竞争的态势深刻影响着一个区域的格局，也影响着区域的竞争方式，进而影响着企业之间的竞争。而这一切又深深地受到产业水平、科技创新、基础设施状况、政府作用发挥以及区域文化等因素的深刻影响。

一、产业水平是区域竞争的支撑保障

随着社会生产力的发展，区域中某些产业在自身发展过程中，不断采用新的技术，开拓新的产品和新的生产领域，产业水平不断提高，必然推动区域内部分工的发展以及专业化生产的广

泛进行，并为新产业产生提供条件。当其中某类产品的生产，发展到一定规模和程度时，区域竞争力就体现出来。现代区域发展实质上是部门成长的过程，首先从主导产业部门开始，然后通过前瞻影响、回顾影响和旁侧影响形成扩散效应，辐射传递到产业关联链上的各产业，最终带动并促进整个区域经济全面发展。因此，区域发展是由主导产业带动的，主导产业发展水平越高，其带动能力则越强。经济发展的过程就是主导产业不断转换，并将经济不断推向更高发展阶段的过程。

（一）主导产业是区域经济竞争力的核心

区域发展历史表明，经济的整体发展与主导产业的存在与发展有着很大的相关性。在其他条件相同的前提下，一个没有主导产业、各个产业平行推进的区域里，区域不可能取得快速健康发展。区域发展过程，就是区域产业结构不断调整的过程，也是主导产业选择的过程。经济发展在一定意义上是一个总量概念，它表明人均投入产出有规则地上升和质的提高。但现代经济发展不仅仅是一个总量问题，如果离开了结构分析，将无法解释发展为什么会发生和怎么发生，因此现代经济发展本质上是一个结构问题。要保持区域快速发展，区域主导产业的领航作用十分重要。主导产业是现代经济发展的驱动轮，也是形成合理区域产业结构的核心。在区域经济发展过程中，各个产业在区域产业系统中的地位、作用和功能不同，其中有一个或几个产业处于主导地位，这就是对其他产业和整个区域经济发展有较强带动作用的产业——主导产业，也称带头产业、领衔产业或领航产业。一个区域在经济发展的不同阶段和不同的产业结构中，各产业的发展速度是不同的。一些产业发展得快些，另一些产业就可能发展得慢些，还有一些产业甚至可能是处于衰退和萎缩状态。因而，各产业对区域经济的作用和贡献显然是不同的。整个经济的增长率在一定意义上是主导产业的迅速增长所产生的直接或间接的效果。这些关键产业就是所谓的主导产业起作用的结果。

（二）产业结构升级促进区域发展特征明显

从产业结构现状看，我国的非农产业产值从2001年开始有稳定的上升趋势，我国已经从过去的农业大国转变为工业大国，第三产业的比重不断提高并成为推动我国经济的主要动力。从产业结构升级对经济增长影响的理论看，劳动力从低效率产业向高效率产业转移，进而影响三大产业的劳动力比重，即产业结构升级的过程，促进了区域经济增长。从产业结构升级对经济增长的实践看，对于全国整体而言，加快产业结构升级会促进地区经济增长。各地产业结构升级对经济增长的影响与我国产业结构升级对经济增长的影响一致，这些都表明加快产业结构升级会提高地区的经济发展水平，增强区域竞争力，也证实了提高产业结构升级水平能够很好地拉动地区的经济发展，提升区域竞争力，这也是解决我国区域发展的可行路径。

（三）产业集群是区域竞争力的重要体现

产业集群作为一种组织形态，是一种普遍存在的经济现象，也是市场经济发展到一定阶段的产物。在要素投入数量和质量既定的情况下，通过要素之间和生产环节之间的整合，建立以专业化分工网络为基础的产业集群，能显著增强产业竞争力，进而增强一个区域的竞争力。随着全球化经济和网络信息时代的到来，产业的竞争方式正在发生重大变化。波特指出，一旦一个集群形成，一种自我强化的过程就会促进它的成长。产业集群的演化是根源于所有参与主体为谋取生存与发展机遇的自主自发行为相互作用的结果，是由参与竞争的各种力量决定的。换句话说，产业集群的发展是区域经济系统各要素相互作用自组织的演化过程。产业集群演化进程中的各种性质、特征及运行机制都与此有直接的关系，集群中各类主体、各个要素在经济活动中既竞争又合作、既开放又封闭，通过相互作用促成整个系统不断分化又不断整合，不断导致无序又不断形成有序，从一种状态到另一种状态，从平衡到打破平衡再到新的平衡而不断转化发展。产业集群就是各要素作用力的耦合，各要素系统及系统内诸要素通过直接和间接两种途径影响产业集群的形成，决定产业产出水平和产业自身。近年来，人们也发现，在全球市场上真正具有竞争优势的产业，往往都具有明显的区域特征。从世界范围看，经济全球化和自由化并没有使生产经营活动在空间分布上趋于平衡，而且全球具有竞争优势的产业仍有明显的集群现象，即同一产业及相关产业的企业及其支撑机构在地理上集中形成产业群，如意大利北部的皮革与服装产业、美国硅谷的半导体和信息产业、德国南部的汽车工业、华尔街的金融业、好莱坞的娱乐影视业、加利福尼亚的酿酒业，等等。

二、科技创新是区域竞争的源泉所在

随着创新能力成为衡量区域发展的重要标准，创新在区域经济发展和社会文化进步中的作用日益突出，世界各国都把科技创新作为打造核心竞争优势的战略途径，加快推进以科技创新为核心的创新驱动发展步伐，以赢得未来发展先机。

（一）创新驱动推动区域形成经济发展的质量优势

创新驱动不仅能激发创新活力，还能解决由于生产方式退化而带来的生产要素报酬递减问题。随着我国经济发展环境的急剧变化，传统增长空间快速缩小，劳动力、资源和生态环境成本不断提高，依靠要素驱动的经济发展方式已不可持续，尤其是沿海地区以传统轻型、劳动密集型为主的产业，在生产成本提高的挤压下，利润空间越来越小，而单位生产总值物耗高和能耗高、生态环境代价高的状况未能得到很好的改善，给转型升级带来的压力越来越大。以广东省为例。2014年广东人均GDP首次突破1万美元，按照世界银行制定的国家与地区收入水平划分标准，广东已进入中上等收入国家或地区行列。在进入经济发展新门槛的同时，出现了资源环境约束、制造业成本优势下降和科技成果产业化率不足的严峻局面，把整个区域经济推向要素驱动、投资驱动“增长极限”的边缘。因此，广东仍处于向创新发展转变的过程之中，创新和研发投入还没有真正成为推动广东经济增长的核心动力。这说明，摆脱区域增长极限的出路在于实施创新驱动发展战略，更多依靠技术进步，克服资源环境的刚性约束，实现资源再造或重新配置，提高区域的生态活力、经济承载力，形成新的增长动力源，提高区域经济整体质量。

（二）创新驱动提高区域产业核心竞争优势

波特指出，产业竞争优势的创造与持续是一个本土化的过程。区域竞争力在很大程度上表现为产业创新与升级的能力。创新作为内生增长驱动力的表达方式，是通过产业技术创新和商业模式创新，实现区域内关键产业或产业的若干环节向价值链高端延伸，从而推动本地区产业群结构优化，增强产业群整体竞争优势来实现的。更进一步说，区域通过实施创新驱动，一方面有效推动产业技术进步，用高新技术和先进适用技术改造提升传统产业，为区域产业发展注入新的活力，实现产业链向技术含量高及附加值高的领域延伸；另一方面，产业创新实现了产业生产率的提升，当产业生产率提升导致国家生产率提升时，该国的出口成长就等于国民生活水平的提升。可见，区域创新驱动对产业群的作用，既为传统优势产业注入新活力，调整产业技术结构，又为区域未来社会发展积累新力量，从而促进整体竞争优势的提升。

（三）创新驱动重构区域经济国际竞争优势

国际竞争的现实状况及发展态势表明，创新正成为各国化解危机、抢占国际竞争制高点、巩固竞争优势地位的重要手段。全球金融危机以来，欧美日等发达国家和地区为抢占先发优势和主动权，都在积极构建并完善其创新体系，以确保其国家创新资源在质量上保持动态领先，在竞争优势上争取新的创新制高点；新加坡、韩国、以色列等新兴发展中国家也在加快技术创新步伐，努力巩固和提升在全球竞争中的优势地位。针对国际竞争态势的新趋势，我国特别是有经济基础和创新积累的地区，实施创新驱动发展战略，能够有效加快比较优势向创新优势的转换进程，适应区域经济发展新模式，快速进入全球科技革命的新轨道。经济发达地区在经历了高速发展阶段、要素成本优势下降后，通过构建区域创新体系，能够形成要素质量的提升，培育新型优势生产力，进而构筑与国际先进地区创新互联互动通道，进一步改善和提高区域国际分工地位，实现从“后发追赶”向“后发赶超”的竞争地位转变。

三、基础设施是影响区域竞争的先决条件

基础设施是指直接为生产部门、流通部门和人民生活提供共同条件和公共服务的设施和机构，是国民经济中最重要的基础产业群。按照赫希曼划分的狭义的基础设施，包括交通运输、动力、通信、给排水、水利、排污等，也称为经济性的基础设施或生产性的基础设施，其中交通运输基础设施对区域经济发展影响作用巨大。这是因为，交通基础设施不仅能满足货物运输和旅客出行需要，而且能降低人民在流通领域总支出和国民经济体系运转总成本，激发流通机制，提高国民经济系统运转效率。

（一）基础设施影响区域经济增长差异

基础设施是区域增长差异的一个主要影响因素。一种观点认为区域基础设施是导致区域经济增长差异的主要因素，而另一种观点认为基础设施对区域增长差异无太多影响。从理论层面看，上述观点决定于区域基础设施的发展水平和基础设施的发展类型。显然，在基础设施相对短缺的环境下，基础设施发展水平必然是影响区域经济增长差异的主要因素；而在基础设施保障程度或发展水平较高的状况下，基础设施的差异并不一定是区域经济增长差异的关键因素。另一方面，基础设施的类型不同，对经济增长的影响力也不同，对于那些与经济发展密切相关的基础设施，如交通通信、能源、水利设施等，显而易见对区域经济增长

差异有较强的作用，而那些与经济增长无密切直接关系的基础设施，如军事基础设施、某些环保基础设施等，其发展就不一定会导致区域经济增长差异。从实践层面看，20世纪80年代以来我国区域经济发展的成就表明，区域经济发展与基础设施的关系比较密切，在不同地区反映出不同的关系，所引起的经济增长存在一定差异。尤其是交通运输、通信等基础设施与省级区域经济增长差异关系密切。20世纪90年代以来，“优者更优”是我国区域交通通信基础设施增长的基本模式，在影响区域经济发展潜力方面发挥了重要作用。

（二）基础设施营造区域市场竞争环境

基础设施对区域基础产业发展和竞争能力具有显著作用，从而影响与这些企业相关联的区域的发展。在基础设施体系不断完善的过程中，如果一个企业或地区不能获得良好的基础设施服务，远离市场或消费区，就会由于所支付的基础设施服务费用昂贵而降低这些行业或地区的竞争能力，导致其在发展中处于劣势；而那些获得良好基础设施服务的企业或地区在经济发展中可能具有更多的机会，或导致新的生产企业的成长。纵观我国地区经济发展的历史，就会发现，沿海开发区的设置与发展、主要城市的发展等与基础设施的完善存在着非常密切的关系。改革开放以来，基础设施在与地区经济相伴增长中，为地区经济发展提供的进一步发展环境在空间上呈现出非常大的不平衡性，这种不平衡性直接导致了投资环境的优劣和地区经济竞争力的差异。沿海地区在相对优越的基础设施体系的支撑下，经济发展迅速，国际竞争力不断提高，已经呈现出“世界制造工厂”的发展特征。

（三）基础设施引导促进区域技术创新

基础设施对区域技术创新有引导和促进作用，从最根本意义上说，为现代技术发展提供的机会远远超过过去。过去铁路和能源基础设施导致了市场与生产的巨大变化，但近几十年这种作用被“信息革命”的作用所掩盖。利用电子通信技术和服务的电子信息系统在现代经济的第二和第三产业生产与分布活动中占有重要地位，包括银行业、政府管理和文化发展。今天信息被认为是生产的一个要素。在经济合作与发展组织国家中，涉及信息加工与生产的经济活动产出占GDP比重在发展中国家所占的份额在不断增加。电子通信技术的变化急速地降低了通信的费用，扩大了服务范围，还减少了运输费用和其他行业利用通信服务的费用。这种结果使得产生经营的结构发生巨大变化，提高了信息的地位，并且加强了贸易、制造业、资本流动的全球化趋势，也增强了国家间人口的联系与文化交流。

四、地方政府是影响区域竞争的重要推手

地方政府在区域竞争中主要表现为制度竞争，即不同行政区域地方政府为了吸引、拥有、控制和转化资源，占领和控制市场，在公共品供给、投资环境、市场制度等方面展开的区域政府之间的竞争。

（一）区域发展高度依赖地方政府

现在各方面都认识到了政府和市场都是不可或缺的，政府要充当好调控人、公益人、管制人、仲裁人、守夜人的角色。市场失灵理论和公共选择理论成为区域经济发展依赖地方政府的理论

基础。新中国成立后，国家面临着历史性的任务转变，经济建设成为政府关注的重点，地方政府义不容辞地担当起了组织和推动本区域经济发展的重任。改革开放以后，地方政府发展区域经济的积极性和主动性增强，“发展是硬道理”的理念逐渐深入人心，区域经济发展水平成为上级政府和本区域居民评价地方政府业绩的主要指标，地方政府理所应当地充当起区域经济发展的主角。地方政府在国家统一的规划和统一的方针、政策的指导下，结合本区域的实际情况，创新出各自的发展模式。

（二）政府资源整合能力对区域经济发展至关重要

地方政府在区域经济发展中具有重要作用，尤其是地方政府应着力编制好地方发展规划。当前区域经济合作中还存在着一定的地方政府职能失效的问题，应从以下几方面改进：一是从实际出发，细抠预算、严格把关；二是从协调服务角度出发，与基层和企业形成面对面的服务局面；三是协调区域间劳动力的流动以及有效引导资本的区域流动等。这些措施可以促进地方经济的长期稳定发展。

（三）地方政府行为也有可能阻碍地区经济发展

地方政府在地区经济发展中也有消极的一面，主要体现在：一是地方保护主义。地方保护与地方政府成为利益主体有密切关系，它是地方政府试图将外在性内在化的行为。二是重复建设。它是典型的负外在性问题，为了在短时间内把GDP做大，地方政府通常采取粗放经营和重复建设的手段。铺摊子式的资本投放对GDP是正效应，但对资源和资本的利用却是负效应。三是区域市场分割。现在地方市场分割的对象已从传统的资源领域向能源领域扩张，从传统的产品市场向资本市场扩张，地方市场分割行为更趋“合法化”“规范化”，使得地区间经济报复与反报复现象日益增多，地方矛盾逐渐加剧。

五、区域文化是影响区域竞争的持久力量

区域文化对区域经济发展作用往往是通过一定的作用媒介来发挥其影响力。区域文化对区域经济发展通过各种方式、多个渠道对区域经济产生影响。

（一）区域文化影响技术创新与技术进步

区域文化可以通过影响技术进步实现的途径，来促进或者是阻碍技术进步的步伐，进而影响到区域经济的发展。一个地区的自主技术创新受制于该地区社会群体的自主创新意识和能力，而自主创新意识和能力又被不确定性规避倾向、权力距离大小等影响。如果区域文化群体的不确定性规避倾向较低，就会具有较强的冒险精神和创新意识，个人、企业、政府等技术创新主体也会具有创新的能动性，有利于促进技术进步；反之则不利于区域经济的增长。区域文化中的权力距离表明一个地区社会中权力分配状况。具有较低权力距离的区域文化体现出在文化群体中人们崇尚民主和公平，权力地位距离也会随着人们的努力而被拉近和缩短，促使创新主体具有较强追求平等的欲望，在这种情况下，试图消除权力距离的技术创新活动会不断出现，技术进步和区域经济增长也会实现；反之则不利于创新。

（二）区域文化影响区域发展的制度环境

区域文化代表了一种具体的文化，是一种社会规范的体现，

可以说区域文化作为一种具体的文化，同非正式制度属于一个范畴。区域文化的不同将影响不同区域的人们对正式制度的看法，进而影响人们对于制度的选择和改良的方式，由此带来了制度变迁与演进的差异，并进一步影响区域经济和社会的发展。从新制度经济学理论来看，影响区域经济发展的正式制度可以被归纳为三方面，一是明晰的产权制度，可以为市场经济扩展和区域经济增长提供充分激励；二是内在于市场机制中的法律框架，主要是为市场正常有序运行提供保障；三是民主宪政的政治体制，可以为市场经济运作和政府宏观调控提供相应的政治架构。另一方面，区域文化可以通过人们的“习惯”规范去约束人们的经济活动行为，有些时候习惯可以代替正式规则起到协调作用，从而降低交易成本，促进区域经济有效运行和发展。只有生长在一定区域文化氛围中并建立在一定道德伦理基础之上的制度规则，才会具有现实的约束力，成为区域经济持续稳定增长的动力和保障。

（三）区域文化影响劳动供给与人力资本

人口是区域经济发展的要素之一，而具有劳动技能和劳动手段的就业人口与人力资本更是促进区域经济增长的重要因子。区域文化一是影响区域人口数量与劳动力供给。在区域经济发展过程中，人口要素占据重要地位，但只有与其他要素的数量和增长相匹配才有利于经济增长，而一旦人口数量超过这个限度，就会抑制区域经济增长。其次，区域文化通过对人口结构的影响来影响劳动参与率。人口结构与人口数量及其增长联系密切，因此，人口结构变化也容易受到区域文化的影响。二是影响人力资本。区域文化对人力资本的影响有两个方面，一种是通过教育影响人力资本，主要是通过正规教育来形成具有某种专业知识和专业技能的人力资本，进而促进技术进步和技术创新来影响区域经济的发展。另一种是通过精神层面的价值观念来影响人力资本。区域文化中崇尚教育的文化观念会促进教育的发展和人力资本的形成。

第三节 努力塑造区域发展新优势

区域发展是国民经济发展的重要组成部分，伴随着经济社会发展始终。在不同的历史时期，我国综合研判国内外发展形势，提出过不同的区域发展理念，实施差异化的区域发展战略，促进区域经济发展。经济发展进入新常态，中央提出要倡树“创新、协调、绿色、开放、共享”的新发展理念，从这五个维度来实施全新的区域发展战略，重塑区域发展格局。从构成看，五大发展理念缺一不可，哪一个发展理念贯彻不到位，发展进程都会受到影响，唯有统一贯彻，出实招、破难题，才能推动区域经济协调发展，决胜全面建成小康社会，夺取新时代中国特色社会主义伟大胜利。

一、构建区域创新体系

坚持创新发展，就是把创新摆在国家发展全局的核心位置，解决发展动力问题。历史发展经验表明，一旦“后发优势”“比较优势”等红利渐趋用尽，一国进入到更加成熟的发展阶段，创新能力不强就会成为制约经济增长的“阿喀琉斯之踵”。经济学家约瑟夫·熊彼特在《经济发展理论》一书中提出了“创新理论”：技术不断创新，产业不断变迁，出现所谓的“创造性破坏”，是现代经济增长的最重要本质。我国把创新摆在重要位置，势必会引起利益关系调整和体制机制变革。当前，我国经济发展进入新常态，急需一次思想和模式的深刻变革。同样，理论、制度、文化创新，也将是一场建立“中国叙事”的变革——终结西方“元叙事”，打破西方价值体系垄断，使不同的制度、文化、文明互鉴共存。

创新解决的是经济发展动力问题。创新发展，注重的是更高质量、更高效益。坚持创新发展，将使一个国家（地区）发展更加均衡、更加环保、更加优化、更加包容。长期以来，我国“要素驱动型”区域经济发展模式存在三个问题：一是人口红利消失导致要素禀赋结构变化，经济发展处于下行趋势，我国能否挖掘增长潜力和实现动能转换？二是中国凭借劳动力比较优势嵌入全球价值链，但囿于劳动力密集型低端环节路径依赖而导致产品品质、技术复杂度、贸易附加值等难以提升，我国能否跨越“中等收入陷阱”？三是自然资源因长期过度开发面临匮乏与耗竭，成为经济发展“瓶颈”，我国能否破解这一难题来夯实经济发展基础？这三个问题的关键之钥就在于创新。通过创新，提高企业自主创新能力，使之内生于中国经济增长；提高产品附加值，持续增加国民收入；拓展资源开发的深度和广度，实现自然资源可持续利用，探求资源替代品。可见，创新驱动发展有利于区域经济提质增效。

依靠创新驱动战略提高全要素生产效率，促进区域产业结构优化升级，提高经济发展质量和效益，是今后我国优化区域竞争格局、促进区域协调发展的关键。世界各国均加大创新投入力度，挖掘发展潜力，抢占新一轮技术革新高地和技术变革新机遇。面对这一新态势，中国致力于创新发展，努力在2020年进入创新型国家行列。创新包括理论创新、制度创新、科技创新、文化创新、管理创新、知识创新等，对于区域经济发展而言，技术创新、制度创新尤为重要。技术创新是区域经济发展的重要抓手，要坚持“分级、分层、分类”的科技创新驱动区域协调发展的思路。“分级”是指现有的东、中、西的技术梯度，“分层”是指大、中、小城市的科技创新能力差异，“分类”是指按照科技资源特点分类提升具有本地特色的科技创新能力，不是盲目追求科技创新能力的均质化和同质化。另外，在全国开展全面系统的创新改革试验，搭建若干具有示范带动作用的区域性改革创新平台，统筹产业链、创新链、资金链和政策链，形成“发达地区科技发源地+欠发达地区成果转化地+落后地区产品生产地”的区域科技创新分工体系。制度创新是区域经济发展的重要推动力，以制度变迁来破除区域发展中的体制机制约束，释放改革红利。为此，要直面区域发展中存在的制度缺陷，改革区域管理制度，完善区域发展政策。首先，组建区域开发机构，集中解决区域协调发展过程中出现的各种问题，负责区域协调发展政策的制定、落实、推进、监督和改进，处理好“谁管、管谁、咋管、管效”等“四管”问题。其次，制定《区域管理法》，明确规定区域协调发展执行主体、禁止行为等，把区域发展纳入法治化轨道，使政府做到“法无授权不可为”，企业则是“法无禁止即可为”。再次，建立以类型区为导向的区域发展政策体系。打破区域发展战略行政区划限制，破除地方性规划过于碎片化，精准把握区域板块特点，细化区域政策指导的空间范围，增强区域政策的针对性和有效性，逐步建立以类型特点为衡量标准的区域政策体系，在此基础上，建立和健全横向转移支付机制。

二、推动区域协调发展

坚持协调发展，就是实现辩证发展、系统发展、整体发展，解决发展不平衡问题。进入21世纪后，我国城市化进程加快，但农村现代化进程相对缓慢，农村仍有大量贫困人口；在唯GDP时代，经济实现了高速增长，但引发了各种社会问题和矛盾；世界第二大经济体的“硬实力”背后，是软实力的相对不足，国民素质和文明程度有待进一步提高。协调发展，就是要改变单一发展偏好，打破路径依赖，实现整体发展。

协调发展理念解决的是经济发展结构问题。协调发展，注重的是更加均衡、更加全面。改革开放以来，东部地区快速发展，支撑了中国经济高速增长30多年。沿海地区（河北、广西、海南除外）进入高收入国家或地区的行列，但广大内陆地区仍处于中低收入水平。随着东部地区经济增速放缓，中国经济进入下行通道，需要以中西部地区高速增长来支撑全国经济中高速增长。这就凸显了区域协调发展的重要性和紧迫性。经济落后区域产业基础较为薄弱，但具有劳动力、生态环境等后发优势，可以通过产业梯度有序转入，带动技术、人才、劳动力等生产要素在更大空间范围内实现有效配置，形成区域间分工合理、功能互补的产业空间布局，实现区域经济协调发展。

实施区域协调发展战略，打造经济新增长点。21世纪以来，我国区域协调发展取得显著进步，但风云变幻的国际形势倒逼我国加快区域协调的步伐，为经济中高速发展做出贡献。首先，深入实施“四大板块”区域发展总体战略。在深化西部大开发方面，进一步提高基础设施水平，大力发展特色优势产业，强化生态环境保护，提升开放型经济水平；在推动东北振兴方面，加快市场取向的体制机制改革，积极推动结构调整，大力开展和积极鼓励创业创新，加快发展现代化大农业，支持资源型城市转型发展，深入推进国资国企改革；在促进中部崛起方面，推动城镇化与产业支撑、人口集聚有机结合，加快建设贯通南北、连接东西的现代立体交通体系和现代物流体系，有序承接产业转移，推进生态经济带建设；在支持东部率先发展方面，加快推进创新驱动发展转型、产业升级和建立全方位开放型经济体系，更好辐射带动其他地区。其次，重点推进“三大经济支撑带”。“一带一路”建设强调合作共赢，既打通国际合作通道，又为我国西部和南方带来更多发展机会，使处于不同经济发展水平的东、中、西实现协调发展。京津冀协同发展的重点是调整经济结构和优化城市空间布局，有序疏解北京非首都功能，积极推进产业、交通、生态三个重点领域率先突破，建设以首都为核心的世界级城市群，增强对环渤海地区和北方腹地的辐射带动作用，平衡南北方发展。长江经济带利用横贯东西、辐射南北的优势，形成上中下游优势互补、协作互动格局，缩小东中西部发展差距；打破行政分割和市场壁垒，推动经济要素有序自由流动、资源高效配置、市场统一融合，实现与珠三角、京津冀地区的联动发展。

三、建立开放的区域发展体系

坚持开放发展，就是深度融入世界经济，积极参与全球经济治理，解决发展内外联动问题。明确提出开放发展理念，表明中国会继续坚持对外开放的基本国策。对于中国来说，现在的问题不是要不要对外开放，而是如何提高对外开放的质量和发展的内外联动性。中国作为世界第二大经济体，需要更多地参与全球经济治理，提高制度性话语权。无论是“一带一路”建设，还是牵头设立亚投行，都有这方面的考虑。

开放理念解决的是经济发展内外联动问题。开放发展，注重的是更加优化、更加融入。坚持开放发展，将增强我国经济的开放性和竞争性。开放发展是一国繁荣的必由之路。纵观世界，凡是走封闭之路的国家，无一例外会走向失败国家行列。改革开放初期，在“先富带动后富”思想指导下，东部沿海地区充分利用地理优势、资源优势和政策优势，形成以“引进来”为主的外向型经济。这种面向发达国家的“东强西弱、南强北弱、海强陆弱”开放格局，带动了我国区域经济整体发展，同时也拉大了区域差距。西部地区土地面积占全国的70%，人口占全国的28%，但人均收入不及东部的1/3，人均GDP仅为东部的1/2，进出口总额与GDP总额在全国占比长期维持在4%和20%左右。国际金融危机之后，发达国家市场萎缩导致东部地区出口受挫，使得我国整个经济面临着极大风险，这促使新一代领导人重新思考和探寻新的发展战略。改革开放40年的实践表明，中国经济已经深度融入世界经济，中国的发展离不开世界，世界的发展也离不开中国，中国与世界已经形成了相互依存、协同共进的利益共同体和命运共同体。开放发展不是对过去做法的简单重复，而是以新思路、新举措在更大范围实现资源优化配资，在更大空间促进国际资本大流动，发展更高水平、更高层次的开放型经济。

实施区域开放发展战略，拓展经济发展新空间的“一带一路”倡议是新时期开放发展的旗帜和重要平台，有利于从根本上扭转我国区域经济发展失衡局面。从国内来讲，“一带一路”就是把我国长期以来对外开放末梢的边远地区，变成对外开放的前沿阵地，使新疆、重庆、云南、广西、贵州等地区成为“一带一路”开放的重要枢纽和门户。自贸试验区战略是我国新一轮对外开放的重要举措。该战略以制度创新为核心，一方面引领开放，创造开放红利，通过探索和对接更高标准的国际贸易规制、优化软环境、全方位融入世界经济，建设高水平的开放型经济体制，实现以对外开放的主动赢得国际竞争的主动。另一方面倒逼改革，激发改革红利。以贸易便利化为切入口，向投资促进、金融创新、政府职能转变、新型产业与新兴业态先行先试等领域深入推进。为进一步彰显自贸试验区带动区域经济发展的重要平台功能，我国自贸试验区建设迈入3.0时代。继2013年9月上海成立我国首家自贸试验区之后，2014年12月，广东、天津、福建被批准成为我国第二批自贸试验区，实现了我国自贸区在东部沿海地区从南至北的区域布局。2016年8月，第三批自贸区获批，包括辽宁省、浙江省、河南省、湖北省、重庆市、四川省、陕西省共7个自贸区。至此，在我国广阔领域上，从南至北、由东至西分布着各具特色、各有侧重的自贸区，正在形成高水平的区域开放新格局。

经过改革开放以来的不懈奋斗，中国特色社会主义进入了新时代。党的十九大报告中强调，中国开放的大门不会关闭，只会越开越大。这是我们对世界的庄重承诺，实现既定战略目标，就要坚定不移坚持中国特色社会主义道路，坚定不移走改革开放这条正确之路、强国之路、富民之路。

四、坚持区域绿色发展

坚持绿色发展，就是在中国发起一次生态革命，解决人与自然和谐问题。无论是生态环境承载力的不足，还是人们环保意识、权利意识的增强，都要适应新发展理念，将绿色发展摆在更加突出的位置。人们对美好生活的向往，是中国共产党念兹在兹的执政目标和努力方向，而生态美好是人民群众心目中“美好生活”的重要内容。在人们的崭新认知里，生态是否美好、能否尽享绿色，与幸福感息息相关。值得注意的是，近几年由环境事件引起的“邻避效应”和群体抗争行为多次出现，严重威胁着社会稳定和地方秩序。坚持绿色发展，不仅是经济领域的一场变革，也将深刻影响地方政治生态和社会治理。

绿色理念解决的是经济发展方式问题。绿色发展，注重的是更加环保、更加和谐。坚持绿色发展，将深刻影响一个地区的发展模式和幸福指数。实现绿色发展，需要不断地技术创新和理念创新。同时绿色发展将显著提高人们的生活质量，使共享发展成为有质量的发展。长期以来，我国“高投入、高消耗、高污染”的粗放型经济发展方式，不仅造成能源资源日趋枯竭，还造成了空气、土壤、水体等的严重污染。特别是中西部在加快发展的战略指导下，在引进东部产业的同时，资源消耗过多、环境污染破坏问题日趋严重。随着经济发展阶段性变化、社会环境治理能力日益提升以及优质生态环境需求不断增长，人们倍加关注生态环境保护。

实施区域绿色发展战略，探索经济发展新模式加快主体功能区建设，是实施区域绿色发展、建设美丽中国的重大举措。2011年6月，国务院发布了《全国主体功能区规划》，根据各区域的资源环境承载能力、现有开放密度和发展潜力，将整个国土空间划分为优化开发、重点开发、限制开发和禁止开发四类主体功能区，根据功能区定位调整区域发展战略，逐步形成人口、经济、资源环境相协调的空间开发格局，充分体现了生态优先的发展理念。为了推动主体功能区建设，2015年7月，环保部、国家发改委联合发布《关于贯彻实施国家主体功能区环境政策的若干意见》，明确各功能区的重点领域，将环境评估、环境功能区与主体功能区建设相融合，促进主体功能区环境政策落地，为推动主体功能区布局奠定制度基础。为了进一步完善主体功能区的制度体系，切实加快主体功能区建设，2016年10月，国家发改委印发《重点生态功能区产业准入负面清单编制实施办法》。该办法规定，各类主体功能区依据资源禀赋和产业优势，实施具有地方特色的差异性产业政策，出台重点产业布局和产业转移指导目录；探索制定产业项目负面清单，明确限制和禁止类产业；建立健全负面清单实施情况监督检查和问责惩戒机制；建立与重点生态功能区动态调整、配套激励奖惩政策衔接挂钩的协调机制。

五、促进区域共享发展

坚持共享发展，就是着力增进人民福祉，增强获得感，解决社会公平正义问题。马克思曾说“每个人的自由而全面的发展”是“目的本身”。然而，随着我国经济发展的“蛋糕”不断做大，分配不公问题、阶层收入差距问题、城乡发展不平衡问题凸显，在共享改革发展成果上面临一些体制机制障碍。无论是共享发展，还是全面深改，都是要破除实现社会公平正义的体制机制障碍，打破既得利益格局，实现全面小康。

共享理念解决的是经济发展公平问题。共享发展，注重的是更加公平、更加正义。坚持共享发展，是坚持其他四种发展的出发点和落脚点。一切的发展，都是为了人的发展。经济社会发展的最终目标是人民能否共享改革发展成果。坚持和发展社会主义事业，不但要依靠人民创造强大的物质基础，更要将财富惠及全体人民，使人民有更多的获得感和幸福感。当前共享发展的重点难点在于解决老少边穷地区的贫困问题，这些地区在资源条件、生态环境、民族文化、经济结构等方面与全国平均水平和东部地区存在很大差距，发展任务更艰巨、难度更大，需要汇集全社会力量打赢这场脱贫攻坚战。

第二章 大而不够强的山东经济

泰山在这里崛起，孔子在这里诞生，黄河从这里入海。翻开中国版图，山东像一只雄鹰，朝着东方天空，展翅欲飞；又像一艘巨轮，劈波斩浪，驶向蔚蓝大海。

山东的发展在全国举足轻重。改革开放特别是近年来，面对复杂多变的国内外发展环境，山东省坚持稳中求进工作总基调，自觉践行新发展理念，经济社会发展不断迈出新步伐，现代化强省建设不断取得新进展。但客观而言，在快速发展的同时，山东问题和不足并存，深层次矛盾凸显，区域竞争压力加大。在我国进入新时代，经济进入高质量发展阶段的大背景下，找准山东发展定位，进一步强弱补短、再造优势，必须客观、全面、准确评价和把握当前山东省经济社会发展现状。山东省第十一次党代会明确提出，对照习近平总书记对山东提出的走在前列的目标定位，山东发展还存在一些差距和不足，大而不够强仍是亟须解决的重大课题。这一重大研判，准确揭示了当前山东经济社会发展的阶段性特征，是我们进一步谋划和推进未来发展的前提与基础。

第一节 长期发展奠定雄厚基础

打开世界银行WDI（世界发展指标）数据库，我们可以看到各年度世界各国经济总量的排名情况。这是全球公认的进行国际比较的最权威数据。2016年，中国大陆GDP总量稳居世界第二，遥遥领先于除美国以外的世界其他各经济体。在这张排名表上，已经有15个国家和地区经济总量超过1万亿美元。

2016年，山东省地区生产总值达到6.7万亿元，折合为10091亿美元，居全国第3位。山东省与广东省、江苏省携手，一起进入了经济总量万亿美元“俱乐部”。假如把中国的省份作为独立的经济体看待，山东在世界各经济体中已经排在了第19位（见表2-1）。

表2-1　　2016年全球经济体GDP排名情况

年份	地区生产总值（亿美元）	排名
美国	185691	1
中国大陆	111991	2
日本	49394	3
德国	34668	4
英国	26189	5
法国	24655	6
印度	22635	7
意大利	18500	8

（续表）

年份	地区生产总值（亿美元）	排名
巴西	17962	9
加拿大	15298	10
韩国	14112	11
俄罗斯联邦	12832	12
西班牙	12321	13
澳大利亚	12046	14
墨西哥	10460	15
印度尼西亚	9323	16
广东省	12177	17
江苏省	11655	18
山东省	10091	19

数据来源：世界银行官网，《中国统计年鉴》，山东、江苏、广东三省数据按当年平均汇率折算取得。

我们来看看山东经济规模变化的历史轨迹。

改革开放之初的1978年，山东的经济总量只有225.5亿元，即使是到21世纪之初的2000年，GDP也只有8337亿元。40年来，山东省紧紧扭住经济建设这个中心，坚持发展第一要务，聚精会神搞建设，一心一意谋发展，全省经济保持了平稳健康发展态势，经济规模持续扩大，综合经济实力显著提升。从2002年跨越1万亿元关口开始，经济总量接连跨越大台阶，相继在2006年、2008年、2011年、2012年、2015年越过了5个万亿级大关。2016年全省生产总值达到6.7万亿元，占全国的比重由2000年的8.31%提高到9.0%。其中占比最高年份出现在2006年，当年经济总量占全国的9.98%，几乎占了一成（见表2-2）。1978年，山东人均GDP为316元，按当年平均汇率折算仅为188美元，2008年达到4742美元，开始步入世界中等偏上收入国家水平。2016年人均GDP达到67706元（按年均汇率折算为10193美元），达到世界中高收入国家人均水平。人均GDP在全国的位次由1978的第17位上升到2016年的第9位。全省公共财力稳步提升，地方财政收入从2005年跨越1000亿元，相继在2009年、2011年、2012年、2014年跨越4个千亿元大关，到2016年达到5860亿元，占地区生产总值的比重提高至8.8%。交通、水利、能源等一大批重点项目相继建成，基础设施支撑体系日趋完善。山东已成为名副其实的经济大省。

表2-2　　山东经济总量及占比年度变化情况

年份	地区生产总值（亿元）	占全国比重（%）
2000	8337.47	8.31
2005	18366.87	9.81
2006	21900.19	9.98
2007	25776.91	9.54
2008	30933.28	9.68
2009	33896.65	9.71
2010	39169.92	9.48
2011	45361.85	9.27
2012	50013.24	9.26
2013	55230.32	9.28
2014	59426.59	9.23
2015	63002.33	9.14
2016	67008.19	9.00

数据来源：《山东统计年鉴》《中国统计年鉴》。

山东作为经济大省的显著特点，可以从以下几个方面得到具体体现。

1. 农业大省

山东农业基础条件良好，是全国主要的农产品生产地区、粮食主产区。经过长期发展，农村经济规模进一步扩大，综合生产能力进一步增强，农业大省基础地位进一步巩固（见表2-3）。2016年全省农林牧渔业总产值达到9326亿元，第一产业增加值4929亿元，总量居全国第1位。农产品出口额达到162.9亿美元，占全国出口总量的11.9%，居全国第1位。粮食总产量从2003年到2015年实现“十三连增”，2016年粮食产量达到4700.7万吨，占全国的7.6%，居全国第3位，蔬菜、水果、肉类、水产品等农产品产量均居全国第1位，棉花产量居全国第2位，粮食、油料产量居全国第3位。

表2-3　2016年山东省农业发展相关数据情况

指标	指标值	占全国的比重（%）
第一产业增加值（亿元）	4929.13	7.7
农林牧渔业总产值（亿元）	9325.9	8.3
农产品出口额（亿美元）	162.9	11.9
粮食总产量（万吨）	4700.7	7.6
棉花总产量（万吨）	54.8	10.3
油料总产量（万吨）	326.8	9.0
肉类总产量（万吨）	777.5	9.1
禽蛋产量（万吨）	441.1	14.3
奶类产量（万吨）	276.8	7.5
水产品总产量（万吨）	950.2	13.8

数据来源：《山东统计年鉴》《中国统计年鉴》。

2. 工业大省

山东工业门类齐全，基础雄厚，已形成钢铁、汽车、造船、石化、轻工、纺织、有色金属、装备制造、电子信息等众多优势产业。2016年全省规模以上工业主营业务收入达到15万亿元，占全国的13%，居全国第2位。化工、建材、医药3个行业主营业务收入居全国第1位，轻工、机械、纺织居全国第2位，冶金行业居全国第3位；有11种重点产品列全国前3位，其中原盐、啤酒、烧碱、纯碱、金属切削机床、大中型拖拉机等工业品产量均居全国第1位（见表2-4）。大型企业规模实力雄厚，2017年，全省规模以上工业企业达到4万多户，其中主营业务收入过100亿元的有145家，海尔、海信、浪潮、兖矿、潍柴、青啤、张裕、东岳汽车、中国重汽等一批知名品牌驰名中外。

表2-4　　山东省2016年工业发展相关指标

指标	指标值	占全国的比重（%）
工业增加值（亿元）	26653	10.8
规模以上工业主营业务收入（万亿元）	15.06	13.0
原盐（万吨）	1580.3	23.9
啤酒（万千升）	600.1	13.3
烧碱（万吨）	810.3	25.3
纯碱（万吨）	350.5	13.6
金属切削机床（万台）	20.1	29.9
大中型拖拉机（万台）	12.56	20.3

数据来源：《山东统计年鉴》《中国统计年鉴》。

3. 投资大省

没有投入就没有产出。改革开放以来山东的经济发展，是伴随着逐步增加的投资发展起来的。2000年，山东省固定资产投资只有2543亿元，占全国的7.72%，2005年投资总额一度占到全国的11.9%。2016年，全省固定资产投资达到5.2万亿元，占全国的8.79%，总量居全国第1位（见表2-5）。

表2-5　　山东固定资产投资规模及占比年度变化情况

年份	全社会固定资产投资额（亿元）	占全国的比重（%）
2000	2542.65	7.72
2005	10541.87	11.88
2006	11136.06	10.12
2007	12537.02	9.13
2008	15435.93	8.93
2009	19030.97	8.47
2010	23276.69	9.25
2011	26769.73	8.59
2012	31255.96	8.34
2013	36789.07	8.24
2014	42495.55	8.30
2015	48312.46	8.60
2016	52364.49	8.79

数据来源：《山东统计年鉴》《中国统计年鉴》。

4. 消费大省

消费需求增长与居民收入水平高度正相关。改革开放以来，人民群众生活水平不断提高，消费需求逐年扩大。2000年，山东省社会消费品零售总额为3264亿元，占全国的8.34%；到2016年，全省社会消费品零售总额3.06万亿元，占全国的9.2%，居全国第2位（见表2-6）。

表2-6 山东消费品零售总额占全国份额变化情况

年份	社会消费品零售总额（亿元）	占全国的比重%
2000	3264.05	8.34
2005	6166.94	9.02
2006	7217.13	9.12
2007	8607.45	9.20
2008	10658.76	9.28
2009	12362.97	9.29
2010	14620.30	9.25
2011	17155.49	9.16
2012	19651.94	9.16
2013	22294.84	9.18
2014	25111.53	9.24
2015	27761.41	9.23
2016	30645.76	9.22

数据来源：《山东统计年鉴》《中国统计年鉴》。

5. 人口大省

人是经济社会发展的第一要素，人力资本是社会财富的直接创造者。改革开放40年来，山东经济发展的一个重要因素，就是充分利用了人口红利。2000年，全省人口为8997万人，就业人员为5442万人；到2016年，全省人口增加到9947万人，就业人员增加到6650万人（见表2-7）。2017年，山东常住人口突破1

亿大关，成为继广东之后全国第二个常住人口过亿的省份。

表2-7 山东历年总人口及就业人员变动情况

类别	年末总人口（万人）	年末就业人员（万人）
2000	8997	5441.8
2005	9248	5840.7
2006	9309	5960.0
2007	9367	6081.4
2008	9417	6187.6
2009	9470	6294.2
2010	9579	6401.9
2011	9637	6485.6
2012	9685	6554.3
2013	9733	6580.4
2014	9789	6606.5
2015	9847	6632.5
2016	9947	6649.7

数据来源：《山东统计年鉴》。

山东作为经济大省的表现还有很多。从表象上看，山东经济规模很大，就像山东大汉一样，是个大块头，高大伟岸，仪表堂堂。但在外界看来，山东经济却有些虚胖，筋骨不壮，内力不足，具有典型的大而不够强特征。在加快新旧动能转换的关键时期，如何加快推动由大到强的跨越发展，是摆在我们面前的一个历史性重大课题。

第二节 经济由高速增长进入中高速增长

党的十一届三中全会，作出了实行改革开放的重大决策，一系列重大改革开放政策相继出台实施，重大部署决策落地见效，中国经济进入全面提速阶段。

山东经济增长趋势是中国经济发展的缩影。改革开放以来，全省经济保持了持续增长势头。从改革开放到2010年，除了有5个年份经济增速因为国内外形势出现显著变化，经济出现了个位数增长，其余绝大多数年份增长都在10%以上，甚至有6个年份出现了15%以上的超高速增长。在这期间，山东经济增速有5个年份低于全国平均水平，一个年份与全国持平，其余27个年份均高于全国，其中1991年、1993年和2004年，高出全国5个百分点以上（见表2-8）。

经济发展进入新常态后，随着山东省工业化中期发展阶段的完成，以及国内外经济发展环境的变化，影响经济增长的不稳定不确定因素较多，长期累积的结构性矛盾开始显现，经济由高速增长期逐渐步入中高速增长期，潜在经济增长率呈现下降趋势。实际上，山东经济增长速度自2005年以来就开始曲线式逐步回落，由2004年的15.3%渐次回落到2012年的个位数9.8%，之后继续下滑，2014年降至9%以下，为8.7%，2016年降至8%以下，为7.6%。按10年年均增速看，1996—2005年山东省GDP年均增长12.0%，2006—2016年GDP年均增长10.9%。

表2-8 山东省经济增速与全国对比情况

年份	山东经济增速（%）	全国经济增速（%）	比全国±百分点
1978	10.1	11.7	-1.6
1979	6.6	7.6	-1.0
1980	12.2	7.8	4.4
1981	5.8	5.1	0.7
1982	11.3	9.0	2.3
1983	13.9	10.8	3.1
1984	17.4	15.2	2.2
1985	11.4	13.4	-2.0
1986	6.3	8.9	-2.6
1987	13.8	11.7	2.1
1988	12.5	11.2	1.3
1989	4.0	4.2	-0.2
1990	5.3	3.9	1.4
1991	14.6	9.3	5.3
1992	16.9	14.2	2.7
1993	20.4	13.9	6.5
1994	16.2	13.0	3.2
1995	14.0	11.0	3.0
1996	12.1	9.9	2.2
1997	11.1	9.2	1.9
1998	10.8	7.8	3.0

（续表）

年份	山东经济增速（%）	全国经济增速（%）	比全国±百分点
1999	10.0	7.7	2.3
2000	10.3	8.5	1.8
2001	10.0	8.3	1.7
2002	11.7	9.1	2.6
2003	13.4	10.0	3.4
2004	15.3	10.1	5.2
2005	15.0	11.4	3.6
2006	14.7	12.7	2.0
2007	14.2	14.2	0.0
2008	12.0	9.7	2.3
2009	12.2	9.4	2.8
2010	12.3	10.6	1.7
2011	10.9	9.5	1.4
2012	9.8	7.9	1.9
2013	9.6	7.8	1.8
2014	8.7	7.3	1.4
2015	8.0	6.9	1.1
2016	7.6	6.7	0.9

数据来源：《山东统计年鉴》《中国统计年鉴》。

国民经济由一、二、三产业构成。经济增长的快慢，取决于三次产业增速的快慢。三次产业的增长对经济增长的贡献率是各不相同的。并且随着经济发展，其贡献大小出现此消彼长的不同特点。我们从几个节点年份看，1980年、1990年、2000年、

2016年，山东第一产业分别拉动经济增长3.1、1.4、0.6、0.5个百分点，第二产业分别拉动6.5、3.7、6.3、8.7个百分点，第三产业分别拉动2.6、0.2、3.4、4.0的百分点，呈现出第一产业贡献率在下降，第二产业贡献率比较平稳，第三产业贡献率在逐步上升的变化特点（见表2-9）。

表2-9　　山东省三次产业对经济增长拉动情况

年份	地区生产总值增长率（%）	第一产业	第二产业	第三产业
1980	12.2	3.1	6.5	2.6
1981	5.8	2.4	1.5	1.9
1982	11.3	4.1	2.5	4.7
1983	13.9	6.0	3.2	4.7
1984	17.4	7.0	7.1	3.3
1985	11.4	0.8	7.5	3.1
1986	6.3	-0.2	4.6	1.9
1987	13.8	2.4	7.6	3.8
1988	12.5	-0.1	10.4	2.2
1989	4.0	-0.2	3.6	0.6
1990	5.3	1.4	3.7	0.2
1991	14.6	4.0	5.9	4.7
1992	16.9	0.0	12.0	4.9
1993	20.4	1.5	12.9	6.0
1994	16.2	1.5	8.5	6.2
1995	14.0	1.7	7.0	5.3
1996	12.1	1.2	6.9	4.0
1997	11.1	0.1	6.4	4.6

（续表）

年份	地区生产总值增长率（%）	第一产业	第二产业	第三产业
1998	10.8	0.9	6.2	3.7
1999	10.0	0.7	6.2	3.1
2000	10.3	0.6	6.3	3.4
2001	10.0	0.6	5.5	3.9
2002	11.7	0.4	7.5	3.8
2003	13.4	0.7	8.7	4.0
2004	15.3	0.5	10.3	4.5
2005	15.0	0.6	9.6	4.8
2006	14.7	0.5	9.5	4.7
2007	14.2	0.4	9.1	4.7
2008	12.0	0.4	7.1	4.5
2009	12.2	0.4	8.1	3.7
2010	12.3	0.3	7.6	4.4
2011	10.9	0.4	6.3	4.2
2012	9.8	0.4	5.8	3.6
2013	9.6	0.3	5.7	3.6
2014	8.7	0.3	5.1	3.3
2015	8.0	0.3	4.1	3.6
2016	7.6	0.3	3.1	4.2

数据来源：《山东统计年鉴》。

第三节 经济结构缓慢调整

经济结构是指国民经济各构成要素之间的比例关系。它包括的内容很多，各个要素之间相互联系、相互结合，有着数量对比关系。一个国家或地区的经济结构是长期形成的，结构是否合理，主要看这种结构是否充分发挥经济优势，是否能保证国民经济各部门协调发展，是否能取得最大经济效果和满足社会需求。

首先，我们对三次产业构成进行分析。三次产业是一个西方经济理论概念，根据劳动对象进行加工的顺序，将国民经济各部门划分为第一产业、第二产业和第三产业。这是目前世界上比较通用的产业结构分类，但各国的划分标准不尽一致。即使在一个国家，不同历史时期三次产业的划分也有所变化。

为适应经济发展阶段性特征，更好地实施宏观经济管理，我国对三次产业划分也在不断调整，最近的一次是在2013年。其主要目的是更好反映我国三次产业发展情况，满足国民经济核算、服务业统计以及统计调查对三次产业划分的需求，在这次调整中，明确界定第三产业就是服务业，以前统计在第一产业中的“农林牧渔服务业”、统计在采矿业中的“开采辅助活动”、统计在制造业中的“金属制品、机械和设备修改业”，调整到第三产业中。这次产业划分的调整，主要基于我国加快发展服务业的政策取向。

产业结构调整是一个缓慢的过程。改革开放之初，山东产业结构偏农、偏工的特点十分明显，与当初社会发展程度基本处于同一个水平。中国经济体制改革发轫于农村，联产承包责任制的改革政策，极大解放和发展了农村生产力，农业实现了快速发展。从1978年到1983年，第一产业增加值比重从33.3%提高了40.3%，增加了7个百分点；第二产业增加值比重从52.9%下降到38.9%，减少了14个百分点；第三产业增加值比重从13.8%提高到20.8个百分点，增加了7个百分点。

随着山东工业化进程逐步加快，生产活动分工进一步细化，城乡居民服务需求不断增加，第二、第三产业呈现加速发展态势。到2006年，第二产业增加值所占比重达到最高值的57.4%，第三产业增加值比重也提高到32.8%；与此同时，第一产业所占比重持续下降到9.8%，第一次进入到个位数区间（见表2-10）。

表2-10 山东省三次产业占比变化情况

年份	GDP	第一产业（%）	第二产业（%）	第三产业（%）
1978	100	33.3	52.9	13.8
1979	100	36.2	50.8	13.0
1980	100	36.4	50.0	13.6
1981	100	38.2	44.8	17.0
1982	100	39.0	42.0	19.0
1983	100	40.3	38.9	20.8
1984	100	38.2	41.1	20.7
1985	100	34.7	43.0	22.3

（续表）

年份	GDP	第一产业（%）	第二产业（%）	第三产业（%）
1986	100	34.1	42.2	23.7
1987	100	32.2	43.1	24.7
1988	100	29.7	44.5	25.8
1989	100	27.8	44.8	27.4
1990	100	28.1	42.1	29.8
1991	100	28.8	41.2	30.0
1992	100	24.3	45.5	30.2
1993	100	21.5	49.0	29.5
1994	100	20.2	49.2	30.6
1995	100	20.4	47.6	32.0
1996	100	20.4	47.3	32.3
1997	100	18.3	48.1	33.6
1998	100	17.3	48.5	34.2
1999	100	16.3	48.6	35.1
2000	100	15.2	50.0	34.8
2001	100	14.8	49.5	35.7
2002	100	13.5	50.5	36.0
2003	100	12.3	53.7	34.0
2004	100	11.8	56.5	31.7
2005	100	10.7	57.0	32.3
2006	100	9.8	57.4	32.8
2007	100	9.7	56.8	33.5
2008	100	9.7	56.8	33.5
2009	100	9.5	55.8	34.7
2010	100	9.2	54.2	36.6

（续表）

年份	GDP	第一产业（%）	第二产业（%）	第三产业（%）
2011	100	8.8	52.9	38.3
2012	100	8.6	51.4	40.0
2013	100	8.3	49.7	42.0
2014	100	8.1	48.4	43.5
2015	100	7.9	46.8	45.3
2016	100	7.3	45.4	47.3

数据来源：《山东统计年鉴》。

近年来，山东着力推动供给侧结构性改革，加快新旧动能转换，努力构建现代产业体系，大力实施重点行业转型升级方案，经济发展实现由工业主导向服务业主导的重大转变，逐步形成第一产业较为稳固、第二产业处于主导、第三产业逐步加快的格局，三次产业之比2016年调整到7.3：45.4：47.3。与改革开放初期相比，第一产业比重回落26个百分点，第二产业比重提升7.5个百分点，第三产业比重上升18.5个百分点。2016年第三产业增加值占比首次超过第二产业，产业结构实现“二三一”到“三二一”的历史性转变。但从全国情况看，山东第三产业占比比全国平均水平低4.3个百分点，在各省市中仅排在第14位。

其次，我们再从工业内部进行分析。一个地区的工业结构是与国家工业布局、当地资源禀赋等要素密切关联的。山东矿产资源丰富，国民经济赖以发展的煤炭、石油等资源能源比较富足，使山东工业一开始就体现出了以能源资源、原材料加工为主体的重化工业特征。重化工业具有转型慢、排放大、能耗高、污染重等一般性特点。这种长期形成的结构特征也使得山东产业结构调整步伐显得尤为缓慢而沉重。船大调头难，一度有些年份轻工业比例超过了重工业，但重化工业特征依然十分明显。改革开放之初，山东轻重工业比例为48.6：51.4，到2016年这个比例为32.0：68.0。如果单从数据上看，结构调整几十年，山东工业偏重的特征仍然没有改变（见表2-11）。

表2-11　　山东省轻重工业比例年度变化情况

年份	轻工业占比（%）	重工业占比（%）
1978	48.6	51.4
1979	50.1	49.9
1980	54.0	46.0
1981	59.3	40.8
1982	59.4	40.6
1983	59.1	40.9
1984	59.4	40.6
1985	54.3	45.8
1986	53.5	46.5
1987	51.6	48.4
1988	51.7	48.4
1989	51.2	48.8
1990	50.8	49.2
1991	51.1	49.0
1992	49.3	50.7
1993	45.1	54.9
1994	48.0	52.1
1995	49.4	50.6
1996	49.8	50.3

（续表）

年份	轻工业占比（%）	重工业占比（%）
1997	49.3	50.7
1998	48.3	51.7
1999	48.0	52.0
2000	47.7	52.3
2001	48.5	51.5
2002	49.0	51.1
2003	45.5	54.5
2004	43.3	56.7
2005	37.1	62.9
2006	35.6	64.4
2007	34.9	65.1
2008	33.9	66.1
2009	34.0	66.0
2010	32.4	67.6
2011	31.2	68.8
2012	32.0	68.0
2013	31.4	68.6
2014	31.0	69.0
2015	32.0	68.0
2016	32.0	68.0

数据来源：《山东统计年鉴》。

为尽快优化产业结构，近年来，山东提出大力发展高新技术产业，努力壮大装备制造业规模实力，工业转型升级成效显著，以新产业、新业态、新模式为代表的新动能保持较好增长势头。

2011年，全省高新技术产业产值占规上工业的比重只有27.31%，2016年提高到33.75%，提高了6.44个百分点。重大技术装备和装备制造业实现新突破，轨道交通、高档数控机床、核电风电装备、海洋工程装备、大功率发动机等产业已具备较强市场竞争力。装备工业增加值占规模以上工业增加值的比重由2011年的26.3%，提高到2016年的29.4%（见表2-12）。

表2-12　　山东高新技术产业和装备制造业发展占比情况

年份	高新技术产业产值占规模以上工业比重（%）	装备制造业增加值占规模以上工业比重（%）
2011	27.31	26.3
2012	29.11	25.3
2013	30.23	26.1
2014	31.39	27.5
2015	32.51	28.8
2016	33.75	29.4

注：2011年装备制造业增加值占规模以上工业比重行业范围为原行业划分中的金属制品业、通用设备制造业、专用设备制造业、交通运输设备制造业、电气机械及器材制造业、通信设备、计算机及其他电子设备制造业、仪器仪表及文化、办公用机械制造业。

我们还可以通过近五年来山东高技术制造业发展情况来分析。高技术制造业的口径全国统一，便于比较。从生产经营看，2010年，山东高技术制造业企业为1514家，到2015年增加到2268家；从业人员由55.3万人增加到73.2万人；主营业务收入从6121.4亿元增加到11535.3亿元；利润由463.7亿元增加到874.2亿元，其中主营业务收入和利润年均增长都在17%以上。从科技活动看，有科技活动的高技术制造业企业由320家增加到779家；研发投入由99亿元增加到207.7亿元；发明专利拥有量由2375件增加到9569件，增幅均快于制造业增长速度。从投入看，投资额由695.3亿元增加到1643.9亿元，新增固定资产由383.9亿元增加到1071.2亿元，年均分别增长24.0%和29.2%。由此可以看出山东高技术产业在数量规模、经营质量、创新支撑、发展后劲等多个方面逐步发展壮大的良好态势（见表2-13）。

表2-13 山东省高技术制造业发展基本情况

项目	2011	2012	2013	2014	2015
生产经营情况					
企业数（个）	1514	1875	2015	2114	2268
从业人员年平均人数（万人）	55.3	67.5	69.1	72.6	73.2
主营业务收入（亿元）	6121.4	7729.2	8946.5	10212.1	11535.3
利润（亿元）	463.7	612.9	700.3	781.3	874.2
R&D及相关活动情况					
有R&D活动的企业数（个）	320	472	535	627	779
R&D人员全时当量（人年）	29257	37499	46887	49122	50773.6
R&D经费内部支出（亿元）	99.0	134.6	156.2	176.0	207.7
新产品开发经费（亿元）	109.6	142.7	163.7	172.2	195.1
专利申请数（件）	5611	6970	8106	9775	11527
拥有发明专利数（件）	2375	3912	4667	6883	9569
固定资产投资情况					
施工项目数（个）	980	1154	1233	1254	1576
新开工项目数（个）	631	806	874	863	1176

（续表）

项目	2011	2012	2013	2014	2015
全部建成或投产项目数（个）	626	695	746	811	1124
投资额（亿元）	695.3	1086.6	1277.7	1412.9	1643.9
新增固定资产（亿元）	383.9	598.7	842.3	911.8	1071.2

数据来源：《山东统计年鉴》。

再次，我们来看看农业内部结构。改革开放以来，山东省农业综合生产能力显著增强，主要农产品产量大幅增加，2016年粮食总产达到940.14亿斤。农业产业化经营继续深化，规模以上农业龙头企业达到9300多家，各类社会化组织20万个；无公害农产品、绿色食品、有机农产品和农产品地理标志获证企业3439家，产品7402个；农业生产机械化水平明显提升，农作物耕种收综合机械化水平达到82.0%。农业内部结构由以种植业为主向农林牧渔业全面发展转变（见表2-14）。农林牧渔业结构的调整，在适应和满足人民群众饮食结构渐趋营养化的同时，也为全省由经济大省向经济强省迈进打下了稳固的基础。

表2-14 山东省农业总产值内部构成情况

（单位：亿元）

年份	农林牧渔业总产值	农业	林业	牧业	渔业	农林牧渔服务业
2003	2902.45	1599.32	53.70	831.34	370.04	48.05
2004	3453.91	1891.73	59.49	1022.84	426.09	53.76
2005	3741.81	2033.95	57.57	1125.04	465.52	59.73
2006	4058.62	2283.29	65.48	1025.37	522.94	161.54
2007	4766.23	2604.07	81.98	1313.00	580.35	186.83

（续表）

年份	农林牧渔业总产值	农业	林业	牧业	渔业	农林牧渔服务业
2008	5612.96	2895.68	102.24	1704.90	686.28	223.87
2009	6003.09	3223.99	101.27	1683.83	747.42	246.58
2010	6650.94	3670.07	86.53	1774.46	847.37	272.52
2011	7409.75	3843.62	99.96	2171.92	999.11	295.14
2012	7945.76	3960.62	107.01	2285.92	1267.07	325.14
2013	8749.99	4509.88	120.30	2358.99	1397.42	363.40
2014	9198.26	4765.78	131.53	2418.30	1481.75	400.90
2015	9549.63	4929.85	139.91	2523.24	1524.74	431.89
2016	9325.89	4641.35	147.48	2540.82	1485.58	510.66

数据来源：《山东统计年鉴》。

最后，服务业结构得到优化提升。改革开放以来，山东把大力发展第三产业作为经济结构调整的重点，第三产业迅速成长，所占份额显著提高，第三产业发展滞后状况得到明显改善。从第三产业内部占比情况看，批发和零售业、金融业、房地产业、公共管理社会保障和社会组织、交通运输仓储邮政业发展较快，已成为第三产业内部的支柱性产业，2016年，上述五大行业部门实现的增加值分别占到第三产业的28.6%、10.6%、8.8%、8.8%和8.6%。教育以及租赁和商务服务业也得到较好发展，分别占第三产业增加值的6.9%和6.2%（见表2-15）。

表2-15　　山东省第三产业增加值内部构成情况

指标	2015年（%）	2016年（%）
第三产业	100.0	100.0
批发和零售业	29.5	28.6
交通运输、仓储和邮政业	8.8	8.6
住宿和餐饮业	4.6	4.5
信息传输、软件和信息技术服务业	3.7	3.4
金融业	10.5	10.6
房地产业	9.1	8.8
租赁和商务服务业	5.2	6.2
科学研究和技术服务业	3.4	3.2
水利、环境和公共设施管理业	1.5	1.3
居民服务、修理和其他服务业	3.4	3.5
教育	6.1	6.9
卫生和社会工作	3.6	3.5
文化、体育和娱乐业	1.1	1.1
公共管理、社会保障和社会组织	8.7	8.8

数据来源：《山东统计年鉴》。

我们再换一个角度，从所有制方面分析一下山东经济结构情况。所有制结构代表一个地区的市场化发展水平。改革开放以后，山东坚持市场化改革方向，破除计划经济束缚，充分发挥市场作用，打破国有、集体经济一统天下的局面，扶持个体私营经济，促进外商投资企业发展壮大，逐步形成了以公有制为主体、多种所有制经济共同发展的基本经济制度。从20世纪80年代中期开始，山东积极推进国有企业改革，在国有大中型企业建立现代企业制度，促进了国有经济健康发展。特别是近年来，山东坚持公有制主体地位，毫不动摇巩固和发展公有制经济，国有经济的活力、控制力、影响力显著增强。在巩固和发展公有制经济的同时，历届省委、省政府积极鼓励、大力支持引导非公有制经济发展；激发非公有制经济的活力和创造力。进入21世纪以来，山东省把发展民营经济作为经济工作的战略重点，非公有制经济在经济总量中的比重逐步提高，在支撑增长、促进创新、扩大就业、增加税收等方面的作用越来越突出。2006年，非公有制经济增加值占生产总值的比重首次超过公有制经济，成为支撑经济发展的“半壁江山”。2002年，山东非公有制经济增加值占GDP的比重只有36.5%，到2016年，非公有制经济增加值占比提高到58.3%（见表2-16）。

表2-16　山东省非公有制经济增加值占比情况

年份	非公有制经济增加值占GDP的比重（%）
2002	36.5
2003	40.9
2004	46.3
2005	48.4
2006	52.0
2007	52.5
2008	52.7
2009	53.2
2010	53.9
2011	54.4
2012	54.7

（续表）

年份	非公有制经济增加值占GDP的比重（%）
2013	57.4
2014	57.9
2015	58.2
2016	58.3

注：自2013年开始，非公有经济增加值占GDP比重口径统计有所调整。

产业结构调整是一个艰辛而缓慢的过程。从40年发展历程看，山东对产业结构的调整不可谓不重视，山东省第七次党代会报告就提出要大力调整产业结构。但由于各方原因，结构调整步子不快，成效不大，见效缓慢，结构性矛盾和问题一直是困扰山东经济转型升级、提质增效的关键。

传统制造业仍唱主角。从工业结构看，山东传统工业占比过高，占全部工业的70%。以汽车、通用设备、专用设备为代表的新工业尽管较快增长，但占比较低，增加值占全部规模以上工业企业增加值的比重不到30%。产业、产品多处于价值链中低端，最终产品、名牌产品、高端产品占比低，初级产品比重高。以高耗能行业为代表的重工业占比偏高，占全部工业的70%左右。工业制造层次不高，行业较多集中在产业链中低端，以装备工业为代表的先进制造业占比不足30%。

农业基础地位还不稳固。山东省主要农产品产量多年稳居全国前列，但短期内人多、地少、水缺的资源现状难以改观，统筹“保供给”“保生态”和“保安全”的压力不小。随着人口总量不断增加，耕地面积不断减少，粮食等重要农产品刚性需求不断增长，确保供给总量与结构平衡的难度加大。农业资源过度开发、农业面源污染加剧等问题日益突出，农产品质量安全风险增加，推动绿色发展和资源永续利用的任务很重。

服务业发展相对滞后。近年来，山东省服务业虽然发展速度加快，但与对标地区相比差距仍然较大。目前山东省服务业占GDP比重不仅低于发达国家70%的水平，低于全国13个省市，也低于全国4.3个百分点。低层次服务业占比较大，现代服务业占比偏低。众多服务业领域市场化程度较低，服务品质和服务技术均处于劣势。

民营经济占比低。山东省民营经济市场主体户数偏少、资本实力不强等问题突出，民营经济占生产总值的比重不足60%，与市场化程度较高的广东、浙江等地差距较大。

第四节 投资拉动型特征明显

投资、消费、出口是拉动经济增长的“三驾马车”。投资对经济增长具有关键性作用，消费对经济增长具有基础性作用，净出口对经济增长具有支撑性作用。分析三大需求对经济增长的拉动作用，离不开按支出法计算的国内生产总值三大构成项，即最终消费、资本形成总额、货物和服务净出口。

新中国成立以来特别是改革开放以后，山东省的消费、投资呈现快速增长态势，成为拉动经济增长的主要因素。特别是近年来，全省积极实施扩大内需的政策，内需逐渐成为经济主要拉动力，消费对经济增长的贡献率逐步提高，投资的贡献率缓慢下降，经济增长由投资拉动为主逐步向投资和消费共同拉动转变。2016年，消费、投资对经济增长的贡献率分别为48.0%和49.5%，但投资贡献率仍然高于消费贡献率（见表2-17）。

由于进出口受国际形势影响较大，净出口对经济增长的贡献率有正有负，从数据上看，贡献率最大的年份是2002年，当年对经济增长的贡献率为12.9%；下拉经济最大的年份是2009年，对经济增长的贡献率为-11.7%（见表2-17）。应当指出的是，净出口贡献率表示的是外贸对GDP的统计贡献度，贡献率是负数，表明外需对经济增长的拉动作用在减弱，并不表明外贸对经济增长起负拉动作用。国际贸易尤其是出口贸易的增长，能够带动一地经济增长，增加社会财富，创造就业，增加居民收入，通过内需转化拉动经济增长。

表2-17　　山东省三大需求对经济增长的贡献率情况

年份	最终消费（%）	资本形成总额（%）	货物和服务净流出（%）
1993	34.3	67.7	-2.0
1994	54.4	40.5	5.1
1995	50.7	45.5	3.8
1996	46.3	52.5	1.2
1997	42.1	58.8	-0.9
1998	43.8	51.0	5.2
1999	51.1	39.8	9.1
2000	45.7	49.7	4.6

（续表）

年份	最终消费（%）	资本形成总额（%）	货物和服务净流出（%）
2001	53.8	36.0	10.2
2002	46.9	40.2	12.9
2003	41.1	48.0	10.9
2004	41.1	54.7	4.2
2005	47.4	49.7	2.9
2006	46.0	49.1	4.9
2007	45.2	49.4	5.4
2008	49.2	48.6	2.2
2009	45.2	66.5	-11.7
2010	41.5	62.3	-3.8
2011	41.2	65.2	-6.4
2012	47.7	57.1	-4.8
2013	46.2	54.5	-0.7
2014	42.2	53.2	4.6
2015	44.2	50.6	5.2
2016	48.0	49.5	2.5

数据来源：《山东统计年鉴》。

山东经济是典型的投资型经济，投资总量长期居全国首位。改革开放之初的1978年，全省全社会固定资产投资仅为41.9亿元，多年来，山东加大投入力度，投资总量迅猛膨胀，先后于1984年超过百亿元、1994年超过千亿元、2005年超过万亿元、2010年超过两万亿元，2012年超过3万亿元，2016年达到5.2万亿元，成为全国首个投资总量突破5万亿元的省份。

改革开放以后，以商品流通体制和商业管理体制为主的流通体制改革步伐加快，逐步形成了开放繁荣的城乡消费品市场，消费规模持续扩大。全省社会消费品零售总额于1980年超过百亿元，1994年超过千亿元，2008年突破万亿元，2016年达到3.1万亿元（见表2-18）。

表2-18　　山东省社会消费品零售总额数据情况

（单位：亿元）

年份	社会消费品零售总额
1978	79.73
1979	92.22
1980	114.01
1981	131.47
1982	141.48
1983	162.14
1984	189.08
1985	227.03
1986	261.64
1987	300.69
1988	392.37
1989	430.74
1990	460.13
1991	536.03
1992	653.23
1993	884.71
1994	1210.08
1995	1583.96
1996	1916.51

（续表）

年份	社会消费品零售总额
1997	2237.83
1998	2564.54
1999	2872.82
2000	3264.05
2001	3634.60
2002	4078.02
2003	4644.86
2004	5290.50
2005	6166.94
2006	7217.13
2007	8607.45
2008	10658.76
2009	12362.97
2010	14620.30
2011	17155.49
2012	19651.94
2013	22294.84
2014	25111.53
2015	27761.41
2016	30645.76

数据来源：《山东统计年鉴》。

消费、投资对经济增长的贡献率存在此消彼长的关系，消费率长期偏低的一个重要原因是高投资发展模式。山东省经济发展中一个长期、突出的问题是，居民收入水平不够高，消费能力不足，居民消费率明显偏低，居民消费对经济增长支撑不足，影响了内部需求的有效提高，消费带动型经济还未到来。加速提升富民惠民水平，进一步提高消费的引领作用，是保持经济平稳、持续增长的关键因素和现实选择。

第五节 经济国际化水平总体不高

山东对外开放是一个渐次推进的过程。1984年，青岛、烟台被列入中国首批14个沿海对外开放城市。1988年，国务院批准建立山东半岛经济开放区。至1991年2月，全省除长岛县外全部对外开放，逐步形成全方位对外开放格局。经过改革开放40年的发展，全省开放型经济水平不断提高，全方位、宽领域、多层次对外开放格局基本形成。

从对外贸易看。山东省沿海港口众多，交通便利，产业基础良好，对外贸易种类多、交易额大。改革开放之初的1978年，全省进出口总额仅为8.7亿美元。1995年超过百亿美元，2007年迈上千亿美元台阶。2017年，山东省进出口总额为17823.9亿元，其中出口9965.4亿元，进口7858.5亿元。产品市场遍及全球225个国家和地区。外贸经营主体不断扩大，1978年，全省仅有11家外贸公司，随着外贸经营权放开，开展对外贸易的市场经营主体大幅增加，到2016年已达3.8万家。出口结构不断优化，出口产品主要有机电产品、纺织服装、化工产品、农产品、轻工工艺品等大类商品。2017年，全省机电产品出口3877.3亿元，高新技术产品出口990.1亿元，分别占出口总额的38.9%和9.9%。山东也是农产品出口大省，是全国首个出口农产品质量安全示范省。出口的农产品主要有水海产品、蔬菜、水果及坚果、花生、肉食品等。2017年农产品出口1152.5亿元，占全国农产品出口额的22.7%，农产品出口连续18年居全国首位。1978年，与山东省有贸易关系的只有50多个国家和地区，且贸易额主要集中在港澳地区。到2016年，与山东省有贸易关系的国家和地区已发展到225个，除美国、欧盟、韩国、日本四大传统市场外，新兴市场得到开拓，与东盟、印度、俄罗斯、澳大利亚、巴西贸易往来不断扩大。山东进口的商品主要是机电高新技术产品和资源能源性产品。2017年，全省机电高新产品进口额为1761.8亿元，占进口总额的22.4%。其他主要进口商品为铁矿砂、粮食、铜材、成品油、铜矿砂、初级形状的塑料、原油、煤炭、铝矿砂、天然橡胶、棉花、食用植物油12大类资源能源性产品，为全省经济发展提供了重要支撑。对外贸易对国民经济贡献度增强，2016年，山东进出口总值占全省GDP的比重为24.5%，比1978年提高18.5个百分点（见表2–19）。

表2–19　　山东省进出口总值变化情况

（单位：万美元）

年份	进出口总值	出口总值	进口总值
1984	352012	207786	144226
1985	414448	234652	179796
1986	382840	191926	190914

（续表）

年份	进出口总值	出口总值	进口总值
1987	355294	289938	65356
1988	573361	309773	263588
1989	616511	327015	289496
1990	428522	341719	86803
1991	483200	375230	107970
1992	778140	433752	344388
1993	728586	420360	308226
1994	962927	587011	375916
1995	1395007	816101	578906
1996	1616394	918298	698096
1997	1753631	1085888	667743
1998	1661740	1034705	627035
1999	1827094	1157909	669185
2000	2498998	1552905	946093
2001	2896313	1812899	1083414
2002	3394175	2111511	1282664
2003	4465752	2657285	1808467
2004	6078136	3587286	2490850
2005	7688876	4625113	3063763
2006	9528817	5864717	3664100
2007	12261798	7524374	4737424
2008	15814480	9317486	6496994
2009	13860378	7956530	5903848
2010	18895085	10424695	8470390
2011	23599191	12578809	11020382

（续表）

年份	进出口总值	出口总值	进口总值
2012	24554487	12873171	11681316
2013	26715854	13450998	13264856
2014	27711549	14474545	13237004
2015	24174867	14406069	9768798
2016	23420733	13715826	9704906

数据来源：《山东统计年鉴》。

从利用外资看。1981年，全省第一家中外合资企业落户青岛，标志着山东省吸引外商直接投资开始起步。截至2017年底，全省累计实际使用外资2053.9亿美元，已有73个国家和地区的客商在山东投资。1987年，德国汉高公司在山东省烟台市设立汉高乐泰（中国）有限公司，这是山东省第一家由世界500强企业投资的外资企业。从此，投资建厂的世界500强企业纷至沓来。截至2017年底，全省已累计吸引212家世界500强企业，投资项目713个（见表2-20）。

表2-20 山东省外商直接投资数据情况

年份	外商直接投资项目个数（个）	外商直接投资项目金额（万美元）
1981	1	10
1984	16	40
1985	32	559
1986	37	1939
1987	53	2381
1988	203	3908

（续表）

年份	外商直接投资项目个数（个）	外商直接投资项目金额（万美元）
1989	240	13132
1990	366	15084
1991	801	17950
1992	4109	97335
1993	7229	184319
1994	3650	253566
1995	2709	260719
1996	2175	259041
1997	1597	250044
1998	1366	222262
1999	1717	246878
2000	2728	297119
2001	3047	362093
2002	4065	558603
2003	5305	709371
2004	5890	870064
2005	6415	897072
2006	4030	1000069
2007	2717	1101159
2008	1527	820246
2009	1468	801007
2010	1632	916833
2011	1433	1116022
2012	1333	1235267

（续表）

年份	外商直接投资项目个数（个）	外商直接投资项目金额（万美元）
2013	1405	1405315
2014	1352	1519511
2015	1509	1630090
2016	1477	1682556

数据来源：《山东统计年鉴》。

从走出去看。1998年中央提出“走出去”战略以后，山东境外投资迅速发展，对外承包工程和劳务合作迅速发展。1990年，山东对外承包工程和劳务合作营业额只有1712万美元，1992年达到了3882万美元。2016年，全省对外承包工程营业额达到119.5亿美元，外派各类劳务人员6.9万人（见表2-21）。截至2017年底，全省共有备案核准境外企业（机构）5689家，中方投资851.2亿美元。山东省对外承包工程规模大，领域广，竞争力强，7家山东企业进入2017年度美国《工程新闻记录》（ENR）评选的全球最大国际承包商250强企业榜单，入选企业总数居各省前列（全国共65家）。山东是人力资源大省，山东人诚实守信、刻苦耐劳、工作认真，有着良好的信誉。全省有对外劳务合作经营资格企业130多家，对外劳务合作服务平台60多家，每年外派劳务规模5万人左右。山东省对外劳务合作项目外派人员主要涉及建筑、加工制造、农林牧渔、餐饮服务等行业，对外劳务人员主要分布在日本、新加坡、阿尔及利亚、沙特阿拉伯等国家和地区。

山东是我国东部沿海重要的经济大省、文化大省、人口大省，是新亚欧大陆桥经济走廊的重要沿线地区和海上丝绸之路的重要战略支点。国家“一带一路”倡议提出以后，沿线国家地区基础设施建设的巨大需求，为山东企业“走出去”提供了重大机遇。2017年，山东与“一带一路”沿线国家的外贸进出口额为4816.3亿元，占全省的27%，其中出口额为2672.5亿元，占全省的26.8%。对“一带一路”沿线国家实际投资100.6亿元，占全省的26.7%。在“一带一路”沿线国家对外承包工程完成营业额473.4亿元，占全省的59.6%。特别是山东加快建设境外经贸合作区，为国际产能合作搭建载体平台。在纳入商务部统计的99家境外经贸合作区中，山东省有13家，累计完成投资54.5亿美元；其中9家布局在“一带一路”沿线国家，累计完成投资51.5亿美元，占总投资的94.5%。在商务部、财政部考核通过的20家国家级境外经贸合作区中，山东省有4家，居全国首位，全部位于“一带一路”沿线国家。

表2-21　　山东省对外承包劳务数据情况

年份	营业额（万美元）	年末在外人数（人）	派出人数（人）
2005	174518	71610	37797
2006	232293	83974	41369
2007	301928	93797	45212
2008	358867	90623	45269
2009	509083	96421	46296
2010	602415	102149	47300
2011	819857	108662	48836
2012	898864	103736	51425
2012	940828	98988	52591
2012	1021544	115328	59941

（续表）

年份	营业额（万美元）	年末在外人数（人）	派出人数（人）
2012	1120799	116100	60764
2012	1195427	119655	68673
2013	940828	98988	52591
2014	1021544	115328	59941
2015	1120799	116100	60764
2016	1195427	119655	68673

数据来源：《山东统计年鉴》。

从开放载体看。建立经济技术开发区是中国改革开放初期推进对外开放的重大战略。1984年，国务院批准青岛、烟台设立经济技术开发区，截至2017年底，山东省共有省级以上经济园区160家，其中国家级经济技术开发区15家，省级经济开发区136家，海关特殊监管区9家，基本形成了以国家级经济园区为龙头，省级经济开发区为主体，布局合理，形式多元，各具特色的发展格局。经济开发区是山东省产业集聚集群发展的主要区域，已培育形成百亿级以上产业集群126个，其中千亿级产业集群5个，500亿级产业集群18个。2017年，山东省经济开发区公共财政预算收入占全省的52.7%，固定资产投资总量占全省的56.6%，进出口总额占全省的63.2%。

对外开放对有效扩大经济规模、优化产业结构、推动经济国际化起到了重要推动作用，一批企业在参与国际市场竞争中逐步发展壮大，核心竞争能力不断增强。但总体来讲，山东对外开放水平不高，优势不突出。2016年，山东对外贸易依存度只有23.1%，经济国际化程度比较低。问题主要表现在以下方面。

出口贸易档次不高。受省内产业结构不够合理的影响，出口产品结构不优的问题比较突出，2016年机电、高新技术产品出口比重只有38.3%和10.8%，分别低于全国19.4和18个百分点。加工贸易出口“含金量”不足，“委托设计+自主品牌”出口比重只有20%，具有自主知识产权和自有品牌的产品不多，出口产品的技术含量和附加值不够高。服务贸易比重较低，2016年服务贸易进出口额占贸易总额的16.5%，占全国的份额不到5%。进出口企业整体不活跃，规模以上工业企业中有出口业绩的只占11.8%。

利用外资对接能力不高。近年来，世界500强在国内投资主要投向电子信息、生物医药、新能源、智能制造、现代农业、金融服务等“四新项目”，山东传统产业、重化工业比重高，依托产业对外招商项目大多不符合国际资本向国内流动的要求。利用外资渠道不宽，香港仍是山东省的第一大外资来源地，来自欧盟、美国等西方发达国家和地区的投资比例偏低。

境外投资效益不高。一些企业对国际规则了解不够，缺少合理的国际化经营规划，跨国并购标的行业选择欠妥，投资效益比较差。据国家外汇管理局山东省分局反映山东对外投资企业多处于初建扩张阶段，实现盈利项目仅有17%。企业境外融资能力较弱，投资回报低，利润汇回较少，2014—2016年省内境外投资主体发生利润回报的企业占比仅为2.4%，利润汇回金额共计5.54亿美元，仅相当于对外投资存量的0.78%。

开放平台载体开放引领作用发挥不够。大部分开发区越来越像普通的行政区，承担的社会性事务越来越重，发展功能弱化。粗放式发展方式尚未得到根本性转变，产业单一、结构趋同，产业集群效应不明显，产业发展方向不明确。海关特殊监管区功能优势没有显现出来，9家海关特殊监管区域2016年进出口值1500亿元，仅占全省进出口总值的9.6%，占全国特殊监管区域进出口总值的3.9%。2016年全国海关特殊监管区域进出口前10位中，山东无一入选，排名最好的烟台保税港区列第14位，7家排名在50位以后。港口、铁路、航空等交通设施短板明显。港口集约集聚程度不足，港口群的总体作用尚未充分发挥。民航联通国际能力不足，国际航线少，济南机场目前开通的国际航线为15条，青岛机场为14条，而郑州机场达27条，成都机场达101条，与上海、广东等省市相比差距更大。省内缺乏高层次的国际论坛、峰会以及高水平的投资贸易洽谈会。目前获UFI（国际展览联盟）认证的69个中国展会，主要集中在广东（21个）、上海（20个）和北京（17个），山东省至今还是空白。

第六节 科技创新能力整体不强

科技是第一生产力。改革开放以来，山东实施“科技兴鲁”战略，不断深化科技体制改革，提高科技对经济的支撑带动作用。1992年，山东出台《关于加快科技进步推动经济发展的决定》，是山东全面部署科技工作的第一个纲领性文件。2002年，山东将突出发展高新技术产业作为建设“大而强、富而美”新山东“三大亮点”工作之一，采取一系列促进措施。2006年，山东作出《关于实施科技规划纲要增强自主创新能力建设创新型省份的决定》，提出到2020年之前，使山东省在全国率先进入创新型省份行列，标志着山东科技创新进入以增强自主创新能力为根本手段，以建设创新性省份为基本目标的新阶段。

近年来，随着创新驱动战略深入实施，山东区域创新体系不断完善，科技对经济发展的支撑能力不断增强。创新平台建设不断强化，先后建设了青岛海洋与技术实验室、国家超算济南中心等一批重大科技创新平台，启动实施山东半岛国家自主创新示范区建设，成立黄河三角洲国家农业高新技术产业示范区。海洋经济、信息通信、量子通信等产业创新水平进入全国前列。科技园区建设迈上新台阶，建成省级以上高新区20家，其中国家级高新技术产业开发区13个。到2016年，国家知识产权示范园区8个，国家火炬计划特色产业基地66个，国家级科技合作基地42个，院士工作站298个，国家企业技术中心179家，省级示范工程技术研究中心300家。国家知识产权试点市6个，国家知识产权强县工程示范县（区）14个，国家级工程技术研究中心36个，企业国家重点实验室17个。创新成果不断增加，2016年，全省发明专利申请量8.8万件；发明专利授权量1.9万件。每万人口有效发明专利拥有量6.33件，比上年增加1.43件（见表2-22）。人才队伍建设成效明显，到2016年，全省两院院士、千人计划专家、国家百千万人才工程人选、国务院政府特殊津贴专家、省有突出贡献的中青年专家、齐鲁首席技师、高技能人才分别达到37名、

174名、162名、3136名、1297名、1209名、268.7万人。

表2-22 山东省科技成果数据情况

年份	重要科技成果数量（项）	国际领先先进水平（项）	国内领先先进水平（项）	专利申请量（件）	专利授权量（件）
2000	3728	599	2861	10019	6962
2005	2408	534	1741	28835	10743
2006	2313	448	1742	38284	15937
2007	2346	543	1662	46849	22821
2008	2330	592	1618	60247	26688
2009	2364	751	1412	66857	34513
2010	2367	676	1316	80856	51490
2011	2379	647	1296	109599	58843
2012	2393	609	1349	128614	75522
2013	2332	681	1067	155170	76976
2014	2955	817	1146	158619	72818
2015	3011	967	1212	193220	98101
2016	3016	762	1095	212911	98093

数据来源：《山东统计年鉴》。

但客观地讲，山东省科技创新水平还比较低，自主创新能力不强。我们可以从以下方面进行分析。

R&D经费支出占GDP的比重是目前国际通用的衡量科技活动规模、科技投入水平和科技创新能力高低的重要指标。目前发达国家和地区的平均水平为3%。2016年，山东省R&D经费占GDP比重为2.33%，居全国第7位，与主要创新型国家相比差距更大。2014年，美国、德国、日本这一数据分别为2.74%、

2.84%和3.59%，韩国更是达到了4.29%。

从投入主体看。企业是研发活动的主体，但山东企业科技动力不足，特别是政府投入不足。2016年规模以上工业企业中开展R&D活动的企业占13.9%，居全国第16位。2010年，山东R&D经费内部支出为672.0亿元，其中政府资金为58.9亿元，只占8.8%；企业资金为600.2亿元，占89.3%。到2016年，全省R&D经费内部支出为1566.1亿元，其中政府资金为107.6亿元，只占6.9%；企业资金为1425.3亿元，占91.0%（见表2-23）。

表2-23　　山东省R&D经费内部支出来源情况

（单位：万元）

年份	R&D经费内部支出	政府资金	企业资金	境外资金	其他资金
2010	6720045	588821.1	6001743	28443.3	101040.9
2011	8443766	720630.4	7562821	36807.8	123505.5
2012	10203266.4	921854.8	9070407	56711.5	154292.5
2013	11758026.6	985531.5	10559249	51980.9	161265.3
2014	13040695	1013777	11793738	52890.9	180288.5
2015	14271890.2	1110158	12872231	56731.2	232770.6
2016	15660904	1075905	14252538	48174.4	284286.9

数据来源：《山东统计年鉴》。

从科研人员看。我们可以从R&D人员折合全时当量这一指标进行分析。2016年，山东R&D人员折合全时当量，从事基础研究的只有5.4%，从事应用研究的人员只占9.2%，从事试验发展研究的人员为85.4%。在信息传输、软件和信息技术服务业中，更是没有一人从事基础研究工作（见表2-24）。

表2-24　山东省科研人员全时当量分类情况

（单位：人年）

年份	R&D人员折合全时当量	基础研究人员	应用研究人员	试验发展人员
2010	190329	9481	20070	160777
2011	228623	11249	19772	197604
2012	254013	12104	21908	220002
2013	279331	13597	22883	242851
2014	286352	14119	25449	246785
2015	297845	14627	25228	257991
2016	301480	16260	27592	257629

数据来源：《山东统计年鉴》。

从研发领域看，对基础研究的投入较低。企业竞争力来自于核心技术，而核心技术的原动力是基础研究。国家高度重视基础研究工作，在《"十三五"国家基础研究规划》中提出，引导有条件的企业特别是大中型企业和企业化转制院所重视并开展基础研究；《国务院关于全面加强基础科学研究的若干意见》也提出，引导企业加强基础研究，提升市场竞争力。科技发达国家对基础研究非常重视，相比较而言，山东在这方面差距还不小。由于基础研究投入大、风险高、见效慢，省里在这方面投入占比非常低。2011年，R&D经费内部支出中，山东基础研究投入大约为13.3亿元，占1.98%；试验发展支出占到92.6%。到2016年，基础研究经费支出为36.4亿元，仍只占2.3%，而试验发展支出占到91.9%（见表2-25）。

表2-25 山东省R&D经费内部支出去向情况

（单位：万元）

年份	R&D经费内部支出合计	基础研究支出	应用研究支出	试验发展支出
2010	6720045	132841	366053	6221155
2011	8443766	188276	541682	7713809
2012	10203266	224023	644022	9335221
2013	11758027	264467	686417	10807143
2014	13040695	243948	794643	12002104
2015	14271890	297454	774193	13200242
2016	15660904	364437	897809	14398658

数据来源：《山东统计年鉴》。

高层次人才短缺。人才发展总体水平还不够高，特别是高层次创新型人才和高技能人才匮乏，人才队伍的整体规模、素质能力、结构分布与经济需求还不适应。人才发展潜力不足，优秀青年人才严重缺乏，高层次人才后继乏人。人才与产业发展匹配程度不高，传统制造业和新材料、新信息、新能源等战略性新兴产业缺少高层次、高技能人才的支撑。技工教育还存在招生困难、生源质量不高、专业设置不合理、投入不足等问题。2016年，山东省研究生及以上学历人数占6岁及以上人数的比重为0.42%，不及0.59%的全国平均水平。山东省两院院士、长江学者、国家“杰出青年基金”获得者、享受国务院政府特殊津贴专家都相对较少，与山东省对高层次人才的实际需求相比还有很大距离。

第七节　城乡区域发展还不平衡

山东省高度重视区域协调发展，根据发展形势变化，适时研究采取重大政策举措。1988年，提出“东部开放，西部开发，东西结合，共同发展”的区域发展战略；1992年，提出实施“全面开放，重点突破，梯次推进，东西结合，加快发展”战略；2003年，提出并实施“龙头带动，三个突破，东西联动，城乡统筹，促强扶弱，协调发展”的工作思路，不断促进区域协调发展区域。从2009年以后，山东积极争取山东半岛蓝色经济区、黄河三角洲高效生态经济区上升为国家战略，2012年8月，制定实施了省会城市群经济圈、建设山东西部经济隆起带两大战略，形成了覆盖全省的“两区一圈一带”区域协调发展总体布局。山东半岛纳入国家自主创新示范区，青岛西海岸新区成为全国第9个国家级新区，黄河三角洲农业高新技术产业示范区成为全国第2个现代农业产业示范基地，德州、聊城、东营、滨州加快融入京津冀协同发展，沂蒙革命老区获批参照执行中部地区有关政策。2016年，山东半岛蓝色经济区、黄河三角洲高效生态经济区分别实现生产总值31386.5亿元和9081.6亿元，分别比上年增长7.8%和7.3%；省会城市群经济圈、西部经济隆起带分别实现生产总值23230.0亿元和19600.2亿元，分别增长7.4%和7.6%。

山东是农村人口大省，城乡二元结构矛盾比较突出。进入新世纪以来，山东把城乡发展一体化作为解决“三农”问题的根本途径，以生态文明乡村建设为切入点，加快新农村建设，大幅增加农村基础设施建设投入，农村生产生活条件不断改善，城乡发展一体化格局初步形成。坚持产业、城市和人口良性互动，积极推进以人为核心的新型城镇化，有序推进外来务工人员市民化、城中村和城边村原有居民市民化、其他农村地区就地转移就业人口市民化。2016年常住人口城镇化率达59.02%。整体提升县域经济发展水平，县域经济实力不断壮大。2016年，地方一般公共预算收入过30亿元、50亿元、70亿元、100亿元的县（市、区）分别达到52个、27个、16个和6个。

但客观地讲，山东城乡、区域发展不协调、不平衡问题依然突出，西部地区在资金、技术、环境、人才支撑等方面仍处于相对劣势地位，四大重点区域产业同构、竞争同质问题仍不同程度存在，尚未真正形成功能对接、资源共享、产业互补、环境同治的一体化发展格局。区域和城乡之间人均水平差距较大，如2016年东部地区的东营、威海人均GDP分别达到19万元和11.6万元，而鲁西南地区的临沂、菏泽人均GDP仅为3.8万元和3万元（见表2-26）。强化区域互联互通、互利共赢、多元均衡发展，成为关系山东全局和长远的重大战略任务。

表2-26　　山东省各市人均地区生产总值数据情况

（单位：元）

地区	2015年	2016年
全省	64168	67706

（续表）

地区	2015年	2016年
济南市	85919	90999
青岛市	102519	109407
淄博市	89235	94587
枣庄市	52692	54984
东营市	163938	164024
烟台市	91979	98388
潍坊市	55824	59275
济宁市	48529	51662
泰安市	56490	59027
威海市	106922	114220
日照市	58110	62357
莱芜市	49377	51533
临沂市	36656	38803
德州市	48062	50856
聊城市	44743	47624
滨州市	61189	63745
菏泽市	28350	29904

数据来源：《山东统计年鉴》。

从居民消费水平看城乡区域差距。2016年，山东城镇居民人均消费水平为3.3万元，农村居民人均消费水平为1.6万元，相当于城镇居民平均水平的48.5%。城乡居民消费差距最大的是济南市，农民消费水平仅为城镇消费水平的33%；差距最小的是威海市，农村居民消费水平相当于城镇居民平均消费水平的近70%。从区域差距看，居民消费水平最高的为济南市，最低的是临沂市，二者差距约为1.5倍；农村居民消费水平最高的威海市，最低的是临沂市，二者差距约为2.3倍；城镇居民消费水平最高的是威海市，最低的是临沂市，二者差距约为1.6倍。由此可以看出山东区域之间、城乡之间居民贫富程度的差距仍然较大（见表2-27）。

表2-27　　2016年山东省各市居民消费水平比较情况

（单位：元）

地区	全体居民	农村居民	城镇居民
全省	25860	15970	33016
济南市	31018	12857	39003
青岛市	28131	16588	32901
淄博市	27587	17928	31904
枣庄市	16209	11799	19894
东营市	28220	21485	31587
烟台市	25670	13511	33090
潍坊市	22021	15389	27028
济宁市	19118	12473	24499
泰安市	24806	12750	33516
威海市	35631	27938	39943
日照市	20002	11258	26917
莱芜市	17898	10693	22703
临沂市	12456	8399	15124
德州市	17897	9159	25410
聊城市	16090	9141	22633
滨州市	21890	14841	27490
菏泽市	14917	11141	19304

数据来源：《山东统计年鉴》。

我们还可以从城乡居民可支配收入情况进行一下对比分析。2016年，全省城镇居民可支配收入为36789元，农村居民可支配收入为15118元，二者差距约为1.43倍。从城镇和农村居民可支配收入看，最大差距都体现在青岛和菏泽之间，城镇居民收入差距约为97%，农村居民收入差距大约在68%（见表2-28）。这也从另一个方面佐证了山东城乡和区域之间的差距。

表2-28　　2016年山东省各市城乡居民收入支出比较情况

（单位：元/人）

地区	城镇居民可支配收入	农村居民可支配收入
济南市	43052	15346
青岛市	43598	17969
淄博市	36436	15674
枣庄市	27708	13018
东营市	41580	14999
烟台市	38744	16721
潍坊市	33609	16098
济宁市	29987	13615
泰安市	30299	14428
威海市	39363	17573
日照市	28340	13379
莱芜市	32364	14852
临沂市	30859	11646
德州市	22760	12248
聊城市	23277	11387
滨州市	30583	13736
菏泽市	22122	10705

数据来源：《山东统计年鉴》。

第八节 节能减排环保压力较大

改革开放以来，党中央、国务院高度重视生态环境保护与建设工作，采取了一系列战略措施，加大了生态环境保护与建设力度，一些重点地区的生态环境得到了有效保护和改善。特别是近年来，山东省按照中央要求，加快生态文明建设步伐，在生态保护、污染防治、资源节约利用等方面都取得了较好的成效。

节能降耗取得实质性进展。改革开放以来，山东省万元GDP能耗曾长期保持下降，1978年为4.19吨标准煤，1984年、1992年、2000年分别下降到2.76、1.91和1.14吨标准煤。但“十五”以来，由于冶金、化工和建材等高耗能工业的迅猛发展，山东省万元GDP能耗一度呈上升趋势。从2001年开始，山东省万元GDP能耗一路上升，到2005年达到1.32吨标准煤。随着对节能降耗的重视程度不断提高，山东省万元GDP能耗自2006年上半年开始出现向下的“拐点”，2006年比上年下降3.46%，2007年下降4.54%，万元GDP能耗降至1.21吨标准煤，首次完成年度节能降耗任务。近年来，山东省万元GDP能耗一直保持下降趋势，2012—2016年，山东省万元GDP能耗累计下降17.1%，年均下降4.6%；万元GDP电耗累计下降14.4%，年均下降3.8%；规模以上工业万元增加值能耗累计下降24.2%，年均下降6.7%。

环境质量逐步改善。自20世纪80年代以来，山东省环境质量总体经历了快速污染、治污“拉锯战”和环境持续改善三个阶段。从2002年开始，在经济连续保持两位数增长的背景下，实现了环境质量明显改善，重点流域水污染得到改善，工业“三废”排放增量逐步减少，污染排放连续多年下降（见表2-29）。2016年，全省PM2.5、PM10、二氧化硫、二氧化氮平均浓度分别比2013年下降32.7%、25.0%、50.7%、20.8%。省控重点河流COD和氨氮平均浓度比2012年分别下降8.7%和27.7%。全省林木绿化率为25.0%，比2013年提高2.2个百分点；农村无害化卫生厕所改造不断加快，2016年农村卫生厕所普及率为92.1%，比2012年提高3.8个百分点；以绿色、生态、低碳、宜居、宜业理念为目标的生态城区建设成效显著，2016年城市（含县城）建成区绿地率为36.8%，比2012年提高0.5个百分点；生态保护取得积极成效，截至2016年底，全省已建成国家级生态县（市、区）7个、生态乡镇560个、生态村6个、自然保护区7个、生态工业园区7个。

表2-29　山东省主要污染物排放及处理情况

（单位：万吨）

年份	废水排放量	#工业	二氧化硫排放量	烟（粉）尘排放量	工业固体废物产生量	工业固体废物综合利用量
1981	104790	87673	119	77	2522	639
1982	105942	82641	120	97	2615	723
1983	110938	88168	122	85	2559	716
1984	129033	106275	142	117	2743	760
1985	131898	105375	160	120	2748	765

（续表）

年份	废水排放量	#工业	二氧化硫排放量	烟（粉）尘排放量	工业固体废物产生量	工业固体废物综合利用量
1986	127277	98913	171	129	2860	847
1987	132770	93811	173	116	2848	894
1988	144346	97136	191	128	3325	968
1989	137165	91360	189	130	3610	1117
1990	136573	87631	193	121	3880	1337
1991	137051	88728	204	121	3837	2169
1992	137721	86412	226	125	3941	2410
1993	142322	86350	228	135	4201	2353
1994	147979	87316	225	130	4263	2871
1995	158681	96214	232	130	4484	2899
1996	204200	101018			4652	2824
1997	246100	130918	247	108	5131	3448
1998	234048	117069	226	92	5109	3777
1999	224100	107975	183	71	5166	3877
2000	229000	110324	180	67	5407	4173
2001	235271	115233	172	65	6215	5224
2002	230709	106668	169	62	6559	5704
2003	245782	115933	184	62	6786	6054
2004	264014	128706	182	52	7922	7191
2005	280377	139071	200	62	9175	8683
2006	302637	144365	196	58	11011	10397
2007	334255	166574	182	46	11935	11615
2008	358910	176977	169	44	12988	12173

（续表）

年份	废水排放量	#工业	二氧化硫排放量	烟（粉）尘排放量	工业固体废物产生量	工业固体废物综合利用量
2009	386731	182673	159	42	14138	13826
2010	436371	208257	154	39	16038	15297
2011	443331	187245	183	78	19533	18298
2012	479100	183634	175	70	18343	17073
2013	494570	181179	164	70	18172	17134
2014	514423	180022	159	121	19199	18380
2015	550230	185493	153	108	19797	18308
2016	507591	160580	113	87	22510	18976

数据来源：《山东统计年鉴》。

注：1. 2011年以前，烟（粉）尘排放量为烟尘排放量。2. 从2014年起烟（粉）尘排放量包含无组织排放的烟（粉）尘。

生态建设迈出较大步伐，绿色、循环、低碳发展方式初步形成。生态山东和循环经济试点省建设有序推进，主体功能区规划发布实施，淘汰落后产能任务全面完成，连续14年实现耕地占补平衡。2010年以来，山东省累计淘汰水泥产能8523万吨、炼铁1321万吨、炼钢514万吨、焦炭649万吨、平板玻璃753万重量箱、造纸281万吨。2013年，全省城市污水集中处理率达到了93.5%；城市（县城）生活垃圾无害化处理率达98%。省控59条重点污染河流全部恢复鱼类生长，湿地面积恢复增加到173.75万公顷，森林覆盖率达到22.8%。

近年来山东省产业结构不断优化，经济发展质量不断提升，但受传统经济发展模式的惯性影响，高耗能产业比例偏大、能源资源消耗较多、环境污染较重等问题依然突出。

能耗问题比较严重。产业结构偏重，规上工业能耗结构中六大高耗能行业占七成以上，电解铝、煤电、烧碱、化肥、农药、合成氨等高耗能产品产量居全国前列，工业能耗总量占全国工业能耗的10%。煤炭消费偏高，据测算，全省煤炭占能源消耗总量的比重为71%，高于全国10个百分点。清洁能源总量小，全省原油加工量和火力发电量均居全国第1位，风力、太阳能、水力等发电分别居全国第5、11和26位。清洁能源发电量占全省总发电量的3.4%，低于全国20.9个百分点。

环境污染问题较多。大气、水、土壤等污染问题还比较突出，钢铁、水泥、玻璃、有色金属、化工等大气污染重点行业排放较高，水资源利用和保护、建设用地总量等环境约束明显增强。

水资源短缺问题依然突出。山东是全国9个极度缺水的省份之一，近年来，用水需求呈现刚性增长态势，水资源供需矛盾愈加突出。全省2/3的市缺水率超过10%。2013年以来，由于降水少、蓄水不足，胶东地区出现了用水持续紧张的局面。据预测，在现有工程及供水条件下，到2020年、2030年，全省一般年份分别缺水49亿立方米、58亿立方米，如果遇到干旱少雨，缺水问题更加严重。水生态保护任务日益艰巨。受传统发展方式影响，长期以来，水生态环境破坏较为严重。根据最新评价成果，目前全省浅层、深层地下水超采区面积分别为1.04万平方千米、4.34万平方千米。水土流失面积仍有2万多平方千米。绝大多数河道出现断流，农村河道萎缩、功能衰减、水环境恶化的问题比较突出。2015年评价的288个水功能区，达标率为57.6%。

第九节 质量效益提升艰难

山东经济总量居全国前列，但与先进省份差距拉大，增长的质量效益相对较低。经济发展既要追求量的扩大，更要追求质的提升，促进经济稳中有进、进中提质，是摆在我们面前的重要而紧迫的议题。

多年来，山东省生产总值、工业、投资、社会消费品零售额、进出口、地方财政收入、城乡居民收入等主要指标均居全国前列，但与广东、江苏相比，无论是经济规模扩张还是质量效益提升，山东省与先进省份的差距均在拉大，亟待引起高度重视并采取有效措施加以解决。具体来看：

政府可用财力不足。进入21世纪以来，随着经济社会发展，山东地方财力逐年提高，2000年，全省地方财政收入不到464亿元，到2016年达到5860亿元，财政收入规模有了极大提升。但客观上讲，山东财力不足的矛盾比较突出，也体现出山东经济结构性矛盾的巨大差距，经济产出效益不高。人均财力水平可以间接反映这一问题。2000年，山东人均地方财政收入为515元，同年全国人均财力为1075元，差距在一倍多。2016年，山东人均地方财政收入为5891元，同年全国人均财力为11543元，还有近一倍的差距（见表2-30）。

表2-30 山东省人均地方财政收入与全国比较情况

年份	山东人均地方财政收入（元）	全国人均财力（元）
2000	515	1057
2005	1160	2420
2006	1457	2949
2007	1789	3884
2008	2078	4618
2009	2322	5134
2010	2870	6197
2011	3586	7710
2012	4191	8660
2013	4685	9496
2014	5135	10262
2015	5615	11077
2016	5891	11543

数据来源：《山东统计年鉴》《中国统计年鉴》。

经济投入产出回报率低。经济是讲求投入产出比的，以较少的投入换取较大的产出，是经济发展的理想状态。随着投入的逐年扩大，山东投资边际效益降低，投资回报趋于下降。这种变化，我们可以间接通过投资与生产总值的比重数据看出（见表2-31）。2000年，山东投资总量占GDP的比重为30.5%，到2016年，这个数据已经提高到79.58%。也就是说，如果不考虑其他因素，2000年，山东每投入1元钱，大约能形成3.3元经济总量；到2016年，山东每投入1元钱，大约只能带来1.3元经济总量。

表2-31 山东省固定资产投资与GDP比较数据情况

年份	全社会固定资产投资额	GDP与投资额之比
1993	892.48	3.10
1994	1108.00	3.47
1995	1320.97	3.75
1996	1558.01	3.78
1997	1792.22	3.65
1998	2056.97	3.41
1999	2222.17	3.37
2000	2542.65	3.28
2001	2807.79	3.27
2002	3509.29	2.93
2003	5328.44	2.27
2004	7629.04	1.97
2005	10541.87	1.74
2006	11136.06	1.97
2007	12537.02	2.06
2008	15435.93	2.00
2009	19030.97	1.78
2010	23276.69	1.68
2011	26769.73	1.69
2012	31255.96	1.60
2013	36789.07	1.50
2014	42495.55	1.40
2015	48312.46	1.30
2016	53322.49	1.26

数据来源：《山东统计年鉴》。

工业企业盈利能力不强。近年来山东坚持“腾笼换鸟、凤凰涅槃”，以结构调整带动提质增效，工业发展质量和效益不断提升。2016年，全省规模以上工业企业实现利润8643.1亿元，全员劳动生产率达到38.7万元/人，规模以上工业企业人均创造利润9.8万元。但由于长期产业结构不合理，产业链条短，工业中间产品多，品牌、高端产品少，市场压价竞争较为普遍，存在增产不增效的问题。

知名品牌仍然不多。山东在农业、制造业、服务业等领域培育了一批标杆企业，形成了一批知名品牌。截至2015年底，全省拥有有效注册商标51.2万件，马德里国际注册商标1666件，地理标志商标427件，中华老字号66家。但山东在国内外市场上具有显著影响力和竞争力的知名品牌屈指可数。世界品牌实验室发布的2015年“中国最具价值品牌500强”，山东入选品牌42个，仅为北京的44.6%，广东的52.5%。2015年，山东276家国际自主品牌企业完成出口167.5亿美元，仅占全省出口总额的11.6%。

第十节 社会民生建设任重道远

不断增进民生福祉，是经济发展的根本目的。改革开放以来特别是党的十八大以后，山东坚持以人民为中心的发展思想，以促进人的全面发展、实现全省人民共同富裕为目标，抓住人民群众最关心最直接最现实的利益问题，出台实施一大批惠民政策，不断在发展中保障和改善民生，取得了一系列重要成效。

经济发展与就业逐渐形成良性互动。坚持把就业创业摆在更加突出的位置，把就业工作作为经济持续健康发展的优先目标，抓政策、抓重点、抓创业、抓服务，完善具有山东特色的就业创业政策体系。1978年全省就业人员为2969.8万人，2000年为5441.8万人。特别是2004年以来，全省各级采取积极措施千方百计扩大就业，城镇新增就业和农村劳动力转移就业连续多年实现“双过百”。2013—2016年，全省累计城镇新增就业476.3万人（次），帮助失业人员再就业216.6万人（次），困难群体再就业44.0万人（次）。

把教育放在优先发展的战略位置，以国家、省中长期教育规划纲要为指导，全面启动教育综合改革，不断深化基础教育体系建设，各级各类教育事业实现全面发展。高等教育规模扩大，高等教育普及程度稳步提高。2016年末，全省共有研究生培养机构33个，在校研究生8.2万人，比2012年增长16.5%。普通高等教育学校144所，比2012年增加7所；专任教师达到10.8万人，增长12.2%；在校生数达到199.6万人，增长20.3%。高等教育毛入学率达到50.8%，比2012年提高19.5个百分点，高出全国平均水平8.1个百分点。基础教育质优量增。学前教育资源持续增加，义务教育、高中阶段教育普及水平持续提升，教师队伍素质和办学水平全面提高。2016年，学前三年毛入园率达到84.9%，高出全国平均水平7.5个百分点；学龄儿童净入学率保持在99.9%以上；九年义务教育巩固率为97.2%，高出全国水平

3.8个百分点。2013—2016年，高中专任教师学历合格率保持在98%以上，小学、初中专任教师学历合格率保持在99%以上。职业教育质量提升。围绕技术技能人才成长路径、校企合作、“双师型”队伍建设、保障机制等方面不断完善现代职业教育体系，试行职业教育与本科教育对口贯通分段培养，在全国率先启动职业院校混合所有制改革试点，遴选认定20个省级校企一体化合作办学示范院校和企业，组建9个省级职教集团，现代学徒制试点已覆盖15个市。2016年，全省中等职业学校428所，在校生81.0万人，四年累计招生126.5万人，毕业134.0万人（见表2-32）。

表2-32　山东省各级各类学校在校生人数情况

（单位：万人）

指标名称	2012年	2013年	2014年	2015年	2016年
成人高等教育	42.8	46.0	48.5	48.5	50.2
普通高等教育	165.8	169.9	179.9	190.1	199.6
研究生	7.1	7.3	7.4	7.8	8.2
在园幼儿数	251.9	262.4	262.8	271.8	275.2
普通小学	627.7	626.0	648.5	674.6	691.3
普通初中	328.1	318.0	314.8	310.8	315.9
高中	164.5	170.5	171.3	169.1	166.5
特殊教育	2.1	2.1	2.2	2.4	2.6

数据来源：《山东统计年鉴》。

以保障人民群众健康为目标，着眼“看得上病、看得好病、看得起病”，深化医疗卫生体制改革取得新突破，事业发展获得新成效，卫生医疗保障能力逐步改善。2016年全省拥有医疗卫生机构7.5万所，各类医疗卫生机构床位49.0万张，卫生技术人员

59.8万人。医疗机构服务能力和管理水平进一步提升，截至2016年，建成省级区域医疗中心7个、省级质控中心41个，被国家命名162家“群众满意的乡镇卫生院”，5家全国百强社区卫生服务中心；100%的县级医院、90%以上的基层机构与上级医院建立起长期稳定的对口帮扶关系。社会办医环境优化，医疗服务质量和能力不断增强。2016年末，全省卫生机构、卫生床位、卫生技术人员、执业（助理）数比2012年末分别增长11.9%、14.7%、21.3%、22.2%。

强化社会保险保民生功能。覆盖城乡的社会救助体系逐步健全。社会保障覆盖范围不断扩大。全民医保基本实现，城乡基本养老保险制度全面建立。在全国率先建立全省统一、城乡一体的居民基本医疗保险制度，并率先开展城乡一体、全省统筹的居民大病保险制度。深入推进机关事业单位养老保险制度改革，全面启动参保缴费和养老金发放工作，纳入新制度337万人，改革进度走在全国前列。率先启动省内异地住院直接结算，2013年全省17市全部实现互联互通。2017年，全面启动实施跨省异地就医住院医疗费用直接结算工作，全省17市及省本级已全部接入国家异地就医结算系统，进入可跨省异地就医直接结算的医疗机构310家。基本养老保险、基本医疗保险做到应保尽保，2016年末参保人员分别达到7115.3万人、7228.8万人；失业保险、工伤保险、生育保险参保人数分别比2012年末增长21.1%、12.8%、24.0%。

发挥社会服务托底线作用。抓创新促服务，社会救助、养老和残疾人补贴、社会事务、福彩管理、信息化建设等工作的评估成绩居全国前列，全省137个县（市、区）农村低保标准全部达到国家扶贫线（2855元）以上。社会服务功能日益提升，救助体系不断完善。2013—2016年，城乡医疗救助资金累计支出40.1亿元，累计救助近1100余万人次；各级慈善总会用于朝阳助学等五大工程累计支出善款49.8亿元；累计安置残疾人就业13.6万人。2016年，全省拥有儿童福利机构17个，床位5406张；各类养老服务机构和设施9214个，床位67.7万张，每千名老人拥有养老床位34张。

人口素质全面提升。新中国成立以来，山东人口发展实现了由“高出生、低死亡、高增长”到“低出生、低死亡、低增长”的转变。尤其是进入21世纪以来，全省坚持把人口发展与经济发展、资源环境通盘考虑，着力控制人口数量、提高人口素质，改善人口结构，人口发展进入“稳定低速增长”的健康发展轨道。人口素质显著提高，平均受教育年限不断提高，具有大学教育程度的人数不断上升，文盲人口逐年下降。

不断增进民生福祉，满足人民群众对美好生活的需求，是经济社会发展的长期目标。目前山东在这方面还存在不少问题。

城乡劳动力就业压力较大。从2011年开始，山东15—64岁的劳动年龄人口呈现逐年下降趋势，但由于人口基数较大，规模仍然在6800万人左右，劳动力资源供给一直在高位运行，就业压力很大。城镇就业的新成长劳动力持续处于高位，高校毕业生2017年超过60万人。与此同时，当前和今后一个时期，山东处在加快新旧动能转换、推动产业转型升级关键阶段，化解过剩产能、出清僵尸企业等深入推进，人工智能发展加快，机器代人对就业岗位的挤压持续加大。

教育不公问题比较突出。优质教育资源供给与人民群众需求之间的矛盾仍然突出，城乡之间、地区之间、学校之间办学条件和发展水平存在较大差距。教育资源尤其是城镇教育资源不足，大班额现象仍然存在。特别是学前教育已成为基础教育领域的突出短板，底子薄、欠账多，“二孩”政策全面实施后，该问题更为凸显。教师队伍的数量和质量难以满足教育改革发展的需要。农村教师生活条件艰苦，待遇不高，新进教师缺少必需的食宿条件，存在“下不去、留不住、教不好”的问题。部分生均经费指标处于全国中下游水平，部分市、县（市、区）普通高中和中、高职院校生均公用经费拨款标准尚未完全落实，个别县市学生资助经费拨付不够及时。职业院校办学条件仍然较为薄弱，历史欠账较多，影响办学水平的提升。

群众看病难看病贵的问题长期没有得到很好解决。山东省卫生与健康工作还存在一些薄弱环节和短板。山东医疗资源多而不强，三甲医院占全国的8.6%，国家级临床重点专科仅占全国的3.3%，医疗资源布局不均衡，优质资源过于集中，大医院人满为患、一床难求，三级医院床位使用率多在98%以上，看专家号、住大医院要托门子、找关系。一些地方特别是农村医疗卫生设施还比较落后，与老百姓就地就诊、就地治疗的需求相比还有很大差距。

社会保障水平总体不高。社会保障体系仍不健全，制度公平性有待提高，待遇确定机制和调整机制统筹平衡难度较大，政策制定和执行过程中容易造成不稳定因素。适应人员流动性方面需要加强，人力资源的大规模流动，对山东省社会保障制度的统筹衔接带来新的挑战。可持续性有待增强，老龄化步伐加快，养老、医疗等享受待遇人员快速增加，各项待遇水平刚性增长，基金支出负担日益加重。

人口老龄化带来一系列新的问题。2017年，山东常住人口突破1亿，人口老龄化程度加深，社会抚养压力进一步加大。年龄结构呈现两头增中间减的趋势，14岁以下常住人口1722万人额，比重为17.2%；65岁以上人口1400万人，占比14.0%，其中60岁以上人口占21.4%，达到2137万人。全省总抚养比为45.3%，意味着每百名劳动年龄人口抚养0—14岁和65岁及以上的人口为45.3人。农村抚养负担高于城镇，总抚养比达到55.0%，高于城镇地区12.5个百分点。

第三章 从全国区域竞争格局中看山东经济

改革开放以来，我国经济发展水平不断提高，区域竞争日趋激烈。省与省、市与市、县与县以及各类经济协作区域之间，你追我赶、奋勇争先。在这一进程中，山东从改革开放之初经济发展水平位于中等偏下的一个北方农业省份，迅速发展成为经济总量位居前三的经济大省。但近些年山东在激烈的区域竞争中有些不尽人意，步子有所放慢，出现了“标兵越来越远、追兵越来越近”的尴尬局面。形势迫切需要山东勇于解剖自己找出差距，按照习总书记给山东提出的“在全面建成小康社会进程中、在社会主义现代化建设新征程中走在前列，全面开创新时代现代化强省建设新局面”的目标定位，加快高质量发展进程，重塑优势、迎头赶上，为全国发展大局做出山东的贡献。

第一节 国家区域协调发展新格局正在形成

党的十八大以来，以习近平同志为核心的党中央站在实现“两个一百年”奋斗目标、实现中华民族伟大复兴中国梦的历史高度，科学把握区域发展，相继提出了“一带一路”建设、京津冀协同发展、长江经济带发展三大发展战略。2016年8月17日，习近平总书记在推进“一带一路”建设工作座谈会上强调，要加强“一带一路”建设同京津冀协同发展、长江经济带发展等国家战略的对接，同西部开发、东北振兴、中部崛起、东部率先发展、沿边开发开放的结合，带动形成全方位开放、东中西部联动发展的局面。在三大战略的引领下，国家科学实施差别化区域政策，经济发展新空间得到有效拓展，区域协调发展不断向纵深推进，经济版图也随之发生了深刻的变化。

一、三大发展战略实施成效显著

“一带一路”建设、京津冀协同发展、长江经济带三项重大国家战略的深入实施，不仅开创了全方位对外开放的新局面，更是增强了区域发展的协调性，加快形成了新的增长极，发展成效令人振奋。

（一）“一带一路”建设取得显著成就

“一带一路”建设是我国在新的历史条件下实行全方位对外开放和国内区域发展的重大举措、推行互利共赢的重要平台，在国际上受到普遍欢迎并积极参与，逐渐从愿景转化为现实，并拓展了国内改革发展新空间，增强了我国国际竞争能力。

1. 推动国家对外开放迈出新步伐

4年来，全球100多个国家和国际组织积极支持和参与“一带一路”建设，联合国大会、联合国安理会等重要决议也纳入“一带一路”建设内容。中国同40多个国家和国际组织签署了合作协议，同30多个国家开展机制化产能合作，重点方向的基础设施互联通道初步建成，投融资服务体系初步形成，促进了投资贸易的大幅增长。2016年，中国对沿线53个国家直接投资145.3亿美元，占同期总额的8.5%；沿线国家对华直接投资新设立企业2905家，增长34.1%。截至2016年底，中国企业已经在20多个国家建设56个经贸合作区，累计投资185.5亿美元。2014年至2016年，中国同沿线国家贸易总额超过3万亿美元，占对外贸易总额的26%。2016年，中国企业对相关61个国家对外承包工程新签合同总额达到1260.3亿美元，占同期合同总额51.6%，完成营业额占同期总额47.7%。

2. 推动区域开放迈上新台阶

“一带一路”倡议提出后，国内各地立足自身独特优势，纷纷出台政策参与建设，开放发展水平不断提升。据国家信息中心“一带一路”大数据中心发布的《“一带一路”大数据报告（2017）》，80.65%的省（区、市）与国外相关机构签署了“一带一路”多领域合作协议；93.55%的省（区、市）积极布局涉外园区，建立国家级边境经济合作区、保税区、出口加工区、保税物流园区等，不断深化与海外国家的经贸合作。从区域看，华东地区涉外园区数量最多，占比达39.02%，其中，江苏省表现突出，国家级出口加工区和综合保税区数量最多；黑龙江、吉林、辽宁、内蒙古、云南、新疆、广西都建立了国家级边境合作区。各地与沿线53个国家城市分别缔结友好城市关系共计707个，平均每个省区市缔结23个。

3. 推动形成新的区域增长点

广西、新疆、陕西、宁夏、甘肃、青海等省区抓住“一带一路”机遇，在国际产能合作、开放平台建设、经贸技术交流、人文交流等方面取得了显著成果，促进了区域经济加快发展。比如广西强势布局“一路一带”，插上了腾飞的双翼，已与东盟的8个国家开展园区合作，正在建设和推进的园区有近20个，基本实现东盟国家合作园区全覆盖，2016年对东盟进出口1835亿元人民币；截至2016年底，先后有50多个产业项目落户中马钦州产业园区，总投资超过280亿元人民币；作为承载着古代海上丝绸之路重要始发港角色的北海铁山港，短短几年时间货物吞吐量从117万吨迅速上升到2200万吨；制定了《广西参与建设丝绸之路经济带和21世纪海上丝绸之路实施方案》，围绕建设“一带一路”有机衔接的重要门户的定位要求，规划了八大类180多个重点项目，估算总投资将超万亿元。昔日的内陆腹地甘肃，在“一带一路”建设推动下，逐步成为向西开放的前沿，2016年，与沿线国家贸易额突破100亿元，同比增长10%，占全省进出口总额的23%；兰州市实现加工贸易进出口额39.61亿元，比上年同期增长5倍。

（二）京津冀协同发展展现新姿

加快京津冀协同发展，对促进区域发展体制机制创新、走出一条内涵集约发展的新路子、培育新的增长极和优化区域发展格局具有十分重大的现实意义和深远的历史意义。实施中三地紧抓协同发展重大战略契机，积极转变发展方式，逐步强化功能定位，北京市加快“瘦身提质”，天津市推动“强身聚核”，河北省实现“健身增效”，交通一体化、生态环保、产业升级转移等重大领域不断取得突破，推动经济社会发展呈现新局面。

1. 产业承接协作步伐加快

三地加大相互投资力度，产业对接加快推进，集中力量构建“4+N”产业合作格局，推动区域内相关产业的升级转移。2016年，北京企业对津冀投资比2014年增长3.4倍。2014年以来，京冀企业占天津市引进内资的42.9%，河北从京津引进项目4100个，涉及资金3825亿元。

2. 科技创新能力不断增强

研发投入加大，2016年，三地研究与试验发展（R&D）经费支出占全国的比重超过15%；R&D经费支出占地区生产总值的比重为3.3%，比2012年提高0.4个百分点，高于全国平均水平1.2个百分点；专利申请量和授权量均占全国的10.7%，分别比2012年提高2.5和3.3个百分点。

3. 生态环保成效显著

加快推进节能降耗工作，2015年，京津冀万元GDP能耗与2012年相比，按可比价格计算，分别下降15.3%、16.7%和21%。生态环境协同治理，三地以大气、水、土壤污染防治为重点，联防联控，不断加大联合执法督导和治理力度。

4. 教育医疗协同共进效果初显

三地先后签署、发布了《“十三五”时期京津冀教育协同发展专项工作计划》等各类教育合作协议，组建了“京津冀协同创新联盟”等高等教育联盟、协同发展联盟、特色职教集团，合作学校建设、合作办学成效显著。合作办医、医疗机构临床检验结果互认项目互认有效展开，签订医改、疾病防控等方面协议等，医疗卫生协作成效显著。

5. 经济实力不断增强

2016年，京津冀地区生产总值合计74613亿元，是2012年的1.3倍（按现价计算），经济规模占全国的10%左右；一般公共预算收入比2012年增加3495亿元，占全国的比重为12.2%，比2012年提高0.5个百分点。

（三）长江经济带建设取得积极成效

在国家战略的推动下，沿江11省市以生态引领发展、以改革激发活力、以创新增强动力，呈现发展加快、转型加快、协调加快的良好势头，在经济下行的国内外环境中，形成有力的增长极和经济轴带，对我国经济社会发展发挥了重要示范引领和战略支撑作用，正成为落实新发展理念的生动实践。

1. 科技创新助推新动能

11个省市纷纷向创新要动力，国家首批三大综合性国家科学中心，两个落子长江经济带；上海、合肥建起世界先进水平重大科技基础设施群；武汉“中国光谷”异军突起。科技创新助推动能转换，新一代信息技术产业加快发展，现代工业体系正在形成。

2. 改革开放不断深化

着力向改革要活力，大胆试、大胆闯、自主改、深入改，以改革开放为经济发展赢得新空间。上海、浙江、湖北、重庆、四川五个自由贸易试验区贯穿长江经济带，双向开放大格局初步形成。2012—2016年，货物进出口总额占全国的比重从40.4%上升到42.5%。

3. 形成共抓大保护格局

长江经济带发展战略是我国第一个把生态文明、绿色发展作为首要原则的区域发展战略，沿江省市立下“长江生态环境只能优化、不能恶化”的军令状，铁腕护江，万元GDP能耗、森林覆盖率、水环境治理、水生态修复、水资源保护等工作取得新进展。

4. 协同发展产出“黄金效益”

覆盖全流域的省际协商合作机制全面建立，一体化市场体系加速形成。浙江宣布在嘉兴设立全面接轨上海示范区，武汉、长沙、合肥、南昌“抱团”合作，重庆、武汉采取“研发、制造、零部件配套”分工协作模式崛起电子产业集群。

5. 经济增速超过全国平均水平

2016年长江经济带生产总值占全国的43.2%，较2012年提高2.3个百分点；人均GDP高出全国2490元，有5个省市超过全国平均水平，比2012年多2个。

二、东部地区动能转换转型升级加快

党的十八大以来，东部地区着力深化改革、构建体制机制新优势，着力实施创新驱动发展战略、构建具有国际影响力创新高地新优势，着力扩大开放、构建高层次参与国际竞争新优势，着力推动产业进一步优化升级、构建全球先进制造业基地的优势，在经济结构调整转型、新旧动能转换中继续率先发展，发挥着重要增长引擎和辐射带动作用。

（一）深化体制机制创新增强发展活力

主动适应和引领经济发展新常态，不断深化改革开放，以体制机制创新释放经济发展活力。

1. “放管服”改革不断深化

天津滨海新区在全国率先成立行政审批局，1枚公章取代109枚公章。广东2012年在全国率先开展商事制度改革，推动新登记注册企业数连续四年高位增长。浙江深化“四张清单一张网”，大力推动“最多跑一次”改革，非行政许可审批事项全面取消。

2. 承接国家改革试点任务

上海率先探索自贸试验区建设，形成一大批可复制可推广的制度创新成果；广东党的十八届三中全会以来承接国家改革试点任务数量居全国前列；浙江全力推动国家级重大改革试点落地见效。

3. 国际影响力不断提升

上海已经成为全球金融市场最齐全的城市之一；浙江杭州国

际影响力和美誉度不断提升；广东深化粤港澳合作，构建对外开放新格局取得积极成效。广州大力推动体制机制创新，优良的营商环境促其现身在多个国际权威机构发布的榜单：在全球城市指数（GCI）排名中位列全球第71名，进入世界一线城市序列；进入全球金融中心指数体系，全球排名第37位，位列“国际性新兴金融中心”行列；6年来5次被《福布斯》评为“中国大陆最佳商业城市”第一名。

（二）着力实施创新驱动发展战略增强竞争力

把创新摆到更加重要的位置，努力通过创新培育新优势，更好地在全国发挥率先和引擎作用。

1. 把创新驱动发展作为核心战略

广东在科技投入、技术转移以及创新载体培育方面狠下功夫，创新驱动发展战略取得重大进展，全省研发经费占地区生产总值比重从2012年的1.9提高到2.52%，技术自给率达71%，国家级高新技术企业从5452家增加到19857家，跃居全国首位，全省专利授权量居全国首位。江苏加大科技和人才投入力度，开展十大领域海内外引才行动计划、“双创计划”“凤还巢”计划、江苏“外专百人计划”等人才工程，有研发机构的企业数、企业研发人员总量、企业技术改造经费投入等指标均排名全国第一，区域创新能力连续八年位居全国第一。

2. 科技体制改革不断深化

北京先后出台鼓励企业与高校、科研院所进行产学研合作的若干意见等文件，加快科技成果转化和产业化，北京中关村正成为链接全球创新网络的关键枢纽。上海全面创新改革试验系统推进，科技成果加快转化应用，人才政策实现创新突破，大众创业、万众创新迅速兴起。浙江深入开展“三位一体”产业技术创新综合试点，突出抓好省级重点企业研究院建设，深入推进机构、项目、团队“三位一体”的产业技术创新综合试点工作。

3. 创新科技金融发展机制

江苏发布加快促进科技和金融结合的意见等文件，促进科技金融结合，2016年全省企业创新率超过50%，居全国第一，国际级孵化器数量、面积及在孵企业数保持全国第一。上海设立科技金融专项资金，建立了科技金融信息服务平台。浙江设立引导基金，成立了股权交易中心。广东设立科技金融综合服务分中心，为全省科技型企业提供全方位、专业化的科技金融服务。

（三）加快开放型经济转型升级拓展新空间

东部地区加快建立全方位开放型经济体系、更高层次参与国际合作与竞争，促进经济迈向高质量发展，国际影响力不断提高。

1. 高标准建设自贸试验区

广东在对接国际高标准投资贸易规则体系上加大改革创新力度，加快建设市场化国际化法治化发展环境，形成更多改革创新经验并加快推广。深化粤港澳合作，建设港澳优势产业集聚区和粤港澳青年创新创业基地，打造智慧自贸试验区和国际人才港。福建自贸试验区建设成效明显，2016年国际贸易“单一窗口”等17项创新成果在全国复制推广，新增3个海峡两岸青年创业基地和1个示范点，实际利用台资增长53.9%。

2. 深度参与“一带一路”建设

广东加快建设“一带一路”战略枢纽和经贸合作中心，推进中马广东—马六甲海洋工业园等境外产业园建设，抓好重大标志性工程和项目落地。江苏认真实施“一带一路”和长江经济带建设、上海自由贸易试验区等重大战略全方位对接互动，中哈（连云港）物流合作基地建设稳步推进，各类开放载体平台建设不断加强，企业、城市、人才国际化水平显著提升。

3. 加快外经贸转型升级

广东抓好科技兴贸创新基地等建设，开展服务贸易创新发展试点，争取国家市场采购贸易试点，完善跨境电商政策扶持体系，培育高端产业集群，深入推动加工贸易转型升级。浙江开展海宁市场采购贸易改革试点，加快杭州跨境电子商务综合试验区建设。

4. 推动更高水平“引进来”和更大步伐“走出去”

上海“十二五”时期实施一批外商投资促进新措施，跨国公司地区总部累计达到535家，比五年前增加230家，2016年完善总部经济发展政策，新增跨国公司地区总部45家。江苏2016年在全国率先出台推进落实国际产能合作《三年行动计划》，积极支持本土企业加快“走出去”步伐。

（四）经济转型升级步伐加快

积极适应把握引领经济发展新常态，产业转型升级、新经济培育等方面走在全国前列，国际竞争力进一步提高。上海大力发展“四新”经济，在制度创新供给、主体培育、载体建设等方面积极开展工作，新技术异军突起、新业态加速聚集、新模式蓬勃涌现、新产业初具规模，产业结构向高端化、智能化、集约化迈出新步伐，增强了上海产业尤其是服务业的国际竞争力。天津

“十二五”时期超大型航天器、大众变速箱等一批大项目好项目竣工投产，装备制造成为首个万亿级产业，建成电子信息、石油化工等8个国家新型工业化产业示范基地；2016年先进制造业实力进一步壮大，航空航天、高端装备等十大支柱产业集群占全市工业比重达到77%。广东大力发展高技术制造业，2012年以来的5年，高技术制造业增加值占规模以上工业增加值比重从21.9%提高到27.6%。江苏加大智能制造、技术改造、品牌建设力度，2016年战略性新兴产业销售收入增长10.5%，高新技术产业产值占比达到41.5%。浙江在“四换三名”“三强一制造”、八大万亿产业培育、特色小镇建设、传统产业改造提升等取得突破；在云计算、大数据、物联网、机器人等领域孕育出一大批高科技企业；阿里巴巴、海康威视、华三通信成为享誉世界的行业龙头，发展空间不断拓展，发展动能不断增强，正迎来一个新动能不断助推经济增长的新时代。福建“数字福建”建设成效明显，信息化综合指数居全国第六位。

（五）城乡区域发展更加协调

大力推进以人为核心的新型城市化，区域城乡协调发展扎实推进。广东深入实施珠三角优化发展和粤东西北振兴发展战略，实施“三大抓手”和对口帮扶，新型城镇化和城乡一体化有序推进。江苏深入开展国家新型城镇化综合试点，全面实施支持苏北发展的新一轮政策措施，加快培育沿东陇海线经济带新增长极。浙江加强城市基础设施和公共服务建设并不断向农村延伸，2012年至2016年，常住人口城市化率从61.6%提高到65.8%，城乡居民收入倍差从2.37缩小到2.07，26个欠发达县集体“摘帽”，家庭人均年收入4600元以下贫困现象全面消除。福建积极稳妥推进新型城镇化，原中央苏区、革命老区、少数民族聚居区、海岛等欠发达地区发展步伐加快。

（六）生态环境有效改善

在保持经济中高速增长的同时，实现了生态环境质量总体改善。浙江深入开展“四清一绿”行动，打造美丽中国浙江样板，在全国率先开展排污权有偿使用和交易试点，水体黑、臭、脏等感官污染全面消除，江南水乡风光更加秀美。“清新福建”成为亮丽名片，成为第一个国家生态文明试验区，率先建立党政领导生态环境保护目标责任制，水、大气、生态环境质量保持全优。广东珠三角大气PM2.5浓度在国家三大重点防控区中率先整体达标。江苏“十二五”时期，在全国率先划定生态保护红线区域，绿色发展综合指数达76.4。河北在全国率先开展省内环保督察，率先组建环保警察队伍，深入推进京津冀联防联控，生态环保取得实效。

（七）综合实力显著增强

经济保持中高速增长，质量效益不断提高，国内生产总值占全国的比重由2013年的51.2%，上升到2016年的52.6%；地方一般公共预算收入占全国的比重由2014年的53.8%，上升到2016年的57.3%。广东地区生产总值连续迈上6万亿元、7万亿元，2016年超过8万亿元，总量连续28年居全国首位；地方一般公共预算收入从5515亿元增加到10390亿元，成为全国首个地方一般公共预算收入超万亿元的省份。江苏2012年以来的5年，地区生产总值连跨三个万亿元台阶，突破7万亿元。天津

“十二五”时期国内生产总值年均增长12.4%，地方一般公共预算收入年均增长20.1%。福建2012年以来的5年地方一般公共预算总收入和地方一般公共预算收入均实现比2010年翻一番。海南2012年以来的5年，地方一般公共预算总收入实现翻番，年均增长16.1%。

三、中西部部分地区变道超越加快崛起

近几年中西部一些省市通过“借势发展”“无中生有”等手段，在短时间内超越传统产业基础、摆脱落后状态，形成了在新经济、新产业等方面的加快发展，在某些方面甚至领跑，带动中西部地区平稳发展中加快崛起。

（一）成为全国经济平稳发展的重要支撑力量

党的十八大以来，国家继续把深入实施西部大开发战略放在优先位置，大力促进中部地区崛起，充分发挥“一带一路”建设的引领带动作用，进一步强化支持政策体系，培育壮大沿江沿线城市群和城市圈增长极，力促中西部加快发展。贵州、重庆、江西、安徽、湖北和湖南等省市，既充分利用国家政策，更立足实际、发挥自身优势，既利用好东部产业转移，更注重改革创新、挖掘自身潜力，既努力用好旧动能，更聚集资源、着力在培育壮大新动能上求突破，近几年在经济下行压力较大的环境下，一直保持较快发展，经济增速在各省份中名列前茅，带动区域弯道超越加快发展。其中特别值得一提的是，贵州“无中生有”集中力量突破式、跨越式发展大数据产业，“十二五”期间，大数据信息产业年均增长37.7%，电子商务交易额年均增长64%，全省

大数据电子信息工商注册企业达到1.7万家，以电子信息产业为主导的园区25个，经济增速连续五年居全国前3位、年均增长11.6%，年均增速高出全国3.8百分点，主要经济指标翻了一番以上；2016年，地区生产总值完成1.18万亿元、增长10.5%，高出全国3.8百分点，主要经济指标增速位居全国前列。2016年5月，李克强总理出席在贵阳召开的“中国大数据产业峰会暨中国电子商务创新发展峰会”开幕式时称赞贵州发展大数据、云计算、物联网，把“无”生成了“有”，也让贵州围绕信息技术的先进产业业态绽放了活力。

（二）加快市场化改革汇聚社会动力

近年来，中西部地区努力深化改革创新，不断挖掘市场的潜力，增强发展的内生动力。尤其是重庆善于念好市场的“经”，充分激发、策动、汇聚起市场力量，优化资源配置，加快转型升级中快速发展，其经验做法值得总结借鉴：一是利用资本大市场融资支持战略性新兴产业加快发展。由企业而不是财政投入800亿元，由政府组建高科技战略性新兴产业股权投资基金，由企业专业化管理运营，2016年战略性新兴制造业产值超过2700亿元、增长50%以上。二是巧妙撬动PPP项目激活民间投资。紧紧抓住投资收益这个关键，科学设置符合市场原理的PPP的五种投资方式，到2015年底，全国真正实施PPP模式的项目只有5000亿，而重庆就完成了2600亿。三是以农民工户籍制度改革为抓手促进城乡统筹发展。农民工转户到城里后，重庆对农民工转户后在农村的三块地，全部予以无条件保留；同时，农民工转为城市户口，实现就业、养老、医疗、住房、小孩读书五个一体化，

“十二五”期间推进以农民工为主体实现转户429万人，提高了农村劳动生产率，延续了人口红利，加快城乡统筹发展。四是创新地票制度，有效解决城市建设用地问题。成立了重庆土地交易所，农民把农村宅基地退出，形成地票，可以拿到土地交易所交易。“十二五”期间，地票交易达17.3万亩，促进了经济发展、农民增收。重庆通过念好市场化改革的“经”，促进了经济在动能转换、转型升级中快速发展，“十二五”期间地区生产总值年均增长12.8%，一般公共预算收入增长1.3倍，社会消费品零售总额年均增长16.1%，进出口总额增长5倍多，城乡常住居民人均可支配收入年均分别增长11.2%和14.3%。2016年，地区生产总值同比增长10.7%，规模以上工业增加值增长10.3%、利润增长12%，一般公共预算收入增长7.1%，发展的稳定性、协调性、可持续性显著增强。

（三）创新驱动加快转换发展动能

中西部地区不少省份以创新为突破口，推动高温超导、透明计算、量子信息、两系法杂交水稻、甲醇制取低碳烯烃、硅衬底蓝色发光二极管等一大批领跑全国乃至全球的创新成果喷涌而出，创新驱动改变了传统的粮食产区、能源和劳动力输出地角色，跃升为重要的科技创新策源地和新兴产业基地。一是着力打通“科技转化梗阻”，显著改善科技创新创业环境。湖北率先在全国推出“科技十条”“新九条”等创新政策，“十二五”期间技术合同成交额年均保持50%以上的增幅，以较大优势保持中西部第一并跃居全国第二。陕西在推动从研发管理向创新服务转变，促进产学研深度整合，2016年授权专利同比增长45.7%，增长率居全国第一位，技术合同交易额达到802.7亿元，全国排名第四位。重庆在全国率先取消项目申报经费预算，实行项目靶向竞争，经费定额资助，验收三方委托，评价效益优先，转化分权激励，初步构建起覆盖项目孵化和成果转化全过程的创新生态链。二是打造创新创业平台。湖北“十二五”期间创新创业平台建设迈上新台阶，国家级科技创新平台数量达到78家，有国家高新区7个、国家农业科技园区8个、国家可持续发展实验区12个，省级以上国际科技合作基地达到80家。继北京中关村之后，武汉东湖成为全国第二个自主创新示范区。四川加快各类科技平台建设步伐，“十二五”期间获得国家科技成果奖总数西部第一，发明专利申请、授权量位居全国前列、西部第一。三是催生新兴产业成为新动力。着力构建“源头创新—成果转化—新兴产业”的“全创新链”，在全国新兴产业格局中，越来越多的行业成为引领者。贵州把发展大数据产业作为“一把手工程”，在全国实现了一系列首创之举，着力发展大数据产业，加快形成贵州大数据全产业链，带动动能转换经济快速转型发展。湖南磁悬浮列车、风电装备、光伏装备、盾构装备、海工装备、生物检测等新兴产业，成为经济增长的新动力。安徽“十二五”期间新产业新业态新模式蓬勃兴起，规模以上工业企业数居全国第6位，高新技术企业数增长2.4倍、总量居全国第8位，新兴工业大省地位初步确立。

（四）大力发展产业集群提高竞争力

中西部不少省份注重培育发展壮大产业集群，构建具有区域特色的竞争优势，形成了区位品牌，推动了产业结构转型升级，促进了区域经济发展和竞争力提高。河南提出以产业集聚发展推动科学发展的思路，制定《“百千万”亿级优势产业集群培育工程行动计划》，以龙头企业带动、集群配套为抓手，引导生产要素向优势产业、优势企业和优势地区集中，推动区域特色产业向“大优强”和中高端迈进，其中装备制造业和食品工业主营业务收入均超万亿元，成为带动河南经济健康发展和动能转化的领跑力量，成为中原经济区异军突起的重要支撑。重庆创造出整车/整机、零部件垂直整合集群发展模式，通过引进5家电子信息品牌企业、6家代工企业和800多家配套企业，形成“5+6+800”电子信息产业集群，打造以长安汽车为龙头、聚集10家整车企业和1000家配套企业的“1+10+1000”汽车产业集群。2015年，重庆成为全球最大的笔记本电脑生产基地、全国最大的汽车生产基地，全国每8辆汽车中就有1辆是“重庆造”，全球每3台笔记本电脑中，就有1台是“重庆造”；通过该模式发展产业集群，极大提升了本地创新能力和产业配套能力，优化了产业结构，发展质量和效益不断提升。湖南聚焦汽车等支柱产业、优势产业链精准招商，瞄准行业龙头进一步建链、补链、强链，集聚了六大知名汽车品牌和知名汽车零部件企业，培育形成千亿级汽车产业集群。江西把工业园区作为经济建设和产业集聚的主战场，2017年过百亿元产业集群达到47个。湖北省发挥产业科教交通优势叠加，推动军民融合深度发展，规划打造千亿级航天产业集群。

四、“南快北慢”：凸显动能转换的新特征

近年来，我国经济发展呈现出“南快北慢”的新现象，背后的原因是体制改革、科技创新、产业结构调整的快慢，凸显的是

动能转换的新特征。

（一）经济发展“南快北慢”

2017年3月，李克强总理在全国“两会”期间参加山东团审议时，提出“黄河南北的差距”问题，4月视察山东时，再次提出这个问题，“现在中国经济出现一个很大的变化，就是走势分化的情况从‘东西差距’变成了以黄河为界的‘南北差距’。”南方经济发展速度快于北方，经济份额也相应“南升北降”，成为我国一个经济新现象。

我国黄河以北的省份有黑龙江、吉林、辽宁、内蒙古、新疆、青海、甘肃、山西、河北、北京、天津，黄河流经的省份有青海、甘肃、宁夏、内蒙古、山西、陕西、河南、山东，黄河以南的省份有河南、江苏、安徽、江西、湖北、湖南、浙江、上海、福建、台湾、重庆、四川、西藏、云南、贵州、广东、广西、海南、香港特别行政区、澳门特别行政区。

1. 经济增速南方普遍快于北方

从经济增速看，东南沿海地区、西南地区、中部的南方省区经济增长好于西北、中部北方省区以及东北地区。2012—2016年，中部的山西年均增长6.3%、安徽则增长9.8%，西南的云南年均增长10.1%、甘肃则增长9.6%。东北三省近几年差不多是全国经济增速最低一类的板块，特别是辽宁，不仅连续3年经济增速全国最低，2016年更是达到了创纪录的2.5%的负增长。在国家振兴战略支持下，2007—2010年，东北经济增速一直高于东部地区。然而从2013年开始，东北经济明显减速。2013年，辽宁、吉林、黑龙江三省在全国31个省份的GDP增速排行中全都居于后10位，其中黑龙江位居倒数第3位。2014年以来东北经济进一步下滑，辽宁、吉林和黑龙江GDP增速均低于全国平均速度，在全国居后5位。东北三省2014年财政收入增速分别是：黑龙江省1.8%，吉林省4.0%，辽宁省-4.6%，全部低于全国平均水平。2015年GDP增速排后五位的为河北、吉林、黑龙江、山西、辽宁；地方公共财政收入，黑龙江紧随辽宁之后，出现了负增长，为-10.4%，辽宁更是达到了-33.4%，吉林也仅为2.2%，这种情况到2016年才得以缓解。

2. 经济份额南升北降

从经济规模看，2016年我国地区生产总值排名前10位省份，考虑到黄河穿山东、河南而过，各算半个，那么南方省份有8个；综合实力排行的前50名的城市，北方只有屈指可数的北京、天津、大连、沈阳、烟台等，绝大多数都是南方城市。

3. 人口流向南入北出

从人口流向看，我国2000—2010年的快速增长期，南北人口差距趋向均衡，从2012年开始，南方地区常住人口占比开始上升，到2016年已经上升约0.12个百分点，达到约57.81%。一般而论，人口人才流向偏好经济发展活力强的区域，2012年来人口占比开始高于北方，从一个侧面也佐证了南方比北方创新创业的环境好、机会多，经济发展的速度快、活力强，对人口和人才的吸引力大。

（二）动能转换速度造成“南快北慢”

经济发展新常态下，南方和北方对体制性、结构性和创新性调整反应的快慢，对动力转换的推进力度不一，是造成“南北差距”问题的根本原因。

1. 体制机制改革北方迟钝，营商环境改善滞后于南方

比照珠三角和长三角等南方地区，就市场经济的基础，特别是经济自由度而言，黄河以北地区显然落后。在经济新常态下，市场经济体制更为健全、经济更具活力的地区，对以总部经济为代表的研发、管理等高端生产要素的吸引力也会更强。例如，广东省地税局报告认为，该省税务营商环境持续优化、知识产权保护更加有力、制度性交易成本降低，推动了产业结构趋向高级化，新兴产业税收异军突起。[①]武汉、成都、杭州、南京等城市还主动打响人才争夺战，出台了一系列政策吸引人才，营造富有竞争力的创新创业环境。而北方政府对经济的过多管制和对经济的过多干预，影响了正常的市场运营环境。[②]东北三省最为典型，这个我国计划经济色彩最为强烈的地区，在面向市场经济大潮中，政府无处不在的管制，寻租不断产生，对民营经济的各种限制，导致民营经济依附于政府、国有企业，不仅数量少，还普遍缺乏活力，如在“2016中国民营企业500强”中，东北三省只有9家入围，而浙江一个省就有134家入围。东北营商环境差，导致出现“投资不过山海关”的潮语，经济增长内生力量的缺乏，出现令人痛心、令人焦急、更令人警醒的“新东北现象”。正如有的报道中展现出的忧虑：“近年来，东北地区经济持续低迷，企业外迁，人才外流，营商环境不佳，投资更是一路下滑，东北到

① 黄颖川、吴雨伦:《我省产业结构趋于高级化》,《南方日报》2016年8月18日。
② 陈剑:《缩小南北差距重在夯实市场经济基础》,《中国民商》2017年第8期。

底怎么了？产能过剩、‘僵尸企业’亟待处置、投资营商环境较差、观念制度落后、缺乏创新精神，这些都是摆在东北经济面前亟需解决的难题。”[①]习近平总书记2015年3月全国“两会”期间在参加吉林代表团审议时深刻指出，要适应经济发展新常态，深入推进东北老工业基地振兴，抓住创新驱动发展和产业优化升级，努力形成特色产业集群，形成具有持续竞争力和支撑力的产业体系；归根结底要靠深化改革，坚决破除体制性障碍，把老工业基地蕴藏的巨大活力激发出来、释放出来。2015年7月，习近平总书记在长春召开部分省区党委主要负责同志座谈会时又强调指出，东北地区坚决破除体制机制障碍，形成一个同市场完全对接、充满活力的体制机制，是推动东北老工业基地振兴的治本之策。要坚持社会主义市场经济改革方向，积极发现和培育市场，进一步简政放权，优化营商环境，从放活市场中找办法、找台阶、找出路；东北地区国有企业比重大、基础好，要深化国有企业改革，完善企业治理模式和经营机制，真正确立企业市场主体地位，增强企业内在活力、市场竞争力、发展引领力。习近平总书记的讲话，坚持问题导向，一针见血，鲜明地指出了东北地区加大力度改善营商环境的方向。近两年，东北三省把大力优化营商环境放到突出位置，如辽宁出台了优化营商环境条例，成立了全国首个营商环境建设监督局；吉林努力打造营商环境“高地”，培育投资兴业“热土”；黑龙江旗帜鲜明地持续优化营商

① 董瑞强：《东北到底怎么了？企业家：近5年几乎没新企业进沈阳》，《经济观察报》2017年9月3日。

环境，提出处理营商环境“五不许”。营商环境的改善，增强了投资与发展的信心，东北经济开始“回暖”。

2. 产业结构调整北方迟钝，转型升级滞后于南方

山西、黑龙江、辽宁、河北、宁夏、甘肃、内蒙古、新疆等黄河以北省区，以能源、原材料产业为主的产业特征明显。2000—2010年顺周期增长期间，正是我国进入工业化中期重化工业快速发展的时期，黄河以北省区相对丰富的能矿资源和具有较好基础的能源原材料加工业，推动了此阶段的快速增长；但我国整体进入工业化中后期特别是金融危机后，石油、煤炭和钢铁等能源、原材料的需求下降，产业结构升级问题凸显，导致经济增速下滑。东北三省产业结构的失衡问题最为明显，能源、钢铁、有色、化工、建材、造纸等传统产业占到90%以上，其中重工业占经济总量的比重在70%—80%，而新兴产业则不到10%，导致当前难熬的被动局面。而与此同时，黄河以南以集成电路、平板显示、物联网、云计算、人工智能、大数据、光电子等新一代信息技术产业等为代表的先进制造业、战略新兴产业加快发展，带动产业结构向高端演化、经济转型稳中有进。尤其是一向不太引人注目的西南地区，传统产业转型升级深入推进，承接国内外产业转移成效初显，更由于一些新兴产业、新兴业态快速兴起，并在一些细分领域形成逐鹿全球市场的能力，为经济持续增长注入了新的动能。

3. 科技创新北方迟钝，创新驱动滞后于南方

当前，创新驱动正在成为经济转型、动能转换的核心所在。习近平总书记强调指出，抓创新就是抓发展，谋创新就是谋未

来，适应和引领我国经济发展新常态，关键是要依靠科技创新转换发展动力。他还强调指出，不创新不行，创新慢了也不行，如果我们不识变、不应变、不求变，就可能陷入战略被动，错失发展机遇，甚至错过整整一个时代。相比南方而言，北方体制改革滞后，特别是科技体制改革反应慢，创新驱动内在动力严重不足。这突出地表现在：一是企业创新精神和创新动力不足。比如东北地区国有企业比较密集，在与科研机构合作或购买科技成果时，最先考虑的往往不是合作或成果本身的实用性和潜在价值，而是将风险防范放到第一位。二是科技成果在转化过程中遭遇“中间梗阻”。比如中科院在辽宁有6个国家级研究所，但是它们的科技成果在本省转移转化与在其他省区市的转移转化的比例为1∶6，成果并未能在辽宁省内得到充分利用。三是科技人才流失严重。2016年11月在沈阳举行的一次创新驱动战略内部座谈会上，多位东北地区高校、科研院所的负责人向《瞭望》新闻周刊记者表示，“在南方科研实力较强的高校，企业家在校长办公室外面排队等成果。然而，在东北很多科研院所和高校里很难看到企业家”。东北地区创新人才流失问题愈演愈烈。[①]四是北方研发投入少。加快科技创新，就需要加大科技研发投入，但中国宏观经济研究院的数据显示，1998年，北方研发支出经费曾是南方的122%，2012年下降为73.8%，2016年进一步下降至64.1%。[②]

① 《东北振兴遭遇失血：科技成果与创新人才大量流失》，《瞭望新闻周刊》2016年11月23日。

② 《专家：中国南北经济差距从2013年拉大原因是啥》，《新京报》2018年5月22日。

4. 城市群培育北方迟钝，经济一体化滞后于南方

从区域经济一体化和城市群培育方面看，国家级八大城市群：珠三角城市群、长三角城市群、京津冀城市群、长江中游城市群、成渝城市群、哈长城市群、中原城市群和关中平原城市群，黄河以北只有两个，以南六个。黄河以南，珠三角、长三角、长江经济带等一体化不断取得新进展，如长三角地区目前已成为国内发展基础最好、体制环境最优、整体竞争力最强的地区之一，初步形成了世界级城市群的规模和布局，近年来服务业快速发展的同时，大量产业向长江中上游转移，自贸区的制度创新红利已开始向长三角和整个长江流域“外溢”。而黄河以北除京津冀协同发展近年推进较快外，其他区域经济一体化相对滞后。作为迎接世界经济重心转移主要承载地的中国城市群，让资源要素得到优化配置，从而大幅提升整体经济效率，能够有力引领和带动区域发展，推动经济发展转型升级，是当前和今后全国经济发展格局中最具活力和潜力的核心地区，在全国生产力布局格局中起着战略支撑点、增长极点和核心节点的作用，主宰着中国经济发展的命脉。黄河南北城市群及区域一体化发展的不同态势，也影响着黄河南北经济发展的走势。

第二节　山东在当前区域格局中的压力与挑战

改革开放以来，山东抓住发展机遇，经济在较长时期内实现了高速增长，增速一直高于全国平均水平。经济发展进入新常态后，虽然在发展新经济、培育新动能方面做了大量工作，涌现了许多亮点，但与先进省市相比，由于自身在对外开放、科技创新和深化改革等动能转换较慢并出现乘数效应，经济增速回落，呈现出大而不强的阶段性特征。实现由大而强的战略性转变进程中，不仅被东部沿海先进省份拉得越来越远，而且在新动能培育等方面也被部分中西部地区超越，面临着被边缘化的危险，面临着被挤压的风险，面临着较为严峻的压力与挑战。

（一）综合实力的差距不断扩大

近十年来，山东的综合实力与广东、江苏的差距越拉越大，着实令人着急。

1. 地区生产总值差距显著拉大

1989—2009年的20年间，在中国的经济版图上，广东位居首位，山东与江苏齐头并进、交替领先。但自2008年以后，无论总量规模还是质量效益，山东与江苏的差距越来越大，面临着令人尴尬的局面。2008年山东GDP是3.09万亿元，与广东、江苏的差距分别是0.59万亿元、0.01万亿元。2012年，山东GDP

是5.00万亿元，分别比广东、江苏少0.71万亿元、0.41万亿元，差距进一步拉大。2016年山东为6.80万亿元，比广东、江苏分别少1.29万亿元、0.94万亿元，差距比2012年分别拉大0.58万亿元、0.53万亿元，标兵是越来越远。

2. 人均GDP差距进一步拉大

2008年山东是32936元，比广东、江苏、浙江分别少4702元、7078元、9009元。2012年山东51768元，比广东、江苏、浙江分别少2327元、16579元和11606元，与江苏、浙江差距扩大。2016年山东是68733元，比广东、江苏、浙江分别少5283元、28154元、16183元，差距比2012年分别拉大2956元、11575元、4577元。

（二）收入水平不断拉大

自金融危机以来，与先进省份相比，山东经济增长的效益的不断下滑，着实令人担忧。

1. 地方财政收入差距明显拉大

2008年山东地方财政收入是1957亿元，比广东、江苏分别少1353亿元、774亿元，比浙江多24亿元。2012年公共财政预算收入山东是4059亿元，分别比广东、江苏少2170亿元、1802亿元，比浙江多618亿元；其中税收收入山东3050亿元，税收占财政收入的比重山东是75.1%，分别比广东、江苏、浙江低6.3、6.5、18.7个百分点。2016年一般公共预算收入山东是5860亿元，分别比广东、江苏少4487亿元和2261亿元，与2012年相比，差距分别拉大2317亿元和459亿元；浙江达到5302亿元，与山东的差距缩小至558亿元，追兵越来越近，大有超越之势；上海则达到6406亿元，超过山东位居全国第三，山东退居第四；其中税收收入山东4213亿元，税收占财政收入的比重山东是71.9%，分别比广东、江苏、浙江低6.0、8.5、13.7个百分点，与2012年相比，占比与广东、江苏的差距进一步拉大。2016年人均财政收入，全国11073元，广东、江苏、山东、浙江分别是9577元、10182元、5951元、9572元，山东在全国排第12名，与GDP排名第三极不相称。

2. 企业收入差距不断扩大

2008年山东规模以上工业收入利润率为6.3%，广东、江苏分别是5.2%、6.0%；但到2014年，规模以上工业企业利润被江苏超越，但仅比江苏低213.3亿元，到2016年差距已扩大到1882.7亿元；2016年山东是5.8%，比2012年回落0.6个百分点，而江苏、广东则分别提高0.8和1.3个百分点。

3. 居民收入差距不断拉大

城镇居民可支配收入，2008年山东是16305元，分别比广东、江苏、浙江少3428元、2375元、6422元。2012年山东是25755元，分别比广东、江苏、浙江少4472元、3922元、8795元，差距比2008年扩大。2016年山东是34012元，分别比广东、江苏、浙江少3672元、6140元、13225元，与2012年相比，与江苏、浙江的差距分别又拉大2218元、4430元。农村居民家庭人均纯收入，2008年山东是5641元，分别比广东、江苏、浙江少729元、1715元、3617元。2012年山东是9447元，分别比广东、江苏、浙江少1096元、2755元、5105元，差距比2008年扩大。2016年农村居民人均可支配收入山东是13954元，分别比广东、江苏、浙江少558元、3652元、8912元，和2012年比，与江苏、浙江的差距进一步拉大。

4. 金融机构本外币存款余额差距不断扩大

2008年山东是27295.3亿元，比广东、江苏、浙江分别少28824.0亿元、10768.1亿元、8185.9亿元；2012年山东是55386.4亿元，与广东、江苏、浙江的差距分别扩大到49713.2亿元、22722.6亿元、11292.7亿元；2016年山东是85683.5亿元，与广东、江苏、浙江的差距分别进一步扩大到94145.7亿元、39893.4亿元、13846.8亿元。

（三）产业结构层次低竞争力趋弱

无论是大的产业结构，还是产业内部，无论是传统产业还是新兴产业，山东与粤苏浙等先进省份相比，结构层次较低、产业链条较短，效益较差。

1. 三次产业结构滞后

三次产业结构与国内先进省份相比，山东第一、第二产业占比偏高，第三产业占比偏低。2008年山东的三次产业结构是9.7：57.0：33.4，第一产业比重山东分别比广东、江苏、浙江高4.2、3.1、4.6个百分点，第二产业山东分别比广东、江苏、浙江高5.4、2.0、3.1个百分点，第三产业山东分别比广东、江苏、浙江低9.5、4.7、7.6个百分点。2012年山东是8.6：51.5：40.0，第一产业比重山东分别比广东、江苏、浙江高3.6、2.3、3.8个百分点，第二产业山东分别比广东、江苏、浙江高3、1.3、1.5个百分点，第三产业山东分别比广东、江苏、浙江低6.5、3.5、5.2个百分点。2016年山东是7.2：46.1：46.7，第一产业比重山东分别比广东、江苏、浙江高2.6、1.9、3个百分点，第二产业山东分别比广东、江苏、浙江高2.7、1.4、1.2个百分点，第三产业山东分别比广东、江苏、浙江低5.3、3.3、4.3个百分点。

2. 第二产业内部结构层次低

高技术产业主营业务收入占规模以上工业主营业务收入的比重低，2009年山东所占比重是6.4%，分别比广东、江苏低18.9个、11.4个百分点，与浙江持平；2012年，山东是6.5%，分别比广东、江苏、浙江低20.2、12.7、0.4个百分点；2016年，山东是8.1%，分别比广东、江苏、浙江低21.1、11.5、0.9个百分点。2016年，山东高新技术产业产值占规模以上工业产值的比重为33.8%，分别比江苏、浙江低7.7和6.3个百分点，比我们的近邻河南低1.1个百分点。产业多集中在价值链中低端，2016年山东以装备工业为代表的先进制造业占比不足30%，比广东、江苏低20个百分点左右；广东、江苏排名第一位的是计算机通信制造业，占工业增加值的比重分别达23.9%、12.0%，而我省占比只有3.9%，排名也只在第12位；作为信息产业基础的集成电路，广东、江苏、山东、浙江分别是218.83亿块、453.96亿块、0.17亿块、74.00亿块，山东明显少得多。高端产品占全国的比重明显偏低，比如轿车2016年山东仅占全国的2.0%、空调占4.4%，电子计算机整机占0.3%，手机占3.7%；机器人、芯片、压缩机等高端产品规模更小。山东传统产业不仅占比高，而且产业链条偏短，附加值偏低。比如纺织服装行业中，2016年山东服装服饰为仅占24%，而广东占比达61%；医药行业中，终端制剂产品占医药行业主营业务收入的20%左右，低于江苏20个百分点；家具行业中，山东板材产量占全国的25%，家具仅占全国的12%；

地（方）炼（油）行业中，山东的总产值是江苏的3.3倍，但万元产值税收贡献仅为江苏的45%，链条短、质效不高的问题相比非常鲜明。建筑业中，2016年山东建筑企业营业收入是9854.4亿元，分别仅为广东、江苏、浙江、湖北的91.8%、30.6%、52.1%、84.5%；利税总额，广东722.5亿元，江苏1815.3亿元，山东725.6亿元，浙江1225.2亿元，河南832.3亿元，湖北872.4亿元，山东远少于江苏、浙江，也落后于湖北、河南。

3. 服务业层次低

在第三产业内部，山东仍以交通、商贸、餐饮等传统服务业为主，效益低，现代、新兴服务业与先进省份相比更是弱小。如限额以上批发企业，2009年法人企业山东是3866个，比广东、江苏、浙江少2125—2550个，商品销售额山东是7584.4亿元，约为广东、江苏、浙江的二分之一左右；主营业务利润山东是1165.1亿元，比广东、江苏、浙江分别高107.4亿元、84.1亿元、500.0亿元。2012年，法人企业山东是5270个，比广东、江苏、浙江少约2000—3000个，差距比2009年拉大；商品销售额山东是13925.2亿元，约为广东、江苏、浙江的二分之一左右；主营业务利润山东是1248.3亿元，山东约为广东一半，江苏也比山东高。2016年，法人企业山东是8217个，山东只接近广东的一半，差距比2012年又进一步拉大；商品销售额山东是21625.3亿元，只是广东、江苏、浙江的约二分之一或三分之一，差距比2012年更是拉大；主营业务利润山东是1511.1亿元，已不及广东的一半，与江苏的差距也进一步拉大。现代服务业占服务业的比重，2016年山东是47.5%，比广东、江苏分别低14.2、12.9

个百分点。金融业增加值，2016年山东是3385亿元，占GDP和服务业增加值的比重分别达到5.1%和10.7%，算是支柱产业了，但广东、江苏分别是6127亿元、6011亿元，规模总量远远不及广东、江苏。证券市场境内上市公司数量，2012年广东、江苏、山东、浙江分别是369家、236家、133家、246家，山东分别相当于广东、江苏、浙江的36.0%、56.4%、54.1%；2016年广东473家，江苏317家，浙江329家，分居前三位，山东173家，山东分别也只相当于广东、江苏、浙江的36.6%、54.6%和52.6%，在全国排名第六。房地产业增加值，2016年广东、江苏、山东分别是6230亿元、4293亿元、2773亿元，山东远远少于广东、江苏。规模以上文化服务业企业，2016年广东、江苏、山东、浙江分别是2511个、3560个、1494个、1545个，山东远少于广东、江苏；营业收入，广东、江苏、山东、浙江分别是3465.9亿元、2359.3亿元、604.6亿元、3166.1亿元，山东更是远远落后于其他三省；营业利润，广东、江苏、山东、浙江分别是634.4亿元、204.9亿元、99.2亿元、882.0亿元，山东与其他三省完全不在一个档次。软件和信息技术服务业，2016年软件业务收入，广东、江苏、山东分别是8223.4亿元、8165.6亿元、4261.1亿元，山东只有广东、江苏的一半多。新业态方面，2016年山东规模以上企业中电商应用水平不足50%，通过互联网向省外销售额与从省外购进额的比例为1∶2，而广东为3.4∶1，浙江为2.2∶1；全国大数据企业前50强，山东只有1家企业入围。新模式方面，山东没有能够在分享经济、互联网金融等热点领域诞生出像滴滴打车、摩拜单车、支付宝、微信等具有超前引领作用的创新模式。

4. 品牌偏少

世界品牌实验室发布的年中国最具价值品牌500强名单中，2008年广东、江苏、山东、浙江分别是82个、35个、27个、45个；2012年广东、江苏、山东、浙江分别是84个、32个、29个、44个，山东比福建还少9个；2016山东是42个，也仅仅是广东的53.2%。

（四）能耗高污染重的发展方式难以为继

山东能耗总量、主要污染物排放总量均居全国前列，资源环境承载力接近上限。

1. 能源消耗高

2008年，单位地区生产总值能耗，山东是1.100吨标准煤/万元，比广东、江苏、浙江分别高0.385吨标准煤/万元、0.297吨标准煤/万元、0.318吨标准煤/万元；2011年山东是0.855吨标准煤/万元，比广东、江苏、浙江分别高0.292吨标准煤/万元、0.255吨标准煤/万元、0.265吨标准煤/万元；2015年万元地区生产总值能耗山东下降3.72%，下降幅度分别比广东、江苏低1.99%、3.01%。能源消耗占全国的比重，2015年，煤炭消费总量居全国首位，占本省能源消费比重高达79.5%，高于全国15.5个百分点。按照国家要求，山东省2017年底煤炭消耗总量比2012年削减2000万吨，但由于受高耗能产业比重较大、能源消费以煤为主等因素制约，2016年反而比2012年增加706万吨。

2. 主要污染物排放总量大

废气中主要污染物排放，2008年工业和生活二氧化硫排放山东是169.2万吨，高居全国榜首，广东、江苏、浙江分别是

113.6万吨、113.1万吨、74.1万吨；2012年二氧化硫排放，山东是174.88万吨，仍高居全国榜首，比第二位的内蒙古（138.49万吨）高36.39万吨，比第三位的河北（134.12万吨）高40.76万吨，分别比广东、江苏、浙江高94.96万吨、75.68万吨、112.30万吨；2016年二氧化硫排放，山东113.45万吨，依然高居全国首位，比第二位的河北（78.94万吨）高34.51万吨，比第三位的山西（68.64万吨）高44.81万吨，而广东、江苏、浙江分别只有35.37万吨、57.01万吨、26.84万吨。氮氧化物2012年山东173.90万吨，居全国第二位，分别比广东、江苏、浙江高43.56万吨、25.94万吨、93.02万吨；2016年氮氧化物山东122.94万吨，高居全国榜首，广东、江苏、浙江则分别是84.27万吨、93.03万吨、38.04万吨。烟（粉）尘，2012年山东是69.53万吨，居全国第七位，比广东、江苏、浙江分别高36.70万吨、25.21万吨、44.13万吨；2016年山东87.38万吨，居全国第二位，比2012年反而提升五位，山东比广东、江苏、浙江分别高69.21万吨、40.21万吨、69.15万吨，比2012年进一步拉大与三省的距离。同时，2016年，山东PM2.5、PM10平均浓度分别是国家空气质量二级标准的1.9倍和1.7倍。

3. 农业环境污染堪忧

化肥农药过量投入，2016年每亩平均化肥用量27.2公斤，比全国平均用量高30%，比世界平均用量高42%。农业生产废弃物资源化利用水平总体不高，全省农膜总用量每年约30万吨，约占全国的11%，地膜回收率仅为25%至30%。化肥施用量大，2016年全省折纯化肥施用量456.5万吨，占全国总量的7.7%。这几年施用量虽逐年降低，但绝对量仍然很大。

（五）科技创新后劲不足急需提升水平

科学技术是第一生产力，对经济转型升级发展具有根本的支撑和引领作用。近些年来，与粤苏浙等先进省份相比，山东研发活动经费支出不断降低，企业研发活跃度不高，国内三种专利申请受理数和授权数大幅下滑，高层次人才短缺，高新技术企业数量相形见绌，与支撑“凤凰涅槃、腾笼换鸟”的要求距离尚远。

1. 全社会R & D活动经费支出少占比低

2008年，山东是433.7亿元，分别比广东、江苏少68.9亿元、147.2亿元；占生产总值的比重山东是1.40%，分别比广东、江苏、浙江低0.01、0.51、0.20个百分点。2012年，山东是1020.3亿元，分别比广东、江苏少215.9亿元、267.6亿元，与2008年相比，支出差距拉大；占生产总值的比重，山东是2.04%，分别比广东、江苏、浙江低0.13、0.34、0.04个百分点，差距进一步拉大。2016年，山东是1566.1亿元，分别比广东、江苏少469.0亿元、460.8亿元，与2012年相比，少支出的数量接近翻番；占生产总值的比重，山东是2.30%，分别比广东、江苏、浙江低0.22、0.32、0.09个百分点，差距又进一步拉大。

2. 企业研发活跃度不高

2015年山东具有研发活动的规模以上工业企业仅占13.9%，低于全国平均水平3个百分点，分别比广东、江苏低6.1个和11.1个百分点。2016年山东规模以上工业设立研发机构的企业仅占7.0%，相当于全国平均水平的一半，远低于江苏、浙江和广东。规模以上工业企业R & D人员全时当量，2012年山东是

204398人年，广东是山东的两倍多、江苏约是山东的一倍半；2016年山东是241761人年，广东、江苏分别约是山东的两倍，浙江约为山东的一倍半，差距进一步拉大。规模以上工业企业新产品开发项目数，2012年山东是28171项，山东仅为广东、江苏、浙江的67%—52%；2016年山东32952项，与2012年相比，山东与广东、江苏、浙江相比减少的数量扩大了1.2—2.2倍。

3. 国内三种专利申请受理数和授权数相对较少

2008年受理数山东是60247件，分别比广东、江苏、浙江少43636件、67755件、29684件；授权数山东是26688件，分别比广东、江苏、浙江少35343件、17750件、26265件；2012年受理数山东是128614件，分别比广东、江苏、浙江少100900件、344042件、120759件，山东与三省相比减少的数是2008年受理数的2—4倍；2012年授权数山东是75496件，分别比广东、江苏、浙江少78102件、194448件、112967件，山东与三省相比减少的数是2008年授权数的2—11倍。2016年受理数山东是212911件，分别比广东、江苏、浙江少292756件、299518件、180236件，与2012年相比，山东与三省的差距进一步拉大；2016年授权数山东是98093件，分别比广东、江苏、浙江少160939件、132940件、123363件，绝对数差距仍进一步拉大。

4. 高新技术企业数量明显偏少

2016年广东、江苏、山东、浙江分别是19857家、13178家、4692家、9474家，山东分别仅为广东、江苏、浙江的23.6%、35.6%、49.5%。

5. 科技成果转移转化不畅

技术市场成交额，2011年山东126.4亿元，分别比广东、江苏少148.7亿元、207.0亿元，少一倍多，比陕西还少89亿元，在全国排第4名；2016年山东395.9亿元，分别比广东、江苏少362.3亿元、239.7亿元，差距进一步拉开；比湖北、陕西分别少507.9亿元、406.9亿元，在全国排第5名，位次下滑一名，科技成果转化率多年停留在20%左右，远低于发达国家60%—70%的比例。

6. 人才尤其是高层次人才少

2013年，山东规模以上工业企业科研人员户均不足10人，居全国中游水平；两院院士拥有量不足上海的1/4、广东的1/3；高层次专家人才仅占科技活动的6.92%，低于上海的7.44%和广东的7.30%。2016年，山东有两院院士37人，不到广东、江苏的一半；院士工作站，江苏344个、山东298个；"千人计划""万人计划"专家入选人数分别为175人、113人，分别居全国第8位、第7位。2016年山东外国专家约2.7万人，而浙江仅2015年就引进国（境）外专家4.7万人次。2016年全国区域创新能力排名，江苏、广东、浙江分列第1位、第2位、第5位，山东多年排第6位。

（六）开放型经济发展新优势还未形成

与先进省份相比，山东开放层次不高、结构不优、后劲不足的问题仍比较突出。

1. 外贸依存度较低

货物进出口总额，2008年山东是652亿美元，分别为广东、江苏、浙江的23.3%、42.3%、114.8%；对外贸易依存度山东是30%，比广东、江苏、浙江分别低73、41、4个百分点，比全国平均水平低30个百分点。2012年货物进出口总额山东是2455亿美元，分别是广东、江苏、浙江的24.9%、44.8%、78.6%，不仅与广东、江苏的差距拉大，而且被浙江赶超；对外贸易依存度是山东31%，比广东、江苏、浙江分别低78个、33个、26个百分点，比全国平均水平低16个百分点。2016年货物进出口总额山东是15477亿元，分别仅为广东、江苏、浙江的24.5%、46.0%、69.7%；外贸依存度山东是22.8%，比广东、江苏、浙江分别低55.2、20.6、24.2个百分点，比全国平均水平低10个百分点。

2. 外商投资企业户数少、实力弱

年底注册登记户数，2008年山东是32052户，比广东、江苏分别少58062户、17876户，比浙江多3519户，分别为广东、江苏的35.6%、64.2%；投资总额，山东是1012亿美元，比广东、江苏分别少2714亿美元、3147亿美元、571亿美元，分别仅为广东、江苏、浙江的27.2%、24.3%、63.9%；注册资本，山东是536亿美元，比广东、江苏、浙江分别少1715亿美元、1480亿美元、290亿美元，分别为广东、江苏、浙江的23.8%、26.6%、64.9%。2012年底注册登记户数，山东是25885户，比广东、江苏、浙江分别少72679户、24576户、3710户，仅分别为广东、江苏、浙江的26.3%、51.3%、87.5%，和2008年相比，与广东、江苏的差距拉大，并被浙江反超；投资总额，山东是1581亿美元，比广东、江苏、浙江分别少3205亿美元、4669亿美元、579

亿美元，分别为广东、江苏、浙江的33.0%、25.3%、72.6%，和2008年相比，与三省的差距拉大；注册资本，山东是897亿美元，比广东、江苏、浙江分别少1936亿美元、2404亿美元、378亿美元，分别为广东、江苏、浙江的31.7%、27.2%、70.4%，和2008年相比，与三省的差距同样拉大。2016年，年底注册登记户数，山东是28527户，比广东、江苏、浙江分别少91161户、27411户、5915户，仅分别为广东、江苏、浙江的23.8%、51.0%、82.8%，和2012年相比，差距又进一步拉大；投资总额，山东2519亿美元，比广东、江苏、浙江分别少5297亿美元、6280亿美元、680亿美元，仅分别为广东、江苏、浙江的32.2%、28.6%、78.7%，和2012年相比，差距同样进一步拉大；注册资本，山东1476亿美元，比广东、江苏、浙江分别少3610亿美元、3242亿美元、445亿美元，仅分别为广东、江苏、浙江的29.0%、31.3%、76.8%，和2012年相比，差距进一步拉大。

3. 实际利用外资偏少、差距大

2008年山东实际外商直接投资82.0亿美元，比广东、江苏、浙江分别少109.0亿美元、169.2亿美元、18.7亿美元，居全国第6位。2012年123.5亿美元，比广东、江苏、浙江分别少112.0亿美元、234.1亿美元、7.2亿美元，与广东、江苏尤其是江苏的差距进一步拉大。2016年山东分别比广东、江苏、浙江少66.3亿美元、78.2亿美元和8.8亿美元；累计引进世界500强企业209家，但比很多省份还有较大差距，其中比四川省就少了23家；外资占全省固定资产投资比重仅为2.1%，销售收入、纳税总额占全省比重分别比江苏低38.3和15.3个百分点，吸纳就业不足广东的

1/6。上海、天津、福建、广东4个自贸试验区2016年实际吸引外资879.6亿元，同比增长81.3%，吸引了全国10%的外资，虹吸效应明显。

4. 出口产品结构层次低、附加值少

加工贸易多集中在传统劳动密集型产品和中低端技术领域，出口“含金量”不足，产品附加值低，2016年“委托设计+自主品牌”出口比重只有20%，比广东低近50个百分点，出口额仅占全省的10%左右。2016年山东机电、高新技术产品出口比重只有38.3%和10.8%，分别低于全国19.4、18个百分点；机电产品出口比重低于广东、江苏29.6、26.9个百分点，高新技术产品出口分别低24.9、25.8个百分点；软件出口山东19.0亿美元，仅为广东、江苏、浙江的0.76%、28.4%、54.1%。服务贸易比重较低，2016年服务贸易进出口额占贸易总额的16.5%，占全国的份额不到5%，只有北京的25.8%、广东的24.6%。规模以上工业企业新产品出口，2012年山东是1864.0亿元，分别比广东、江苏、浙江少4115.6亿元、3408.8亿元、810.5亿元；2016年山东2085.1亿元，分别比广东、江苏、浙江少7146亿元、4498.6亿元、2125.3亿元，差距进一步拉开。

5. 国际航线缺乏、高层次展会少

民航联通国际能力不足，国际航线少，济南机场2016年开通的国际航线为15条，青岛机场为14条，而郑州机场达27条，成都机场达101条，与上海、广东等省市相比差距更大。缺乏高水平的投资贸易洽谈会，2016年底获UFI（国际展览联盟）认证的69个中国展会，主要集中在广东（21个）、上海（20

个）和北京（17个），山东仍是还是空白。在山东长期居住、工作的外国人不多，2016年只有3.8万人，只相当于广州市的43.2%。

（七）体制机制亟须进一步改善

山东作为东部沿海大省，处在国家改革开放的前沿，多年来山东取得的成绩也在很大程度上得益于不断深化改革。但近些年与先进省份相比，改革的劲头小了、步子慢了、力度差了。山东与先进省份最大的差距，就在体制机制上，在营商环境上，在于改革的力度、速度、和深度上，山东迫切需要大力动员和挖掘市场的力量，从根本上改革和扭转旧的思维方式、旧的管理方式、旧的发展路径依赖。

1. 营商环境仍不容乐观

不可否认，山东近几年在改善营商环境上下了不少功夫，但与先进省份相比，还是差距明显。比如，各级政府管的仍然过多过细，一些该放的权力还没有放到位，放权不同步、不协调、不配套的问题仍然比较突出，监管方式落后、政务服务水平不够高，群众办事创业还存在一些难点、堵点等等。比如，企业减负过程中，浙江政府主动作为，着力为企业降成本，“输血”和“减负”并重，不断减轻企业税费负担，2016年底小微企业税收优惠政策覆盖面已达100%，个体户实现零税费，2016年为企业降成本1000多亿元，同期山东仅600多亿元。省直部门调研中有的企业反映，山东企业投资运营成本较高，同样一家企业，在江苏的土地使用税为2元/平方米，在浙江为8元/平方米，而在山东却是14元/平方米。

2. 民营企业实力弱

2016年，山东地区生产总值与江苏的差距为0.94万亿元，而非公有制经济创造的增加值比江苏低1.2万亿元，山东与广东、江苏等省的经济总量差距，主要差在非公有制经济规模上。不仅如此，山东民营经济在结构效益、发展路径上与南方省份差距较大，淘宝、微信、摩拜等都是由民营经济催生的新产业、新业态，是低碳经济，而山东民营经济主要集中在“粗老笨重”的传统行业领域，大产出、高消耗。山东入围“2016年中国民营企业500强”的企业为48家，只相当于浙江（134家）的1/3、江苏（94家）的一半，数量比2015年还减少了5家，在全国的位次也被广东超越，从第3位下降为第4位；而且山东基本上是清一色工业企业，一半以上又在化工、有色金属等传统行业打拼。同时，由于因为大多数非公有制企业还没有建立现代企业制度，导致上市公司少，2016年底山东非公有制企业境内上市公司是127家，仅为广东的29.4%、江苏的43.3%、浙江的37.7%；新三板挂牌公司582家，仅为广东的33.1%、江苏的44.6%、浙江的59.6%。2016年中国最具影响力商界领袖TOP50评选，我省仅有张瑞敏、张士平两人上榜，浙江一个阿里系就有马云、彭蕾上榜。

3. 开发区管理体制机制相对落后

山东的开发区数量多，但大都存在体制机制回归的现象，外部放权力度不够，内部管理运营机制不活，丧失了原有的动力活力，与先进省份的差距还是很大。如2016年江苏开发区数量虽然比山东少9家，但开发区进出口、实际利用外资却是山东的3.2倍、2.1倍，公共预算收入是山东的1.6倍；江苏国家级高新区比山东多4家，数量相差不大，但质量差距很大，江苏的高新技术企业达到了1.3万多家左右，接近山东的3倍。2016年国家高新区瞪羚企业，山东109家，排第7名，还不到广东（346家）、江苏（300家）的一半。山东9家海关特殊监管区域2016年进出口值1500亿元，仅占全省进出口总值的9.6%，占全国特殊监管区域进出口总值的3.9%，只有昆山综合保税区的一半左右（54.4%）；2016年全国海关特殊监管区域进出口前10位中，江苏、上海和广东分别有3家、2家和1家，山东无一入选，排名最好的烟台保税港区列第14位，7家排名在50位以后。

第三节 山东省在全国区域发展格局中的新定位

党中央、国务院对山东寄予厚望，习近平总书记对山东发展多次提出明确要求。2008年视察山东时，要求山东深入贯彻科学发展观，其中要重点做好“新、特、优”三篇文章。2013年9月参加河北省委常委班子专题民主生活会时，提出山东等三个东部大省，主要是看怎么凤凰涅槃、腾笼换鸟，看怎么优化产业结构，怎么继续起到领头雁、火车头作用。2013年11月视察山东时，习总书记又强调山东要锐意改革，敢创新路，坚决打好转方式调结构攻坚战，努力在推动科学发展、全面建成小康社会历史进程中走在前列。2018年3月8日，习总书记亲临山东代表团参加审议并发表重要讲话，要求山东在全面建成小康社会进程中、在社会主义现代化建设新征程中走在前列，全面开创新时代现代化强省建设新局面。2018年6月12日至14日，习总书记在山东考察时强调，切实把新发展理念落到实处，不断取得高质量发展新成就，不断增强经济社会发展创新力，更好满足人民日益增长的美好生活需要。这些重要指示和要求，科学标注了山东发展的新的历史方位，是做好新时代山东工作的总要求、总航标、总遵循，这是以习近平同志为核心的党中央的关爱激励，是全省1亿多人民的殷切期盼。山东要以习近平新时代中国特色社会主义思想为指导，深入学习贯彻习近平总书记重要讲话和重要指示批示精神，把走在前列作为长期坚持的目标定位和根本要求，站在全国、全球看山东，主动寻标对标、高标定位，在区域竞争、全球竞争中，进一步解放思想、锐意进取、深化改革、真抓实干，做到发展思路按照走在前列来谋划，发展布局围绕走在前列来展开，发展举措聚焦走在前列来制定，发展成效依据走在前列来衡量，以世界眼光、国际标准、山东优势，以勇于担当、敢为天下先的气魄，以时不我待、争分夺秒的精神状态，加快新旧动能转换，加快打造山东新优势，凤凰涅槃中实现创新发展、持续发展、领先发展，在全面建成小康社会进程中、在社会主义现代化建设新征程中走在前列，全面开创新时代现代化强省建设新局面，为全国发展大局作出应有贡献。

2017年6月山东省第十一次党代会报告提出，“今后五年，我们要完成‘十三五’规划确定的目标任务，提前实现2020年经济总量和城乡居民人均收入比2010年翻一番，在全面建成小康社会进程中走在前列；持续推动由大到强战略性转变取得重大进展，加快建设发展质量效益高、生态环境优、人民群众富、社会文明和谐的经济文化强省，向着基本实现现代化奋力前行”。2018年1月山东省政府工作报告指出，“今后五年要努力实现以下目标：在圆满完成‘十三五’规划确定的目标任务、高水平全面建成小康社会基础上，谋划实施‘十四五’规划，推动由大到强战略性转变取得重大进展。到2022年，在结构优化、效益提升的基础上，新动能主导经济发展的新格局基本形成，现代化经济体系建设取得积极进展，实现经济发展更加高质高效、民主法治更加健全、生态环境更加优美、人民群众更加富裕、社会更加文明和谐”。“到2035年，经济实力、科技实力大幅跃升，法治政府基本建成，美丽山东目标基本实现，文化软实力显著增强，共同富裕迈出坚实步伐，在基本实现社会主义现代化进程中走在前列。到21世纪中叶，物质文明、政治文明、精神文明、社会文明、生态文明水平全面提升，实现治理体系和治理能力现代化，全省人民共同富裕基本实现，享有更加幸福安康的生活，在建成富强民主文明和谐美丽社会主义现代化强国奋斗中走在前列。”

（一）质量效益全面提高

党的十九大作出了中国特色社会主义进入新时代的重要论断，明确指出我国经济已由高速增长阶段转向高质量发展阶段，必须坚持质量第一、效益优先。山东要走在前列，就必须扎实推动高质量发展，加快打造布局结构优、规模体量大、延伸配套性好、支撑带动力强的现代优势产业集群和战略性新兴产业发展策源地，形成具有自主知识产权和国际竞争力的现代产业新体系，加快培育壮大一大批知名国际企业和自主品牌，推动“山东制造”向“山东质造”转变，率先进入质量品牌时代。到2020年，发展质量效益明显提高，形成以现代农业为基础、先进制造业为支柱、战略性新兴产业为引领、服务业为主导的现代产业新体系；经济保持中高速增长，地区生产总值年均增长7.5%左右，人均达到1.5万美元。到2022年，“四新”促“四化”成效明显，新兴产业加快培育，传统产业加快改造，十强产业增加值占比达到60%左右，全员劳动生产率由2016年的人均10万元提高到14万元，战略性新兴产业增加值占地区生产总值比重每年提高1个百分点以上，经济发展的质量更好、结构更优、效益更高。

（二）创新能力全面增强

创新是引领发展的第一动力，是赢得竞争优势的根本所在。要紧紧把握世界新一轮科技革命和产业变革大势，更坚定地把创新摆在发展全局的核心位置，坚决走创新驱动的道路，深入实施创新驱动发展战略，全面深化科技体制改革，让创新的活力迸发，形成依靠创新优势引领型的高质量发展模式，再造山东创新发展新优势。到2018年创新型省份率先建成；2020年全社会研究与试验发展（R&D）经费占GDP比重达到2.6%左右，规模以上工业企业研究与试验发展经费占主营业务收入的比重达到1.1%左右，创新型省份建设达到更高水平；到2022年研究与试验发展经费支出占地区生产总值比重提高到2.7%左右，全社会科学文化素质显著提高，自主创新在提高社会生产力和综合实力中的战略支撑作用更加凸显，创新创业生态更加优化，创新型省份建设再上新水平，创新型经济形态初步形成。到2028年，改革开放50周年时，创新发展的体制机制系统完备、科学规范、运转高效，全社会普遍形成崇尚创新创业的价值导向和浓厚的文化氛围，整体创新能力和效率显著提高，涌现出一批具有国际竞争力的创新型领军企业和新型研发机构，造就一批具有国际水平的战略科技人才、产业领军人才、科技创新人才、高技能人才和高水平创新团队，具备行业主导力和话语权，创新能力全面增强，率先形成以创新为主要引领和支撑的具有全球竞争力的经济体系和发展模式。

（三）生态环境全面改善

建设生态文明是中华民族永续发展的千年大计。必须牢固树立和坚决践行绿水青山就是金山银山的理念，必须坚持把生态文明建设摆在全局工作的突出地位，必须像对待生命一样对待生态环境、实行最严格的生态环境保护制度，加快形成绿色发展方式和生活方式，加快建设美丽山东，为人民创造良好生产生活环境，为全国、全球生态安全作出有担当的贡献。到2020年，发展方式实现重大转变，资源节约型和环境友好型社会建设取得重大进展，主体功能区建设顺利推进，转型升级提质增效成效显著，创新驱动生态文明建设的能力大幅提高，生态文明主流价值观更加深入人心，生态环境质量显著改善，生态文明建设与全面建成小康社会同步走在全国前列。到2022年，生态环境全面改善，主体功能区战略和制度深入实施，能源资源利用效率大幅提高，水、土壤和大气质量明显改善，生产生活方式绿色低碳，城乡环境更加优美宜居，美丽山东建设成效显著，人与自然和谐发展新格局日益完善，开创山东生态文明新时代。

（四）高效能体制机制全面建立

高效能体制机制，是国家治理体系和治理能力现代化的重要方面和重要保证，是山东更好发挥政府作用和更充分更高效利用市场手段动员和聚集创新资源实现创新发展、持续发展、领先发展的关键。要坚持走在前列的目标定位，进一步解放思想、勇于担当、大胆探索，推动改革不断取得新突破，形成基于云计算、大数据技术的政务服务体系，打造“审批事项少、办事效率高、服务质量优”的公平公正开放成熟的营商环境，构建“亲”“清”新型政商关系，有效激发市场活力和社会创造力，为加快新旧动能转换，为促进山东由大变强、全面求强提供坚实的体制机制保障、澎湃的动力源泉。到2022年，改革的系统性、整体性、协同性进一步提高，使市场在资源配置中起决定性作用，更好发挥政府作用，重点领域关键环节改革取得重大突破，资源配置效率和全要素生产率大幅提高，制约山东经济发展的体制机制这个病根子得到根治，并形成体制机制的竞争优势；适应互联网、大数据等环境下的治理能力现代化的需要，改革创新出一大批不仅仅是补充性的、而更多是开创性的可复制可推广的经验向全国推广，成为体制机制改革的排头兵。

（五）开放型经济新优势全面形成

扩大开放是山东培育新动能、打造新优势的潜力所在。山东应发挥区位战略节点优势，实施更加积极主动的开放战略，突出“一带一路”建设，放大山东由南向北扩大开放、由东向西梯度发展战略节点作用，加快完善法治化、国际化、便利化的开放环境，构建开放型经济发展新体制，塑造开放型经济发展新优势，在构建陆海内外联动、东西双向互济的全面开放新格局上走在前列。到2020年，开放型经济新体制更加完善，对内对外双向开放不断扩大，地方经济合作示范区建设取得重大进展，贸易便利化程度显著提升，投资管理体制、涉外政策法规和风险防控体系更加完备，实现国内国际要素有序流动、资源高效配置、市场深度融合。到2022年，积极融入国家区域发展战略取得重大进展，对内对外双向开放持续扩大，贸易投资便利化程度显著提升，国内国际要素有序流动、资源高效配置、市场深度融合，辐射带动能力、国际竞争合作能力大幅提高，开放型经济新优势全面形成，为国家发展更高层次开放型经济提供示范。

（六）乡村振兴战略全面实施

实施乡村振兴战略，是党的十九大作出的重大决策部署，是决胜全面建成小康社会、全面建设社会主义现代化国家的重大历史任务，是新时代做好“三农”工作的总抓手。山东是农业大省，素有“全国农业看山东”之说，改革开放以来，创造了不少蜚声全国的农村改革发展经验。山东要牢牢把握习近平总书记关于实施乡村振兴战略的重要指示精神，着力推动乡村产业振兴、人才振兴、文化振兴、生态振兴、组织振兴，推动乡村振兴健康有序推进，补齐农业农村发展短板，培育新产业、新业态，再创农业农村发展新优势，加快打造乡村振兴齐鲁样板，让农业成为有奔头的产业，让农民成为有吸引力的职业，让农村成为安居乐业的美丽家园，争取有更多方面、更多领域走在全国前列，引领全国农业农村现代化发展，为实现我国新时代乡村全面振兴贡献山东力量。

（七）文化软实力显著增强

文化是一个国家、一个民族的灵魂。齐鲁大地钟灵毓秀，素有“孔孟之乡、礼仪之邦”的美誉。山东要站在服务国家文化战略的高度，勇于担当、不辱使命，用好齐鲁文化资源丰富的优势，加强对中华优秀传统文化的挖掘和阐发，努力在世界儒学传播和研究中保持充分话语权，努力构筑崇德向善、活力迸发、繁荣多彩、文明和谐的道德文化高地，在弘扬中华优秀传统文化、建设社会主义核心价值体系上走在前列。到2020年，文化软实力持续提升，文化产业成为国民经济支柱性产业，主要指标达到全国先进水平。到2022年，推动优秀传统文化创造性转化、创新性发展，成为强省建设最深厚、最持久的精神力量，打造具有山东特色的现代文化产业体系，文化创意产业增加值力争达到5600亿元，占地区生产总值的5.6%，在中华文化繁荣兴盛进程中当好排头兵。

（八）海洋经济强省建设显著加快

海洋是我国经济社会发展的战略空间，是高质量发展的战略要地。山东要增强经略海洋意识，探索人海和谐、陆海统筹、彰显特色的科学发展模式，加快建设世界一流的海洋港口、完善的现代海洋产业体系、绿色可持续的海洋生态环境，加快建设海洋强省，打造具有国际先进水平的海洋经济改革发展示范区，为海洋强国建设作出贡献。到2020年，构建起现代海洋产业新体系，海洋科技创新能力大幅提升，海洋可持续发展能力显著增强，成为引领国家海洋经济开放合作的排头兵，建成具有较强国际竞争力的海洋强省。到2022年，建成具有国际影响力的海洋科技创新中心，打造全国深远海开发战略保障基地，形成绿色可持续的海洋生态环境，现代海洋产业增加值力争达到23000亿元，占地区生产总值的23%，在发展海洋经济上走在前列，为海洋强国建设作出山东贡献。

（九）城市竞争力显著提升

城市竞争力是区域竞争力的主要载体。要充分发挥中心城市辐射带动作用，促进“两区一圈一带”加快提升、山东半岛城市群发展规划加快实施，深度对接京津冀协同发展等国家战略，带动北方地区转型发展，优化南北发展格局，进一步提升山东在全国发展格局中的地位。到2020年，青岛创建为全国性中心城市，以人为核心的新型城镇化加快推进，带动区域协调发展的竞争力全面增强。到2022年，全省常住人口、户籍人口城镇化率分别达到66%左右、56%左右，建成一批富有文化底蕴、特色鲜明、带动作用强的现代中心城市，“三核引领、多点突破、融合互动”总体格局逐步形成，打造环渤海湾世界级湾区，成为全国重要的新经济发展聚集地和东北亚地区极具活力的增长极。

（十）人民群众生活显著富裕

增进民生福祉是发展的根本目的。新时代我国社会主要矛盾是人民日益增长的美好生活需要和不平衡不充分的发展之间的矛盾，必须坚持以人民为中心的发展思想，始终把人民对美好生活的向往作为奋斗目标，抓住群众最关心最直接最现实的利益问题，增加基本公共服务供给，在发展中补齐民生短板、促进社会公平正义，在幼有所育、学有所教、劳有所得、病有所医、老有所养、住有所居、弱有所扶上不断取得新进展，努力保持居民收入增长高于地区生产总值增长、农民收入增长高于城镇居民收入增长、贫困地区居民收入增长高于农村居民收入增长，不断缩小城乡差距、区域差距、贫富差距，在发展中不断提高保障和改善民生水平，让改革发展成果更多更公平惠及全省人民。到2020年，在全面建成小康社会进程中走在前列，建成群众满意的全面小康，实现更高质量、更加充分的就业，中等收入人口比重上升，多层次社会保障体系基本建成，人口素质不断提高，人民群众获得感幸福感安全感显著增强。到2022年，人的全面发展不断促进，共同富裕程度不断提升，人民生活水平和质量普遍提高，和谐美丽的幸福家园建设得更加美好。

第四章 加快新旧动能转换是唯一出路

当前，我国经济正由高速增长阶段转向高质量发展阶段，正处在转变发展方式、优化经济结构、转换增长动力的攻关期。与全国一样，山东经济发展也正处于由大到强、由数量规模优势向质量优势转变的关键时期，加快转型升级、实现高质量发展的重要窗口期。在这样的大背景下，要破解山东发展难题和困境，实现腾笼换鸟、凤凰涅槃、浴火重生，必须要坚持质量第一、效益优先，大力推进经济发展质量变革、效率变革、动力变革，通过加快推进新旧动能转换，培育壮大新动能，改造提升传统动能，努力构建起新动能主导经济发展的格局，塑造山东经济发展新优势。

第一节 实现新旧动能转换的现实意义

随着互联网、人工智能、大数据技术飞速发展，人类社会进入数字化、智能化、网络化时代，驱动经济发展的供给要素发生了结构性变化，单纯靠投入量的扩大已难以持续，而推动经济发展的新动能正在加快孕育壮大、引领长远发展。随着新技术、新产业、新业态的快速成长，新经济对于经济增长贡献和重要性日益提高，但是传统产业仍然是经济发展的重要支撑，所以加快新旧动能转换，培育壮大新动能是促进产业转型升级的内在要求。同时，加快新旧动能转换，也是供给侧结构性改革的重要实现路径，更是推动山东经济由大到强战略转变的内在动力。

一、推进新旧动能转换是适应把握引领经济发展新常态的必然要求

习总书记指出，新常态有三个基本特点：速度换挡、结构升级、动能转换。推进新旧动能转换，是适应把握引领经济发展新常态的题中之义，也是山东顺应经济发展大逻辑的必然抉择。

（一）适应新一轮科技革命和产业变革的必然选择

当前全球新一轮科技革命和产业变革呈现多领域、跨学科、群体性突破新态势，特别是信息技术、生物技术、制造技术、新

材料技术、新能源技术等广泛渗透到各领域，未来5—10年，是新一轮科技革命和产业变革从蓄势待发到群体迸发的关键时期。在新一轮科技革命和产业变革中涌现出的新技术、新产业、新业态、新模式，正在引发经济结构和社会组织的深刻变革，催生形成了以知识、技术、信息、数据等新生要素为支撑的经济发展新动能，世界经济进入了发展长周期的重要转折点，将对区域竞争格局带来深刻调整。面对这一重大变革，世界主要国家、经济区域都在寻找突破口，抢占未来发展制高点，掌握竞争主动权，这为国家经济和地区经济赶超跨越提供了战略机遇。加快推动新旧动能转换，培育壮大新动能、改造升级旧动能、促进新旧动能混合提升，是山东优化经济结构、促进实体经济转型升级的重要途径，也是山东抢抓重要机遇、实现科学发展，在新一轮竞争中打造新优势的战略选择。

（二）应对经济下行压力的根本途径

经济发展进入新常态，面对更加复杂多变的发展环境，支撑山东发展的传统动能正在逐步衰弱，经济发展的增长幅度也呈逐渐下行态势（见图4-1），经济保持中高速增长的压力趋大，必须要在增强发展动力上做文章，解决好因传统动能衰减造成的支撑空间不足和能量不够的问题。现今，新动能形成和扩张对于经济的拉动逐步显现，接续、替代、增强传统动能的作用越来越明显，加快新动能发展，可以有效对冲下行压力，扭转不利局面，杜绝出现增长速度“持续性探底”或“断崖式”下降。

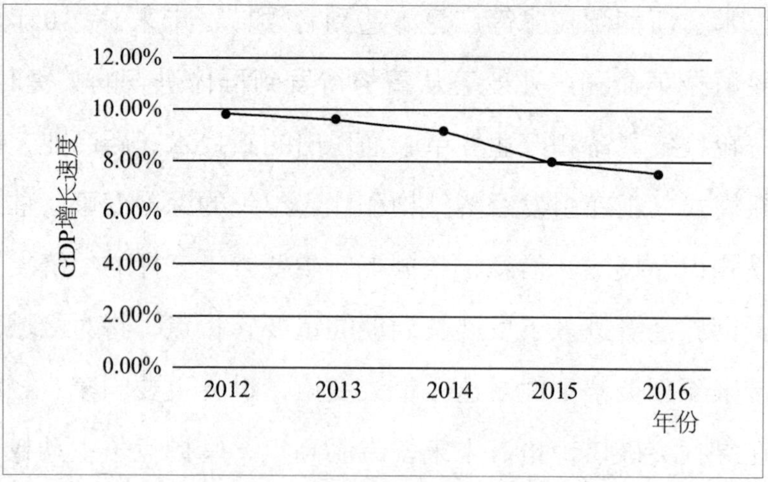

图4-1 山东省2012—2016年GDP增速情况

（三）践行新发展理念的重大举措

新旧动能转换的过程是践行新发展理念的实践过程，而是否符合五大新发展理念要求，也是检验新旧动能转换成功与否的重要标尺。推动新旧动能转换，就必然要通过科技创新来改造提升传统动能，必然要通过采用创新的方式和运用创新成果来大力培育发展新动能，这将有利于山东激发内在的创新活力动力，深入实施创新驱动发展战略。推动新旧动能转换，可以通过运用国外的先进管理经验、承接国外先进技术和投资合作项目等形式，借助产能合作、合资嫁接等方式来大力培育发展新动能，有利于利用两个市场、两种资源来推进经济发展，有利于提高山东的开放发展水平。推动新旧动能转换，能够促进生产要素跨区域流动和资源优化配置，助力破除区域之间的行政分割和相互封锁，推进区域融合互动发展，提高一体化发展水平，实现协调发展。推动新旧动能转换，可以通过节能降耗，大力发展清洁能源和循环经济，培育壮大绿色新动能，擦亮山东绿色品牌，形成绿色发展方式。推动新旧动能转换，可以促进就业创业，促进社会事业发展，比如医养产业发展、光伏扶贫项目建设等，能够惠民生、增福祉，有利于共享发展。

（四）深入推进供给侧结构性改革的重要抓手

新旧动能转换，主要途径是改造提升传统动能，发展“四新”壮大新动能，目的是通过优化供给适应消费升级的需要。推进供给侧结构性改革，完成好“三去一降一补”重点任务，目的也是实现供给侧结构不断优化，提高供给质量。推进新旧动能转换，自身就是一个旧动能不断被淘汰、置换，新动能替代、接续旧动能的过程，说到底就是一个“破”“立”的过程，同时也是一个旧动能能级不断下降、新动能能级不断上升的过程。而“三去一降一补”就是通过去产能、去库存、去杠杆带动行业转型升级，促进房地产市场健康发展，支持实体经济发展，为新动能的发展壮大腾出发展空间，挖掘好潜力、发挥好韧性。做好新旧动能转换工作，已成为实现供给侧结构优化的关键举措和重要路径。

二、推进新旧动能转换是山东服务全国发展大局的使命担当

山东是人口大省，拥有全国7%的人口；山东是经济大省，经济总量约占全国1/10，在我国经济全局中的地位举足轻重。新旧动能转换能否顺利推进、实现，不单单关系山东的发展，关系到山东在全国的地位，还关系到我国经济发展大局。

（一）推进新旧动能转换是贯彻落实习近平总书记重要指示要求和党中央、国务院决策部署的必然要求

中央领导同志对山东工作十分关心，习近平总书记视察山东时，明确提出山东要坚定不移地走科学发展之路，重点做好“新、特、优”三篇文章，坚持腾笼换鸟、凤凰涅槃、浴火重生，加快转变经济发展方式。2017年全国“两会”上，李克强总理希望山东在推进新旧动能接续转换上继续走在全国前列。2017年4月，李克强总理来山东考察时，要求山东在全国新旧动能转换中起关键性作用。2018年1月初，在习总书记、党中央的亲切关怀下，国务院正式批复《山东新旧动能转换综合试验区建设总体方案》，赋予山东全国第一个以新旧动能转换为主题的区域发展战略。深入贯彻落实习总书记视察山东重要讲话、批示指示精神，不折不扣贯彻落实党中央、国务院的决策部署，山东必须大力推进新旧动能转换。

（二）山东还肩负着优化南北经济格局的历史使命

山东地处黄河下游、南北交接地带，在推动高质量发展的新阶段，既具有南方省份领先发展的优势和基础，也面临着北方地区转型发展的难题和困惑，新旧动能转换具有典型性和代表性。把新旧动能转换这篇文章做好，在新旧动能转换上闯出路子、探索出经验做法，将对带动北方地区改变新旧动能转换不够快、不火爆的局面，缩短与南方先进区域差距，优化南北经济格局起到关键性作用。

（三）山东承担着探索全国新旧动能转换道路的重大责任

学术界曾流传这样一句话，弄懂了山东，就弄懂了全中国。主要有两个原因，首先从地理区划上讲，山东分为东部沿海、鲁中、鲁西三大板块，我国也分东、中、西三个板块，东部发达、西部发展相对落后，与全国情况相似度高。其次，山东的经济结构与我国的经济结构高度相似。我国经济体量大，是农业大国、人口大国，传统产业占比高，人均生产总值还不高，属于发展中国家；山东也是如此，经济体量大，稳居全国第三位，是农业大省、人口大省，重化工业占比高，人均生产总值居全国中游。山东2017年三产占比为6.7∶45.3∶48，城镇化率为60.58%，城镇、农村人均可支配收入等指标基本处于全国平均水平。2018年上半年经济发展呈总体平稳、稳中向好的态势，也是全国整体经济走势非常典型的代表。山东省如果能够率先实现高质量发展，实现“两个走在前列、一个全面开创”的目标，就会对全国实现高质量发展形成示范，为全国新旧动能转换提供可复制可推广的经验借鉴，为全国转型升级贡献山东“样板”。

三、加快新旧动能转换是确保山东走在前列的战略选择

2018年3月8日，习近平总书记在参加十三届全国人大一次会议山东代表团审议时发表重要讲话，要求山东在全面建成小康社会进程中走在前列，在社会主义现代化建设新征程中走在前列，全面开创新时代现代化强省建设新局面。走在前列，既是总书记对山东工作的殷殷期望，也是山东发展的目标定位。近些年来，与先进省市相比，不少方面的差距在拉大。造成这些差距拉

大的原因很多，有产业结构不优的原因，有发展活力不足的原因，也有经济效益不高的原因等等，但根本症结是出在新旧动能转换不快、推进力度不大、效果还不够明显上，这直接拉低了区域竞争力。目前，山东正处在转方式、调结构的战略窗口期，处在迈向高质量发展的攻坚期，只有加快推进新旧动能转换，一揽子解决大而不强、发展不平衡、不充分的问题，才能为经济发展注入强大动力，才能实现由大到强的华丽转身，确保实现走在前列的目标任务。

（一）推进新旧动能转换有利于优化产业结构

产业是经济发展的基础，产业结构优不优，直接决定发展的质量。由于多方面原因，山东形成了资源型、重化型的产业结构，“粗老笨重”“傻大黑粗”，几乎成了山东产业的代名词。2016年，山东传统产业占工业比重约70%，重化工业占传统产业比重约70%；战略性新兴产业增加值仅占地区生产总值的10%，低于全国2个百分点；滴滴打车、摩拜单车、支付宝、微信等具有超前引领作用的创新模式没有原创在山东。虽然，从20世纪90年代开始，山东就致力于转方式、调结构，用了很多办法、使了很大气力，但效果不尽如人意。现在这个节点，山东提出新旧动能转换，就是要培养出推动可持续、高质量发展的根本动力，这是抓主要矛盾、抓核心关键的科学判断。推进新旧动能转换，可以把落后的产能淘汰掉，实现市场出清，把传统产业改造好，把新兴产业培育起来，借此来推动产业加快转型升级、结构优化，全面提升经济发展质量，为实现走在前列的目标提供强有力的产业支撑。

（二）推进新旧动能转换有利于激发发展活力

经济发展进入新常态，已经不再具备高速增长的条件，外延式的发展已走到了尽头，唯一出路在于推动经济发展动力变革，培育和创造新的发展动力。推动新旧动能转换背后的实质，就是通过改革来建立起促进新旧动能两者合理、有效、快速切换的体制机制，进一步理顺政府与市场的关系，增强市场活力，提高山东经济的创新能力，使经济保持中高速增长，运行在合理区间，为实现走在前列的目标提供有力的保障支撑。

（三）推进新旧动能转换有利于提高全要素生产率

新旧动能转换，除了要在存量上力促转型升级，还要在增量上使以新技术、新产业、新业态、新模式为核心，以知识、技术、数据等新生产要素为支撑的经济发展新动能，尽快“到岗”上位，成为主导力量。这是一个伴随生产要素变革的过程，将促进生产要素的优化配置和高效使用，推动经济发展质量变革、效率变革、动力变革，实现经济更高质量、更有效率、更加公平、更可持续的发展，为实现走在前列的目标提供有力的要素支撑。

第二节　新旧动能转换的方向和目标

推动新旧动能转换是应对我国经济发展进入新常态，加快质量变革、效率变革、动力变革，实现高质量发展的重要途径，也是山东重塑发展优势，增强发展后劲的必然选择。在党中央、国务院的关怀指示下，山东省委、省政府见事早、行动快，于2017年4月正式启动新旧动能转换重大工程，推出各类政策100多项，主动对接国家有关部委，加快推进重点项目启动实施，拉开了新旧动能转换的序幕；6月，省第十一次党代会再次强调要加快新旧动能转换，促进经济转型升级提质增效，把加快新旧动能转换作为统领经济发展的重大工程，全省干事创业的热情空前高涨；2018年1月份《山东新旧动能转换综合试验区建设总体方案》获批后，山东省委、省政府积极响应，狠抓落实，召开省委十一届三次全会，审议通过了《关于推进新旧动能转换重大工程的实施意见》《山东省新旧动能转换重大工程实施规划》等文件，从产业发展、资源配置、政策扶持、具体举措等多个角度，进行周密谋划，精准确立转换方向，合理设定转换目标，为推进新旧动能转换顺利实施奠定了扎实基础。

一、加快推进新旧动能转换的基本考虑

山东已经把加快推进新旧动能转换重大工程作为统领全省经济发展的“牛鼻子”，把建设国务院批复的山东新旧动能转换综合试验区（以下简称综试区）作为推进新旧动能转换重大工程的主要抓手和载体。怎样谋划综试区的建设、将综试区建设成什么样子，直接关乎山东新旧动能转换的大局和成效。

（一）坚持世界眼光、国际标准、山东特色积极谋划

当前，随着全球化发展的不断深入，谋划发展，谋划新旧动能转换，不能局限在一域一国，那样的话注定要失败。历史的经

验表明，山东经济发展之所以取得今天的成绩，主要是坚持在对外开放中，将世界各国的发展经验做法、优秀成果作为山东经济发展的参照系，作为山东追赶、并跑乃至领跑的靶向，从而激发山东创新经济发展的灵感和活力，不断引导推动经济发展。加快推动新旧动能转换，必须时刻关注世界主流发展动态，如德国工业4.0、美国鼓励高端制造业回归等政策，要看清这些动作的实质都是对本国进行新旧动能的转换，旨在重点发展本国制造业，打造新的经济增长点。只有深刻把握世界生产要素、资金流动的规律和动态，才能不断学习借鉴国际经验，科学、准确地谋划好新旧动能转换的方向和任务。坚持世界眼光，就必须运用好国际标准。国际标准属于高级的全球竞争形式，也是新旧动能转换成功与否的重要衡量，形成更多符合国际标准要求的优势产业，是新旧动能转换的重要路径。这就意味着山东必须结合自身实际，在长板接长上下功夫，立足现有具备比较优势的产业，培育打造出更多符合国际标准或建立新国际标准的优势产业，以标准国际化带动品牌国际化，从而实现弯道超车、变道超车。根据《关于推进山东标准建设的意见》，到2020年，山东将在政府治理、公共服务、传统产业优化升级等重点领域实施标准化专项工程30项，建设国际或国家级标准化技术委员会20个，主导和参与制定国际标准或国家标准600余项，标准体系建设和应用以及社会化综合服务能力达到国内领先水平，这将有利于山东扶持一批在国际标准上的领跑者，全面提高国际化水平，造就一批具有国际影响力的产业。这是山东实现新旧动能转化的必由之路，也是题中之义。

（二）坚持高起点定位

从全国区域竞争发展的态势来看山东，向北，京津冀协同发展势头强劲，特别是雄安新区横空出世，未来发展不可限量；向南，长江经济带生机勃勃，其龙头上海正全力申建自由贸易港，将引领长江经济带进入发展新阶段，改变中国经济地理版图；向西，中原经济区异军突起，随着粮食生产核心区、郑州航空港经济综合实验区、郑洛新国家自主创新示范区、中原城市群、“米”字形高铁网等重大建设蓬勃展开，区域发展地位猛升。可以讲，当前山东的发展面临着“三面合围”局面。山东要在这个竞争格局中破局而出，必须紧紧抓住作为全国唯一的“国家新旧动能转换综合试验区”的机遇，用高点定位来明确要求、促进发展，打造成为全国重要的新经济发展源动力，建成东北亚地区极具活力的增长极，从而不辜负习总书记“两个走在前列、一个全面开创”的殷勤嘱托。具体讲就是：要建成创新驱动的引领区，在全省形成以创新创业为引领的运营机制、发展模式和政策体系，成为北方地区的转型示范省。构建体制改革的试验田，发扬敢为人先的精神，使市场在资源配置中起决定性作用，提高资源优化配置效率，营造“审批事项少、办事效率高、服务质量优”的发展环境。做开放合作的排头兵，深度融入“一带一路”建设，积极融入京津冀协同发展、长江经济带、海洋强国建设等国家重大战略。做共享发展的先行地，人民收入水平、生活品质实现质的提升，打造城乡一体协调发展、民生福祉持续增进的样板。

（三）着力打造三个新高地

把发展定位落到实处，就必须精准把握我国经济社会发展的主线、要求和关键，按照十一次党代会的决策部署，准确对接山东“十三五”规划，在重要领域打造起发展的高地。重点形成“三大高地”。

1. 贯彻新发展理念高地

目前，山东经济社会发展质量效益还不够高，2017年地方财政收入占GDP的比重为8.4%，而广东、江苏分别达到12.6%和9.5%，差距显而易见。必须坚定不移地实施创新驱动发展战略和产业强省主导战略，推动工业经济发展由数量和规模扩张向质量和效益提升转变，以五大发展理念（创新、协调、绿色、开放、共享）为引领，加快打造“四个生态”：精简高效的政务生态、充满活力的创新创业生态、彰显魅力的自然生态、诚信法制的社会生态。

2. 推进供给侧结构性改革发展高地

供给侧结构性改革依旧是山东应当持续大力推进的主线工作。目前，山东产业结构还是以传统重工业为主，服务业增加值占GDP的比重低于全国平均水平3.6个百分点，“三去一降一补”任重道远，经济增长下行压力大、产业结构不合理、民间投资活力不足、创新能力不强等问题，都需要在深化供给侧结构性改革的过程中去改善解决。要注重从劳动、资本、技术等要素支撑的角度出发，把握好五个转变：即由人口红利向人才红利转变、由政府主导投资向市场引领投资转变、由技术模仿向前沿创新转变、由体制转轨改革向结构性改革转变，实现由要素驱动向创新驱动转变。

3. 各类人才汇集的高地

近年来，山东人才工作取得明显进展，为新旧动能转换提供了强大助力。2017年，共有在鲁两院院士49人，“千人计划”专家205人，国家百千万人才工程人选176人，高技能人才达290.6万人，但依然存在对人才作用认识不到位、高层次平台载体缺乏、市场化引才机制不健全、人才服务链条不完善等问题短板。需要找准症结，多方发力，增设高端紧缺性人才绿色通道，制定“山东省产业人才引进工种目录”，培育壮大园区产业集群，实行个性化产业人才政策，同步扶持产业人才、技术、资本，构建人才交流合作平台，推进产业人才聚集发展，优化产业人才生态环境，打通“产学研”高端人才链，实施校企合作人才培养工程，健全产业纵深人才配套，打造人才聚集“强磁场”，统筹“山东智造”人才布局，共享各市产业人才资源优势，强化复合型人才顶层设计。

二、准确把握新旧动能转换的方向

在经济增速放缓的背景下，产业结构能否持续优化，发展质量能否有效提升，关键在于新旧动能转换能否顺利实现。而新旧动能转换的实现是涉及山东经济社会各领域、多方面的系统性重大工程，须深刻认识其紧迫性、艰巨性、复杂性。山东在引领经济发展新常态，践行新发展理念的同时，在具体推进过程中难免会面临“抓什么、怎么抓”的问题，这就需要在把准“四个方向”的基础上，明确措施、路径，推动新旧动能转换沿着科学的轨道前行。

（一）把准产业转型升级方向

推进新旧动能转换必须将产业升级、项目建设摆在十分重要的位置。李克强总理在国家行政学院培育发展新动能座谈会上指出，新动能既来自新技术、新业态、新模式等新兴产业的成长壮大，也来自于“老树发新芽”的传统产业改造升级，两者相辅相成、有机统一。建设具有山东特色的现代化产业体系，要适应全球科技革命和产业变革方向，坚持产业智慧化、智慧产业化、跨界融合化、品牌高端化，实现新兴产业规模化和传统产业新型化。一方面，以信息技术、智能装备、海洋工程等新兴且有一定发展基础的产业为重点，进一步提升规模、健全产业链条、打造骨干龙头企业，形成集先进性与战略性于一体的新兴产业集群，培育形成新动能主体力量。另一方面，立足山东重化工业、建筑业等传统优势、主导产业，更多地整合资源，统筹布局，延伸产业链，运用法治化、市场化手段，强化质量标准约束和资源环境倒逼，实现资源优化再配置，推动传统产业脱胎换骨、迸发活力。

（二）把准创新发展方向

对山东而言主要是要激发企业、大专院校、科研院所等各类创新主体的创新活力，实现产学研金服用的有机结合，让企业真正成为创新的主体和推动者，让科研院校等真正拥有科技成果的转化权、处置权与收益权。积极开展“大众创业、万众创新”进校园、院所活动，打造一批创客空间，增强服务能力，降低创业成本，提高创新创业成功几率。依托院校人才资源，发掘智能装备产业市场需求，发挥产学研人才链的转化优势，激发院校、科研院所的科技成果转化动力与产业的创新活力，实现好产业链与创新链的无缝对接，推进新旧动能转换重大工程。

（三）把准体制机制改革方向

进一步完善新旧动能转换的体制机制，基本建立动能转换制度体系，这是综合试验区建设的重要任务，也是形成新动能主导经济发展新格局的重要体现。持续注重提升推动新旧动能转换机制质效，进一步压实责任主体，构建横向到边、纵向到底的责任体系，打通上下级沟通壁垒，形成上行下效、层层负责、富有成效的工作格局。注重协调多方力量，整合各类资源，凝聚起推进新旧动能转换重大工程的强大合力。

（四）把准融入服务国家战略方向

找准山东在国家战略中的定位，积极参与"一带一路"建设，加强与京津冀、长江经济带等战略协同，全力支持雄安新区建设。以深度融入"一带一路"国家战略为例，就是要发挥好青岛、烟台等"一带一路"建设的重要战略支点城市作用，立足山东"蓝色经济"优势领域，与沿线国家地区在基础设施建设、产能合作、资源共享等方面创新合作模式，提升国际产业分工层次，加快创建山东全球产业链、价值链、物流链体系，构建"一带一路"动能转换新机制，形成经济发展新动能。

三、科学谋划新旧动能转换目标

新旧动能转换目标的谋划确定，必须要符合我国"两步走战略目标"的要求，符合山东省"十三五"规划和第十一次党代会提出的目标。2018年年初，在山东新旧动能转换动员会上，省委书记刘家义提出新旧动能转换要"一年全面起势、三年初见成效、五年取得突破、十年塑成优势"的总体要求，从结果的层面描述了新旧动能转换的目标。这个目标的提出，其实，就是运用了科学规划的手法，从定量和定性两方面来分别谋划制定出近期、中期、远期阶段性目标。把握的逻辑原则就是，近期目标是中期目标的基础，中期目标又是远期目标的基础，远期目标是中期目标的跃升，中期目标又是近期目标的优化，三者既紧密衔接又环环相扣，既明确任务又指明路径，体现出科学缜密的战略谋划（见图4-2）。

图4-2 新旧动能转换三阶段目标

（一）近期目标

力争到2022年建党100周年时，综合试验区新旧动能转换取得重要阶段性成果，基本形成新动能主导经济发展的格局，主要体现为“五个全面”：即质量效益全面提高，创新能力全面增强，生态环境全面改善，动能转换体制机制全面建立，开放型经济新优势全面形成。“四新”经济增加值占比年均提高1.5个百分点左右，力争达到30%。从具体指标来看，全员劳动生产率将由2016年的人均10万元提高到14万元；战略性新兴产业增加值占地区生产总值比重每年提高1个百分点以上；研究与试验发展经费支出占地区生产总值比重由2016年的2.3%提高到2.7%左右（见表4-1）。

表4-1 新旧动能转换主要指标

指标	单位	2017年	2022年
（一）质量效益类			
1.新经济占比	%	22.6	30
2.全员劳动生产率	万元	10.7左右	14
3.一般公共预算收入占GDP比重	%	8.4	10左右
4.战略性新兴产业增加值占GDP比重	%	10.2左右	16
5.现代服务业增加值占GDP比重	%	23左右	27左右
6.工业化信息化融合指数	—	97.4	108.7
7.进入中国最具价值品牌100强企业数量	个	9	12
（二）创新发展类			
8.研发投入占生产总值比重	%	2.35左右	2.7左右
9.科技进步贡献率	%	57.8	62
10.高新技术企业数量	家	6300以上	1万以上
11.每万人拥有研发人员	人	50左右	65
12. PCT国际专利年申请量	件	1353	1700
13.“互联网+”指数	—	10.49	20
14.人均信息消费	元	2100	4800
（三）对外开放类			
15.经济外向度	%	23	25
16.高新技术产业出品占比	%	10.8	20

（续表）

指标	单位	2017年	2022年
17.对“一带一路”沿线国家和地区出口占全国比重	%	6.6	10
（四）环保及民生类			
18.万元地区生产总值能耗降低	%	—	12.5
19.可吸入颗粒物（PM2.5）浓度降低	%	—	26

注：摘自《山东省人民政府关于印发山东省新旧动能转换重大工程实施规划的通知》。

（二）中期目标

到2028年改革开放50周年时，基本完成这一轮新旧动能转换重大工程无数宏观制度、产业制度，不断被创新，不断被重新设计，使得市场活力充沛，发展动力强劲，核心竞争力全面提升，国际互动能力逐渐加强，在我国现代化建设新征程中继续走在全国前列。在指标设置上，突出了质量效益提升、创新驱动发展、生态环境改善、民生福祉增进等方面，选取了能够体现动能转换成效的特色指标，比如，新动能创造的增加值占比达到60%以上，战略性新兴产业占GDP比重达到16%，研发投入占GDP比重提高到2.7%以上，全员劳动生产率提高到13.5万元/人，万元GDP能耗比2016年下降12.5%以上等。

（三）远期目标

到2035年，新旧动能转换效用逐渐显现，基本建成现代化强省，将绿色发展理念融入山东省现代化建设的方方面面，美丽山东目标基本实现，文化软实力显著增强，共同富裕迈出坚实步伐，人民生活更为宽裕，城乡区域发展差距和居民生活水平差距显著缩小，产业发展更为均衡，经济实力、科技实力大幅跃升，法治政府基本建成，在我国现代化进程中继续位列前列。

第三节 新旧动能转换的布局与重点

推进新旧动能转换重大工程虽然是山东全域的事情，但鉴于资源、空间、生产要素等限制，决不能“一哄而上、户户点火、村村冒烟”“眉毛胡子一把抓”，必须要在重点区域、重要节点上集中资源、集中力量进行引爆，以点带面，才能达到预期效果。为此，必须要立足山东各地发展实际，在空间布局上进行科学谋划，在发力重点上进行精心选择，打牢新旧动能转换的空间、载体基础，明确工作抓手和主攻方向。

一、构建“三核引领、多点突破、融合互动”的发展格局

山东陆域面积为15.7万平方公里，拥有2个副省级城市和15个地级市，137个县（市、区），海岸线占到全国的1/6。在谋划新旧动能转换区域上，如果面积过大，政策争取的含金量、工作落实等会有难度，资源要素投入很难集中集约；过小，战略性就差、影响带动性就不够。必须坚持空间布局和功能布局、产业布局相统一，梯次扩散与节点辐射相结合，全面推进与集中集约相协调，立足比较优势和发展基础，选好加快推进新旧

动能转换重大工程的主引擎、燃爆点，形成连点成面、全面推进的新格局。

（一）新旧动能转换重大工程的主引擎——三核引领

从2017年山东17市GDP排名来看（见图4-3），位居前三的分别是青岛、烟台、济南三市，其中青岛市GDP总额突破1.1万亿元大关，烟台GDP达到7550亿元，济南突破7000亿元，而其他14市位于6200至900亿元之间。

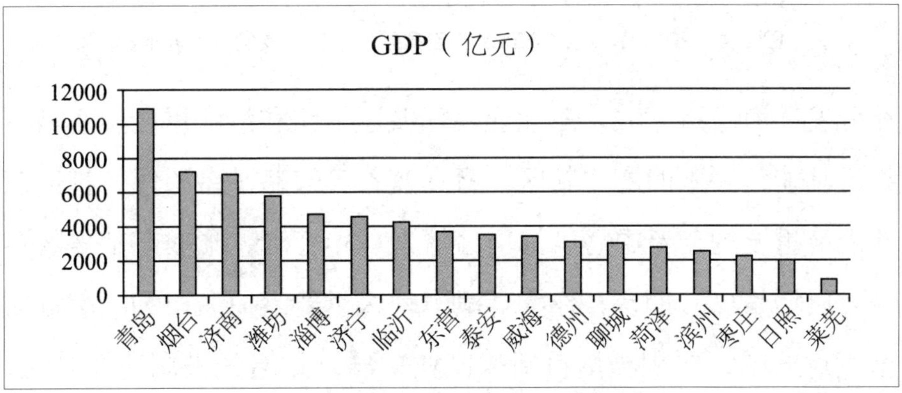

图4-3 2017年山东17市GDP排名

2017年青岛、济南、烟台三市高新技术产业产值及发明专利数量分别位列全省前三（见图4-4），占全省高新技术产业产值和发明专利数量比重分别为31.70%、61.10%，可见，三市科技实力雄厚、创新资源富集，也是山东主要生产力布局所在之地。把这三个城市作为核心，将有利于他们发挥各自优势和特色，增强引领带动作用。济南，应规划建设高水平新旧动能转换先行区，集聚集约创新要素资源，发展高端新兴产业，打造开放合作新平台，建设“大、强、美、富、通”的现代化省会城市，打造全国重要的区域性经济中心、物流中心和科技创新中心。青岛，可以

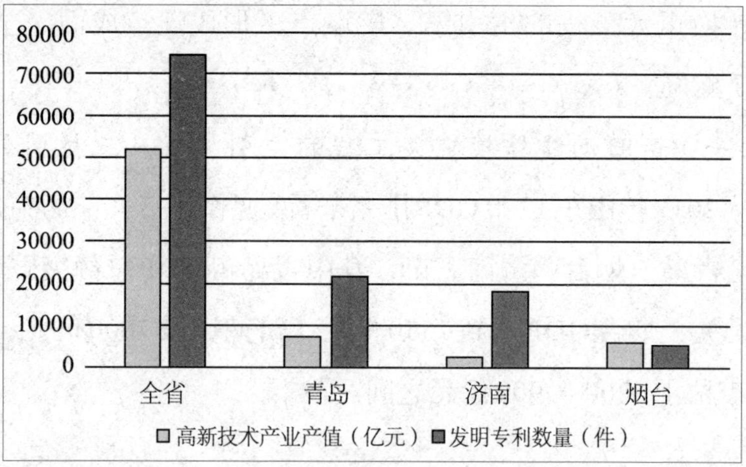

图4-4 2017年山东4地市及全省高新技术产业及发明专利情况

充分发挥海洋科学城、东北亚国际航运枢纽和沿海重要中心城市综合功能，突出西海岸新区、青岛蓝谷等战略平台引领，打造东部沿海重要的创新中心、海洋经济发展示范区，形成东部地区转型发展增长极。烟台，作为环渤海地区重要港口城市和国家创新型试点城市，要积极培育新兴产业集群，打造先进制造业名城，建设面向东北亚开放合作新高地。加快推进三市新旧动能转换，鼓励支持在新旧动能转换中先行先试、率先突破，增强对周边地区的辐射带动能力，就能够为全省新旧动能转换树立标杆，为山东整体新旧动能转换提供强大的带动力，成为推进引擎。

（二）多点突破

强化三核引领同时，按照“泛产业”的思路，依托全省17市的国家级园区，引领带动当地特色优势产业集约集聚发展，延长产业链、提升价值链、提高市场知名度、聚集产业人才，促进产业集群发展，形成全省多点推进、协调发展的联动格局。淄博，致力于打造全国老工业城市和资源型城市产业转型升级示范区、新型工业化强市、齐文化传承创新示范区；枣庄，致力于打造智慧枣庄和资源型城市创新转型持续发展示范区、国家可持续发展议程创新示范区；东营，致力于打造绿色循环高端石化产业示范基地和石油资源型城市转型发展试验区；潍坊，致力于打造国家农业开放发展综合试验区、虚拟现实产业基地和国际动力城；济宁，致力于打造优秀传统文化传承发展示范区和资源型城市新旧动能转换示范区；泰安，致力于打造彰显泰山魅力的国际著名旅游目的地城市和智能绿色低碳发展示范区；威海，致力于打造国家区域创新中心、医疗健康产业示范城市和中韩地方经济合作示范区；日照，致力于打造全国一流精品钢铁制造基地、临港涉海产业转型升级示范区；莱芜，致力于打造高端钢铁精深加工产业聚集区、清洁能源研发制造基地，打造全国产业衰退地区转型发展示范区；临沂，致力于打造国家内外贸融合发展示范区、人才管理改革试验区；德州，致力于打造全国重要的新能源产业基地、京津冀鲁科技成果转化基地，建设京津冀协同发展示范区；聊城，致力于打造全国领先的铜铝精深加工产业基地、新能源汽车产业基地，建设京津冀协同发展试验区；滨州，致力于打造国家级轻质高强合金新材料产业基地和粮食产业融合循环经济示范基地；菏泽，致力于打造医养健康示范基地、现代农业发展综合试验区、中国牡丹城。

（三）融合互动

坚持深度融合、互利共赢，立足各地现实基础和比较优势，创新区域协同发展机制，着力在产业升级协作、要素资源配置、基础设施互通、生态环保共建等重点领域深化改革探索。通过推动优势产业统筹培育、要素资源统筹配置、基础设施统筹建设、生态环境统筹治理，形成更科学合理的产业分工布局，更开放完善的市场体系，更高层次的基础设施互联互通水平，更强有力的生态保护屏障，促进特色发展、错位发展和互动发展，努力实现全省整体效益最大化。

二、转换重点

高质量发展的基础在于高素质产业。由于多种原因，山东形成了资源型、重化型产业结构，产业层次低、质量效益差、污染排放重，一直是山东的“心头之痛”。建设新旧动能转换综合试验区、推进新旧动能转换重大工程，重中之重是要提升产业层次、优化产业结构、实现转型升级见图4-5）。这需要从山东实际出发，抓住重点、突出特色，加快把新兴产业培育大，把传统产业改造好，把落后产能化解掉，构建布局结构优、规模体量大、延伸配套性好、支撑带动力强的现代产业集群，打造现代产业新体系。重点围绕新一代信息技术、高端装

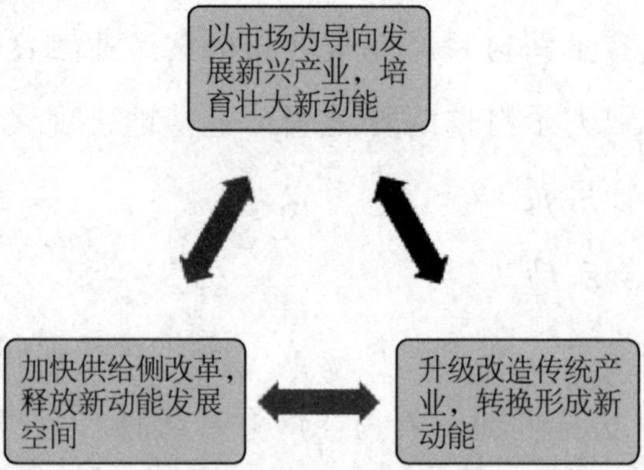

图4-5 新旧动能转换重点

备、新能源新材料、现代海洋、医养健康、绿色化工、现代高效农业、文化创意、精品旅游、现代金融等十大产业，着力做好“去”“增”“提”三项工作：通过“去”，化解过剩产能拓展动能新空间；通过“增”，发展新兴产业培育壮大新动能；通过“提”，提升传统产业改造形成新动能。

（一）加快供给侧改革，着力释放新动能发展空间

以扩大总需求为导向，从供给侧入手，积极落实“三去一降一补”（去产能、去库存、去杠杆、降成本、补短板）五大重点任务，努力去除低端无效供给，增加有效供给，提高供给体系质量和效率，把有限发展空间留给构建新动能主导力量的“十强”产业。

（二）以市场为导向，发展新兴产业和培育壮大新动能

重点优化新一代信息技术、高端装备、新能源新材料、现代海洋、医养健康、绿色化工、现代高效农业、文化创意、精品旅游、现代金融产业，提高产业资源配置效率，释放消费引领的活力，以市场为导向整合产业资源，增强劳动、资本、技术等要素的产业产出，激发新生产要素（知识、技术、信息、数据）活力，积极提高全要素生产率，形成支撑山东经济发展一体化的新动能。

（三）升级改造传统产业，转换形成新动能

山东经济主要以化工、农业、文化、旅游、金融等传统产业拉动为主，虽然产业基础良好，但传统产业占比过大，传统动能仍居主导地位。要实现山东经济一体化新发展，必须借力“创新驱动”战略，加快传统产业与技术创新的融合互动，利用新技术、新业态改造提升传统产业，促进传统产业向高附加值、高技术含量的环节延伸，形成增强山东经济发展一体化的新动能。

第四节 着力形成促进新旧动能转换的动力机制

经济发展是一个旧动能不断衰减和转型，新动能不断崛起和成熟的过程。在这个过程中，必须增强创新驱动、深化改革和扩大开放三大动力，做好促进新旧动能转换的动力引擎文章。

一、构建创新引领动能转换新体系

创新是引领发展的第一动力。经过长期高强度开发消耗，山东省传统产业面临着比较成本上升、新兴经济体替代等挑战，依靠要素投入、投资扩张支撑的发展方式难以为继。特别是随着移动互联网技术为代表的普适计算、泛在网络的发展向经济社会各方面渗透，创新作为引领发展、推动新旧动能转换的关键作用愈加凸显。

（一）深入实施创新驱动发展战略

创新是建设现代化经济体系、实现高质量发展的战略支撑和内在要求。目前，山东科技创新能力与“两个走在前列、一个全面开创”的发展定位还不相称，与经济建设主要任务和人民美好生活的需求还不相适应，与发达国家和地区相比，在创新机制、创新环境、创新能力等方面都还有不小的差距。比如，2016年全省高新技术产业产值占比分别比江苏、浙江低7.7和6.3个百分点，国家在“互联网+”和大数据领域布局的19家国家工程实验室，没有一家在山东，等等。因此，要坚定不移实施创新驱动发展战略，破解创新体制机制障碍，打造区域创新发展高地，以高质量创新引领支撑高质量发展，推动新时代现代化强省建设稳步推进。

进一步优化科技创新体制机制。深化科技管理体制改革，放宽对科研经费支出权限的管制，全面下放创新成果处置权、使用权和收益分配权，支持科研人员有序流动，使人才激励使用机制更科学有效。进一步完善科技金融服务体系。促进科技创新、市场需求和社会资本有效对接，积极开展科技与金融结合试点、投贷联动试点，大力发展创业投资和风险投资，搭建科技金融协作大平台，构建覆盖创新链全过程的科技金融服务体系，使资金跟着项目走、项目围着市场转，切实增强科技创新动力活力。进一步提高区域创新能力。高水平建设山东半岛国家自主创新示范区，支持有条件的市建设国家创新型城市、“中国制造2025”国家级示范区，强化高新区建设管理，稳步推进青岛国家军民融合示范区、枣庄国家可持续发展议程创新示范区建设，打造区域创新高地。

（二）强化企业创新主体地位

企业是人才、资本、技术等生产发展要素的主要载体，也是实现资源优化配置的关键一环。党的十九大报告提出，要建立以企业为主体、市场为导向、产学研深度融合的技术创新体系。目前，山东省激励企业创新的政策措施逐步完善，企业研发投入的积极性不断提高，企业的创新主体地位日益凸显并不断巩固，为产业升级和结构调整提供了有力支撑。但与发达国家和地区相比，山东企业创新能力依然薄弱，许多领域缺乏具有自主知识产权的核心技术，企业在创新决策、研发投入、科研组织和成果应用等方面的主体作用发挥并不充分，制约企业创新的体制机制障碍仍然存在。解决好这个问题，一是要加大创新型企业培育力度。完善国有企业科技创新考核机制，挖掘国有企业创新潜力；实施高新技术企业倍增计划，培育一批具有全球影响力的领军企业、骨干企业和创新型企业；加快科技型企业培育，开展中小微企业创新竞技行动，大力培育“瞪羚”企业、“独角兽”企业和制造业单项冠军企业。二是要完善企业协同创新体制机制。促进创新资源共建共享共用，支持骨干龙头企业牵头建设产业技术创新战略联盟、产业共性技术研发基地，开放市场渠道和供应链等，推动大中小微企业融通发展、创新发展。三是要优化创新创业环境。积极创建国家“双创”示范基地、小微企业创业创新基地，营造尊重和激励企业家干事创业的社会氛围，进一步优化完善创新创业生态，全面释放创新创业活力。

（三）加速创新平台建设

科技创新平台具有技术研发、资源共享、企业孵化等功能，是完善科技创新布局、推动创新驱动发展战略的重要组成部分，对转方式、调结构、稳增长具有巨大的载体支撑作用。继续加强科学研究平台建设，实施省级以上创新平台倍增计划，规划建设一批重点实验室、工程研究中心、技术创新中心、制造业创新中心、企业技术中心等高水平创新平台。继续促进创新平台提层次、上档次，推动国家实验室、世界级超算中心、大洋钻探船等国家重大科学装置和重大科学基础设施在山东布局，加快青岛海洋科学与技术试点国家实验室建设，支持中国科学院海洋大科学研究中心建设；积极承担国家重大科技项目和工程，在人工智能、无人技术、生命科学、量子技术、纳米科技、空天海洋、轨道交通、检验检测认证等领域尽快取得重大突破。持续提升平台创新服务能力，研究制定重大创新平台、大型科研仪器设备和专利基础信息等资源面向社会开放共享的具体举措，进一步发挥计量测试、检验检测、认证认可、知识和数据中心等公共服务平台的创新促进作用。

（四）完善科技成果转化机制

科研成果不能仅仅停留在书本上和论文中，应该应用在工艺改进、产品换代、质量提升、效率优化等实实在在的发展环节。但较低的科技成果转化率已经成为山东省创新发展的突出短板和痛点，“墙内开花墙外香”的现象屡见不鲜。改变这一尴尬局面，离不开高效的转化促进机制。要全面落实山东省促进科技成果转移转化的有关政策规定，深入实施以增加知识价值为导向的分配政策，建立对创新人才的股权、期权、分红等激励机制，鼓励技术、管理、数据、知识等新生产要素参与收益分配。离不开高水平的知识产权运用和保护。要健全知识产权公共服务体系，完善知识产权评估、质押、托管、流转、变现和风险补偿机制，开展知识产权综合管理改革试点和重点产业专利导航试点，加快建设一批国家级知识产权保护中心。离不开完善的成果转化服务平台。要推进省科技成果交易中心、齐鲁技术产权交易市场等建设，加快建设济南、青岛、烟台国家科技成果转移转化示范区。

二、构建改革牵引动能转换新体制

改革是推进发展的"关键一招"，目前改革已经到了啃硬骨头、涉险滩的关键阶段，通过推动新旧动能转换重大工程，紧盯多种所有制共同发展、创新投融资机制、加强生态文明建设、推动城乡融合发展等重点领域，持续加大攻坚力度，充分释放重点领域改革"牵一发而动全身、落一子而活全盘"的关键作用。截至2017年，山东累计承接国家级改革试点120项，安排省级改革试点134项，在海洋经济创新发展、农村集体产权制度改革等领域形成了一批可复制、可推广的示范样板，做到积小胜为大胜，进而为新旧动能转化提供强大助力。

（一）构建多种所有制经济共同发展新机制

无论是国有企业还是民营企业，都是社会主义市场经济的重要组成部分，都有公平参与市场竞争的权利。山东有山东重工、兖矿集团等一批规模较大、品牌叫响的国有企业，也有800多万户的民营市场主体，体量占到全省经济的半壁江山。但很多大型国企还存在效益不佳、转型不快；很多民营企业面临发展负担重、发展环境差等问题，2017年民间投资仅增长2.1%，同比下降4.5个百分点。必须以健全产权制度和优化要素市场化配置为重点，加快完善社会主义市场经济体制，促进各类市场主体健康发展。继续毫不动摇巩固和发展公有制经济，毫不动摇鼓励、支持、引导非公有制经济发展，使市场在资源配置中起决定性作用，更好发挥政府作用，实现产权有效激励、要素自由流动、价格反应灵活、竞争公平有序、企业优胜劣汰。一方面，充分发挥国有企业在新旧动能转换中的引导和带动作用，深入落实山东省加快推动国有企业改革的十条意见，完善法人治理结构，推进混合所有制改革，分类推进国有企业改革，积极开展兼并重组、资产证券化、员工持股、差异化考核等试点工作，加快现代企业制度建设。另一方面，进一步激发民营经济发展活力，贯彻落实好山东省支持非公有制经济健康发展的十条意见，制定出台促进民间投资稳定增长的政策措施，全面实施以负面清单为主的产业准入制度，消除非公有制经济主体参与竞争的不合理限制和隐性壁垒，支持民间资本通过多种形式参与国企混合所有制改革，积极构建"亲""清"新型政商关系，关心民营企业家成长。

（二）创新投融资机制

金融是经济发展的血液，是推动新旧动能转换不可或缺的重要力量。目前，山东金融发展水平依然较低，注册地在山东的私募基金管理人仅相当于浙江的1/4、江苏的2/3，管理基金规模仅相当于浙江的1/5、江苏的1/3。解决金融供给不足问题、增强金融服务实体经济能力刻不容缓。首先，在政策方面做好支撑保障，尽快释放已制定的政策红利，落实好省委、省政府关于深化投融资体制改革的实施意见，加快制定出台金融支持新旧动能转换的指导意见，逐步建立企业投资市场主导、融资渠道丰富畅通，政府管理简明规范、职能转变务实到位，宏观调控稳健高效、法制体系保障健全的新型投融资体制；在政府投融资方式方面大胆创新，发挥基础设施建设基金、产业投资基金等引导作用，健全PPP模式制度，筹划利用好6000亿元的新旧动能转换基金，切实发挥杠杆撬动作用；把控制政府性债务风险放在更重要位置，严禁违规担保、变相举债，建立地方债务风险终身问责、倒查责任制度；打造好专业化投融资服务平台，加快地方政府融资平台市场化转型，积极参与多层次资本市场运作，提升企业融资能力水平。2018年上半年，全国63家成功IPO的新晋贵族中，山东企业交出的答卷是“零”。山东193家上市公司市值1.9万亿，只有广东的两成，不到浙江、江苏的一半，差距之大令人触目惊心。继续鼓励支持由民营企业发起设立民间资本投融资控股公司，积极发挥齐鲁股权交易中心、蓝海股权交易中心等权益类交易市场在新旧动能转换中的重要作用，引导鼓励符合条件的企业上市融资，为动力转换提供强力支撑。

（三）创新生态文明建设机制

十九大报告中提出“我们要建设的现代化是人与自然和谐共生的现代化”，但山东面临的生态环境保护形势依然十分严峻。产业结构过重，能源结构偏煤，交通运输、农业投入不合理等生态环境问题的主要“病根”依然存在。各类污染物浓度远高于全国平均水平，环境容量严重受限，生态保护修复任务艰巨。必须牢固树立和践行绿水青山就是金山银山的理念，加快生态文明体制改革，深入开展环境保护和生态修复，促进人与自然和谐共生。加强规划统筹。按照山东主体功能区规划部署，严格落实主体功能区制度，统筹各类空间性安排，探索推进“多规合一”，依法开展战略环评和园区规划环评，提高空间治理能力和管控效率。加强减排降耗治污。严格执行产业准入负面清单制度，发展低碳生态经济，实施“工业绿动力”计划，加快货运交通结构调整，提高铁路货运比例，完善污染防治区域联动机制，大力实施大气、水、土壤污染防治和固体废弃物、垃圾处置等环境治理行动。加强生态修复。山东省森林覆盖率仅有17.5%，比全国平均水平还4个百分点，自然保护区的违法违规问题、山体破损等问题依然严峻，这些都是生态山东身上的伤疤，必须尽快修复。大力推动实施泰山“山水林田湖草”生态保护修复工程国家试点、“蓝色海湾”整治行动等重要生态系统保护和修复重大工程，探索构建市场化、多元化生态补偿机制。

（四）创新城乡融合发展机制

促进城乡融合发展，是落实科学发展理念、实现高质量发展的题中之义和必然要求，也是完成好打造乡村振兴齐鲁样板历史任务必须攻克的难关堡垒。要加快构建新型城乡关系，促进城乡在规划布局、要素配置、产业发展、公共服务、生态保护等方面相互融合，协调共进。一方面，推进以人为核心的新型城镇化。2017年山东常住人口城镇化率刚刚超过60%，还有很大提升空间。提高山东半岛城市群开放发展和一体化发展水平，增强大城市辐射带动功能，积极培育新生中小城市；加快推进农业转移人口市民化，深化户籍等制度改革，全面实施“三挂钩”政策，稳步实现城镇基本公共服务常住人口全覆盖；探索就地城镇化路径模式，推进新型智慧城市、海绵城市和综合管廊建设等。另一方面，深入实施乡村振兴战略。山东是农业大省，2017年第一产业增加值居全国首位，但增速低于全国平均水平；农村居民人均可支配收入仅居全国第8位，增速排全国第25位，农民增收、农业增产压力巨大。需要按照产业兴旺、生态宜居、乡风文明、治理有效、生活富裕的总要求，推动产业振兴、人才振兴、文化振兴、生态振兴、组织振兴健康有序进行，绘就多样化的“齐鲁风情画”，形成具有山东特色的现代版“富春山居图”。

三、构建开放推动动能转换新局面

习近平总书记在视察山东时，要求山东主动融入国家开放大局，提高开放水平，把山东打造成对外开放新高地。推动新旧动能转换，不能关起门来、闭门造车，必须以更宽广的胸怀拥抱世界，充分利用海内外优质的资本、技术、人才、市场，把引进来和走出去紧密结合，探索以全面开放促进新动能快速成长的动能转换模式，打造新一轮开放发展新优势。

（一）深度融入国家战略

改革开放是决定当代中国命运的关键一招，是当代中国发展进步的活力之源。中国开放的大门不会关闭，只会越开越大。山东要走在前列，必须在开放上当好“排头兵”，在国家开放大战略中占据更高地位，作出更大贡献。一方面，要深度参与“一带一路”建设。山东与“一带一路”沿岸国家和地区的合作成效是显著的，具备巨大的合作潜力。2017年与“一带一路”沿线国家商品进出口4816.3亿元，比上年增长16.4%；对“一带一路”沿线国家实际投资100.6亿元，增长81.7%。下一步，应该充分发挥各市特色优势，与沿线国家和地区城市，在港口建设、海洋经济、人文交流、生态环保等领域加强合作；规划布局陆海联运重要枢纽，加快港口整合，发挥青岛、烟台等海上战略支点城市作用，开展多式联运示范、国际中转集拼业务等试点，优化中欧、中亚班列，畅通新亚欧大陆桥、中蒙俄等国际经济合作走廊，促进经贸往来；加快走出去步伐，加强国际产能和装备制造合作，支持在境外设立研发中心、境外经贸合作园区，创新企业走出去投融资机制，丰富深化外向型发展合作模式。另一方面，加强与国内区域发展战略的对接协同。山东地理位置优越，产业基础雄厚，在加强与国内区域发展对接方面具备独特的优势和条件，在2018年7月11日召开的全省招商引资招才引智工作会议上，山东省委书记刘家义提出山东要主动融入国家开放大局，把山东打造成为我国长江以北地区扩大开放的重要战略支点，这就要求山东创新区域开放合作模式，加快融入京津冀协同发展国家战略，主动承接北京非首都功能疏解及京津产业转移，积极服务雄安新区建设，支持黄河三角洲地区发展“飞地经济”；加强环渤海地区合作，密切与长三角、珠三角、东北等地区经济联系，构建地区间协作发展机制，为山东发展提供助力、创造机遇、拓展空间。

（二）加快推进对外贸易转型升级

经济全球化是不可逆的时代潮流，开放通融、携手共进，才能优势互补、互惠共赢。长期以来，对外贸易是山东发展的强大动力，也是突出优势，2017年全省货物进出口总额17823.9亿元，比上年增长15.2%。其中，进口7858.5亿元，增长22.2%；出口9965.4亿元，增长10.1%。贸易结构、产品层次和市场领域不断优化、拓展，显示出较强的发展潜力。但不可否认，近年来山东省参与国际合作的竞争优势越来越少，与江浙粤等外贸发达省份相比差距越来越大，2017年全省外贸依存度只有24.5%，低于全国平均水平近10个百分点，中美贸易摩擦等国际经济大环境对山东的影响也越来越大，对贸易风险的抵抗应对能力还不够高。知耻而后勇，不断提升利用“两个市场”“两种资源”的能力和水平，一是构建更加开放包容的体制机制。充分借鉴自贸试验区改革试点经验，依托国家级新区、经济技术开发区、高新区和海关特殊监管区等平台，加快体制机制创新；提高服务业对外开放水平，全面实行准入前国民待遇加负面清单管理制度，完善对外贸易和投资便利化政策，推行“服务大使”制度，探索“无感知”和“低感知”监管方式，切实提高管理服务能力，营造公平竞争环境。二是加快转变外贸发展方式。以技术、标准、品牌、服务为核心，推动货物贸易和服务贸易协调发展，实现优质优价、优进优出，打造贸易强省。鼓励高新技术、高端装备、品牌产品出口，大力发展跨境电子商务、外贸综合服务等对外贸易新业态新模式，不断扩充外贸内容和领域；实施更加积极的进口政策，扩大先进技术设备、关键零部件和优质消费品等进口，促进进出口平衡发展。三是打造好对外开放先行先试高地。推进现有海关特殊监管区域延伸服务功能，充分发挥威海中韩自贸区地方经济合作示范区、中韩（烟台）产业园等外贸桥头堡作用；支持青岛创建自由贸易港、济南创建国家级跨境电商试点城市、烟台创建国家服务外包示范城市、临沂创建国家内外贸融合发展试验区、威海创建国家级进口贸易促进创新示范区和全国重要消费品集散区等，培育开放试验田和先锋队。

（三）大力开展招商引资、招才引智

高质量发展需要高质量投入、高素质人才。推进新旧动能转换重大工程，无论是促进传统产业新型化还是推进新型产业规模化，都需要通过招商引资、招才引智，在更大范围内聚集资金、

技术、市场、人才等优质生产要素，为实现“三大变革”、抢占未来发展制高点积蓄力量、赢得主动。一是把招引标准立严。新时代的招商引资招才引智，一定要坚持定位高、标准严、视野广，引高质量的资、聚高水平的才，不能“饥不择食”“挖到篮子里都是菜”，重点面向世界500强、大财团、大基金，引进企业总部、研发中心、财务结算中心，引进全球化销售服务网络，引进技术水平高、产业关联性强、发展空间大的大项目、好企业，招大引强、精挑细选。二是把招引方法找准。必须深入把握顺应产业链条化、集群化发展的趋势和潮流，把产业链招商作为主攻方向和主要手段。立足自身实际，精心规划设计产业链条；借助信息化手段和专业化团队，提升信息搜集分析和宣传推介质效；灵活结合运用以商招商、专业化招商、集群化招商等精准有效的招引手段，不断提升招引的效率和质量；创新合作模式，做好服务保障和考核评估，推动项目落地见效。三是把招引载体做强。各类园区是开展招引的桥头堡和主阵地，要加快园区体制机制改革，深入推进开发区体制机制创新试点，着重解决园区区域行政化、产业同质化、干部配备弱化、用人机制僵化等问题，推动园区回归“产业发展为主”的功能定位，把园区建设成为产业集群集聚发展的服务高地、政策洼地、创业福地、投资宝地。

第五节 夯实新旧动能转换的支撑基础

新旧动能转换不是无根之木、“无土栽培”，需要优质的人才引领转换，需要优良的环境保障转换，需要完善的基础设施支撑转换。基础不牢地动山摇，只有深入实施人才优先发展战略，不断优化完善发展环境，超前布局重大基础设施建设，把人才、制度环境和基础设施这三大支撑基础夯实打牢，新旧动能转换工作才能蹄疾步稳。

一、强化人才智力支撑

人才是最宝贵的资源和财富，也是实现新旧动能转化不可或缺的关键要素。目前，“抢人大战”硝烟四起、如火如荼，高层次人才作为稀缺资源，别人争到了，再去挖，难度大、成本高。但山东在这方面有些落后了，有资料显示，山东2017年人口自然增长（出生人口减死亡人口）101.16万，但常住人口只净增了不到60万人，其间的差额说明有40多万山东人净流出到其他省份去了。要实行更加积极有效举措，创新培育引进模式，优化人才发展环境，既要引进国内外顶尖人才，也要注重培育本地高端人才，既要招来“金龟婿”，也要留住“好儿子”，“输血”与“造血”并重，“女婿”与“儿子”同心。

（一）创新人才培育机制，增强人才培养能力

山东是人口大省、高考大省，2018年高考报名人数居全国第4位。但山东还不是教育强省，“双一流”建设高校只有3所，大量优质生源外流，形势十分严峻。打造人力资源强省，实现数量型人口红利向质量型人才红利转变，必须在人才培养教育机制上下功夫求突破。进一步推进大学建设增量提质。积极推进世界一流大学和一流学科建设，争取国家支持建设中国康复大学、中国能源大学，加快齐鲁工业大学、齐鲁医科大学建设；实施新工科优先发展计划，增设面向新经济、新产业的学科专业。进一步做好职业技能教育。鼓励本科高校、职业院校和培训机构开展技术技能培训、创业创新培训，建设职业教育创新发展试验区，筹建山东创业大学；传承弘扬劳模精神、工匠精神，打造知识型、技能型、创新型劳动者大军。进一步壮大企业家队伍。完善职业经理人社会化评价机制，激发和保护企业家精神，建设专业化、市场化、国际化的职业经理人队伍，培育一批勇于创新、开放进取的优秀企业家。

（二）创新人才引进模式，大力引进新型高端人才

功以才成，业由才广，人才是创新的根基。目前，全国新一轮人才争夺战已经打响，杭州提出“全球聚才十条”、天津推出“海河英才”计划，等等。山东要推动新旧动能转换，需要把国内外顶尖人才往山东引、往山东拉，让山东人气更旺盛、精英更云集。想做到这一点，需要思想上更加重视，措施上更加有力，方法上不断创新。首先，理顺人才引进体制机制。落实关于做好人才支撑新旧动能转换工作的意见，科学调整“泰山学者”等引

才标准范围，放宽高层次人才到山东工作条件限制，优化人才管理体制，加大引才人财物投入力度，建立符合国际规则和惯例的引才机制和服务模式，加速集聚一批急需紧缺人才和顶尖人才团队。其次，增强人才引进的专业性和灵活性。招才引智必须尊重人才市场规律，发挥人力资源服务业的专业性作用。现在江苏、浙江、广东等省份都专门划拨资金支持人力服务资源业发展，但山东这方面发展相对滞后，2016年人力资源服务业营收仅为380亿元，而广东为1020亿元。要加大对人力资源服务业的支持力度，提供高效便捷的社会化服务，提高市场对政府人才服务转移的承接能力，充分利用猎头公司、中介机构、人才交流协会等各类专业机构，发挥好他们的雷达耳目、桥梁纽带作用，增强招引精准性；加大柔性引才力度，推进落实离岸创新人才使用办法，通过设立海外研发机构、院士工作站，采用“双聘制”、短期兼职、顾问指导等方式，让人才使用更加灵活高效。最后，打造“能留人”的环境氛围。提供高效贴心的签证、落户、就业、社保等多方面服务，完善高层次人才服务绿色通道，推进高层次人才服务专员队伍建设；加强国际学校、国际社区、国际医院等配套设施建设，营造安定和谐的社会环境和尊重人才的社会风尚，让人才更有安全感、获得感和成就感。

（三）创新人才管理机制，使人才创新创造活力充分迸发

做好新时代的人才工作，既要三顾茅庐把人引进来，更要礼贤下士、知人善任用起来，不断创新人才激励、流动、评价等管理机制，尽可能地为人才施展才华鼓舞士气、搭建平台、创造机会，实现人尽其才。一是创新人才评价机制。建立更加关注

质量、贡献的评价导向，注重凭能力、实绩和贡献评价人才，克服唯学历、唯职称、唯论文等倾向，将用人权和评价权向企业释放，树立能者上、平者让、庸者下的尺度标杆，使评价机制更加科学合理；积极推进落实《关于深化职称制度改革的实施意见》，健全职称层级设置，完善职称专业类别设置，促进职称制度与职业资格制度有效衔接。二是创新人才流动机制。发挥市场配置人才资源的基础性作用，完善人才市场和社会保障体系，破除事业单位人员流动壁垒，通过兼职、在职创办企业、在岗创业、到企业挂职、参与项目合作、离岗创业等多种形式，盘活人才资源，实现“出得去、回得来、用得活、管得好”，形成规范有序的人才流动良好局面。三是创新人才激励机制。坚持物质激励与精神激励并重，建立完善政策激励、目标激励、晋升激励、绩效激励、薪酬激励、股权激励等灵活多样的人才激励机制；对高端紧缺人才，实施科技成果转让、科研成果奖励政策，在部分新兴经济领域探索实施特殊管理股权制度；完善科技人才创新荣誉制度，加大对优秀人才的宣传和鼓励，让作出贡献的人才既有真金白银，又有社会地位。

二、强化制度环境支撑

环境是基础，制度是保障，没有优良的发展环境和科学的制度设计，资本、人才、企业都不敢来，新旧动能转换就会底气不足、脚步不稳、动力不够。现在，国家对新旧动能转换综合试验区建设赋予了一系列先行先试、试点示范的权利，需要透彻研究、充分运用，持续构建“亲”“清”的新型政商关系，营造宽松便捷的市场准入环境、公平有序的市场竞争环境、安全放心的市场消费环境，推进治理体系和治理能力现代化。

（一）深化“放管服”改革，营造一流营商环境

从各方面反映看，山东省营商环境还有不小差距，“放管服”改革还需继续深入推进。有的表面上“放”得热热闹闹，实际上放虚不放实、放权不放责；有的“管”得不合规、不高效，“看得见的手”没管好，“寻租的黑手”还没完全斩断；有的“服”得不贴心、不真心，懒政怠政现象时有发生。针对这些问题，一是继续加大简政放权力度。统筹考虑各类机构设置，科学配置党政部门及内设机构权责，开展新兴经济领域管理权责重心下移试点；加大商事制度改革力度，在试点基础上全面推开“证照分离”改革，实施“多证合一”，推进企业登记信息化电子化水平；提高精准放权、协同放权水平，保障地方和基层对下放事项接得住、接得好。二是加强事中事后监管。适应新动能发展需求，明确监管内容、创新监管方式，建立统一高效的数据采集、监测、分析和预防体系，完善快速服务响应机制；加强社会信用体系建设，提升信用记录跟踪使用水平，完善守信联合激励和失信联合惩戒机制；全面推行行政执法公示、执法全过程记录和重大执法决定法制审核制度，深入推进“双随机一公开”监管制度，探索包容创新的审慎监管制度。三是改进优化政务服务。提高政务公开水平，增强政府公信力和执行力，营造稳定、公平、透明、可预期的营商环境；推广“互联网+政务服务”，提升信息共享和数据开放水平，开展“一窗受理”“一网办理”、联审联办、全链条办理，实现“一次办好”；继续加大行政审批中介

服务收费项目清理规范力度，全面清理规范政府性收费、涉企经营服务性收费及协会商会收费，减轻企业隐性负担。

（二）加强制度支撑力度，完善政策保障体系

机制、政策创新在工作中往往具有“四两拨千斤”的作用，也是推进新旧动能转换的重要抓手。综合试验区方案要求在体制机制、监管模式等若干制度保障方面探索创新，仅政策保障就有几十、上百项，这都要靠去闯、去试、去干。但在工作中发现，全省政策有效供给能力还有很大提升空间。有地方反映，有些政策在外省市已经被广泛采用而且效果显著，但在山东却水土不服、寸步难行，这需要去深刻反思、努力改善，深挖制度红利，让制度真正成为经济发展的基础性支撑。进一步健全法治保障体系，结合“立改废释”和机构改革工作，全面清理制约高质量发展的政策文件，根据新动能发展需要，加快出台社会信用、成果转化、行业准入等领域的法规规章；定期对市场准入负面清单事项进行合法性审查，加强新设行政许可审查论证，开展重大决策合法性审查和规范性文件备案审查；建设行政处罚、行政强制权力网络运行系统，实现省市县互联互通。进一步健全统计监测体系，完善报表制度，对“十强”产业、“四新”经济等新兴领域开展专项统计调查，精准设定统计指标，综合运用抽样调查、重点调查等统计方法，科学统计反映新旧动能转换工作推进情况；加强对统计数据的研究分析和共享共用，充分发挥统计资料数据支撑和决策参考作用。进一步健全考核督导体系。建立健全新旧动能转换考核机制，制定考核工作细则，完善考核指标体系，发挥考核“指挥棒”作用，考核结果作为选拔任用各级领导干部的

重要依据；加强对新旧动能转换工作的督促检查，适时开展新旧动能转换重大工程实施评估，对推动落实不力的按照有关规定予以严肃问责，确保各项工作任务落到实处。

（三）完善市场竞争和消费环境

满足人民包括消费需求在内的美好生活需要，是发展的根本目的，这就需要持续优化市场竞争环境和消费环境，为新旧动能转换提供持久动力。近年来，我国居民消费成为推动经济发展的强大力量。2017年，我国最终消费支出对国内生产总值增长的贡献率为58.8%，高于资本形成总额26.7个百分点。山东是人口大省、消费大省，2017年社会消费品零售总额33649.0亿元，比上年增长9.8%，持续引导激发省内市场消费能力，将成为新旧动能转换最为持久的动力。一方面，形成高效良性的市场竞争。坚持权利平等、机会平等、规则平等，加快健全市场监管机制，着力打破地区分割、行业垄断和市场壁垒，清理废除妨碍统一市场和公平竞争的各种规定和做法，严厉打击不正当竞争行为，确保各类市场主体依法平等使用生产要素、公平参与市场竞争、同等受到法律保护，激发各类市场主体活力。另一方面，坚决维护人民消费权益，创造舒心放心的消费环境。坚持源头治理、依法治理、创新治理、综合治理，加强食品、药品、农产品等重要产品监督管理，健全产品质量追溯体系，整体提升消费者维权能力，持续激发市场活力和消费潜力。

三、加强基础设施支撑

基础设施是经济社会发展的骨架和筋络，新旧动能转换的有序推进、现代产业集群的崛起壮大，离不开基础设施的优化升级。但近年来，山东省在这些方面短板制约明显，基础设施建设难以满足高质量发展的迫切需求，必须坚持基础性、先导性、战略性方向，提高智能化、网络化、现代化水平，加快建设技术先进、功能完善、便捷高效、安全坚固的综合基础设施支撑体系。

（一）完善重大交通基础设施建设

前些年有个说法叫“广东的桥、山东的路”，但现在山东省高速公路通车里程落到了全国第8位，高铁出省通道只有1条，民用航空对外联通能力不足，与上海、广东等省市相比差距很大。这集群那集群，交通跟不上难成群，必须正视不足，超前谋划，统筹公路、铁路、航空、港口等交通基础设施建设，提升保障水平。公路方面，实施大运量路段改扩建工程，推进普通国省道低标准路段改造，开展全省干线快速路网工程规划建设，构建“九纵五横一环七连”高速公路网络，力争到“十三五”末，全省高速公路通车里程达到7600公里。铁路方面，打造“三环四横六纵”快速客运铁路网和“四纵四横”货运铁路网，加快山东省高铁现代化进程，优化完善路网结构，到2022年，全省高速铁路总里程达到4500公里，人民群众方便快捷舒适的出行需求不断得到满足。机场方面，加强民用运输机场和通用机场建设，完善机场布局，打造国内一流、具有较强国际竞争力的枢纽机场，到2022年，全省民用运输机场达到12个，通用机场达到42个，构建起较为完善的现代民用航空体系。港口方面，统筹沿海港口资源，组建省级港口投融资平台，推进黄三角地区港口整合，加快青岛港、威海港港口重组步伐，促进沿海港口统筹协调发展。

（二）完善能源基础设施建设

山东省是能源消耗大省，能源消耗占全国的9%，其中煤炭消费量占全国的10.6%，但产出效率比不高，多项主要污染物排放总量居全国前列，万元生产总值能耗为0.57吨标准煤，高于广东、江苏等省。用能成本高、能源结构不合理、产出效率低、环境污染等问题，成为山东推动新旧动能转换的沉重包袱，必须完善能源基础设施建设，实施能源保障、能源网络和能源优化工程，构建清洁低碳、安全高效、供应优化的现代能源体系。能源保障上，坚持内压外拓，在做好煤炭去产能的基础上，有序推进保护性开发；稳定开发油气资源，有序推进近海油气田和页岩油开发，充分利用省外、境外油气资源；实施煤电提升改造，加快新能源和可再生能源发电发展，实施光伏发电示范工程，统筹陆上和海上风电开发，合理布局生物质和垃圾发电项目。能源储输网络上，统筹省外能源引进和省内产需衔接，构筑煤炭主要运输网络；对接西气东输、中俄东线等国家骨干输气工程，加强国家原油战略储备基地建设；持续提高电网调峰能力，保障安全稳定运行。能源优化上，严格实行能耗强度和总量“双控”制度，逐步降低煤炭消费比重；实施“气化山东”工程，积极推进天然气高效利用；大幅提高新能源和可再生能源利用规模，推动绿色电力、绿色热力、绿色燃料生产与应用。

（三）完善水利基础设施建设

水是万物之母、生存之本、文明之源。兴水利、除水害，事关人类生存、经济发展、社会进步，历来是治国安邦的大事。对山东而言，面临的水资源形势依然严峻，全省多年平均当地水资源总量仅占全国水资源总量的1.1%，人均水资源占有量仅315立方米，不足全国人均占有量的1/6，全省水旱连续、旱涝交错，基本上每年均有不同程度的水旱灾害发生，对居民正常生活和农畜牧业的影响十分巨大。推动新旧动能转换重大工程，对水利发展提出了新的更高的要求，要突出水资源的刚性约束，以节水、供水重大工程建设为重点，着力补足水资源短缺、防洪减灾能力不足、水生态问题突出等短板，构筑完善可靠的水安全保障体系。一是推进节水供水重大水利工程建设。加快推进纳入“国务院172项节水供水重大水利工程”范围的项目建设，论证规划峡山水利胶东调水水源等工程，建设一批河道拦蓄工程和抗旱应急水源工程；加强大中型灌区续建配套节水改造，加快小型农田水利项目县建设，进一步夯实农业基础，保障粮食安全。二是优化水资源配置格局。按照“主要依靠当地水、科学利用雨洪水、控制开采地下水、高效利用黄河水、积极引用长江水、鼓励采用非常规水”的思路，重点推进强骨干水资源调配工程、强雨洪资源利用工程、水系连通工程、抗旱水源工程等重大项目，因地制宜，加快建立布局合理、水源可靠、水质优良、城乡一体的多水源水资源配置格局。三是完善防洪减灾体系。以流域为单元，以防洪薄弱环节治理为重点，实施金堤河等河道重点河段治理，推进病险水库水闸除险加固，加强沿海7市海堤工程建设，加快构建以水库、河道和蓄滞洪区为架构的防洪工程体系和以海堤为主体的防潮工程体系，保障经济社会发展大局。

（四）完善信息基础设施建设

在这个信息爆炸的时代，谁能更迅速的掌握信息、更高效的利用信息，谁就赢得了发展先机，占据了创新高地。必须加速建设完善高速、移动、安全、泛在的新一代信息基础设施，完善基础信息资源和重要领域信息资源建设，形成万物互联、人机交互、天地一体的网络空间，为“智慧山东”建设和“四新四化”提供坚实支撑保障。一是推进固定宽带网络升级。落实“宽带中国”和“宽带乡村”战略，加快推进超高速、大容量光传输技术应用，升级骨干传输网，大幅提高城域网和骨干网出口带宽。二是加快互联网骨干节点升级。推动海底光缆系统开放，支持青岛建设国际通信业务出入口局，建设济南至互联网国际出入口局的互联网国际通信专用通道。三是加大新兴信息技术推广应用力度。加快基于互联网协议IPv4/IPv6技术过渡的骨干网和接入网改造；构建新一代移动通信网络，加快推动4G网络建设，推进5G联合研发、试验和商用试点；加快广播、电视、互联网三网融合进程。

第五章 着力构建现代产业新体系

产业是国民经济的主体，是立国之本、兴国之器、强国之基，经济发展的背后是整个产业体系的支撑。推动新旧动能转换，建设现代化经济体系，实现高质量发展的关键和重点在于加快构建现代产业新体系。经过多年的发展，山东已经是走在全国前列的农业大省、工业大省，产业门类齐全，比较优势突出，具备构建现代产业新体系的市场空间和有利条件。同时，新一轮科技革命和产业变革加速孕育、集聚迸发，全国第一个新旧动能转换综合试验区在山东设立，这些都为加快构建现代产业新体系带来了历史性重大战略机遇。

第一节　现代产业新体系与新旧动能转换之间的内在联系

经济增长的动能主要包括需求侧和供给侧两个方面，从需求方面分析主要是投资、消费、进出口等三个方面，从供给方面分析主要包括资本、土地、劳动力等要素供给，以及决定要素使用和配置的技术供给和制度供给。随着经济增长阶段的不同和约束条件的变化，生产要素在部门和行业间的配置以及生产率发生变动与差异，导致新旧动能的转换，影响产业转型升级，并最终决定经济增长的速度和质量。总的来说，新旧动能转换是构建现代产业新体系的内在动力，现代产业新体系又为新旧动能有序转换提供强大支撑，二者相互促进、相辅相成，共同促进发展方式转变和经济平稳健康发展。

（一）从发展本质看，产业体系是经济增长新旧动能转换的外在表现

产业结构是经济发展动能结构的外化，也可以说有什么样的经济发展动能，就会形成什么样的产业结构，这点可以从当前山东产业结构和原有经济增长动能之间的关系得到印证。改革开放以来，山东经济的高速增长主要得益于充分发挥劳动力丰富、生产要素成本低、对外开放带来的技术后发优势等传统动能，对应

的形成了现有的以传统产业为主体的产业结构。在农业领域，随着现代农业机械和生产技术的广泛普及，农业劳动生产率和土地产出率大幅提高，释放大量农村剩余劳动力，推动了二产和三产的快速发展。在工业领域，劳动力资源丰富的比较优势带动了以纺织、服装、玩具、皮革、家具制造等为主的劳动密集型产业的快速发展；生产要素成本低、资源丰富的发展动能造就了以钢铁、石化、能源等为主的重化工行业的优势地位；改革开放带来的技术后发优势形成了以引进消化吸收再创新方式为主的创新模式，自主创新的积极性主动性不高；大规模基础设施投资加剧了钢铁、水泥、平板玻璃等产业的无序规模扩张。在服务业领域，得益于城镇化红利的持续释放，进城务工人员的大量增加，逐步形成了以餐饮服务、交通运输、批发零售等为主的传统服务业结构。可以看出，山东现有的以中低端制造业、高耗能重化工业、传统服务业为主的产业结构，本质上是与长期以来拉动经济高速增长的传统动能密切相关、紧密对应的，是经济增长动能的外在表现。构建现代产业新体系和加快新旧动能转换，要理清产业体系与发展动能之间的关联脉络，准确把握速度变化、结构优化、动能转化之间的内在联系，通过新旧动能有序转换实现产业转型升级，构建现代产业新体系。

（二）从发展规律看，新旧动能有序转换是促进产业体系升级的内在动力

经济发展必然会有新旧动能迭代更替，加快新旧动能有序转换是推动产业体系升级的必然趋势和内在动力，决定着构建现代产业新体系的进程和质量。一是技术供给由引进吸收向自

主创新的动能转换，将为产业抢占发展制高点夯实基础。当前我国与发达国家的技术水平差距逐步缩小，技术引进的外溢效应减弱，产业发展面临技术创新支撑能力不足的“天花板”。通过技术创新由跟踪为主向并跑领跑的转变，抢抓新一轮科技革命和产业变革的重大机遇，掌握高端产业发展的核心竞争力，将有力推动高端制造、生物医药、绿色低碳、数字创意等战略性新兴产业的快速发展，同时利用新技术新业态改造提升传统产业，推动传统产业焕发新的生机和活力。二是劳动力供给由人口红利向人才红利的新旧动能转换，将为构建现代产业新体系提供强大支撑。山东拥有数量庞大、素质较高的劳动力大军，培育和释放劳动力质量红利的潜力很大。通过优化创新生态环境，推动大众创业、万众创新，激励敢于创新、勇于拼搏的企业家精神，实现由廉价劳动力向人才智力支撑的新旧动能转换，将会把人的智慧源源不断地转化为现实生产力，提高现代产业新体系的质量和效益。三是需求管理由投资主导向消费主导的新旧动能转换，将增强现代产业新体系的内生动力。随着收入水平提升和市场化程度的提高，人们对高品质商品和高质量服务的需求将倒逼市场和企业加快产品升级换代，提高产品质量和工艺水平，通过产业关联效应和价格引导效应促进产业结构转型升级。在构建现代产业新体系的过程中，要加快实体经济与科技创新、现代金融、人力资源的协同发展，推动产业由价值链中低端向高端攀升，实现经济保持中高速增长和产业迈向中高端水平的“双目标”。

（三）从发展方式看，构建现代产业新体系也是推动新旧动能有序转换的强大支撑

当前，山东最现实最直接的增长动力是经济结构调整，特别是加快构建现代产业新体系，将为新旧动能有序转换提供强大支撑。一是新一轮科技革命带来的产业变革形成了新的发展动能。当前以大数据、云计算、物联网、机器人、人工智能、虚拟现实、新材料、生物科技等为代表的新技术正在孕育突破，带动高新技术产业、装备制造业、现代服务业发展速度明显加快，同时新一代信息技术与传统产业的深度融合催生了新的生产方式、产业形态、商业模式和经济增长点，带来个人收入和个人消费的双重扩张，形成新的经济增长动能。二是现代产业新体系为新旧动能有序转换优化了资源要素配置。通常情况下，制造业和服务业的平均劳动生产率分别为农业的5—6倍和4—5倍，随着山东步入以服务业占主导的产业发展新阶段，将推动土地、资本、劳动力等生产要素从生产率较低的农业部门向生产率较高的制造业和服务业部门转移，从而提高全社会劳动生产率和全要素生产率。通过工业机器人和信息化的广泛普及应用，将大幅度提高全社会生产效率，为经济发展注入新的动力。三是现代产业新体系为新旧动能有序转换开拓了新的空间。构建现代产业新体系不仅包括产业结构演进，还包括产业功能升级、产业布局优化、产业空间转移、产城融合发展等。通过推动产业向中西部地区转移和产城融合发展，将进一步缩小地区差距、城乡差距和降低市场壁垒，在转移人口市民化进程中提升市场潜力和消费需求，并继续创造基础设施和住宅等投资需求，形成拉动经济增长的新动力。产业

是经济增长的动力之源，要以推进供给侧结构性改革为主线，加快构建现代产业新体系，促进实体经济蓬勃发展，加快新旧动能平稳接续转换。

需要强调的是，构建现代产业新体系和新旧动能有序转换是一个长期性、系统性的工程。当前，山东新兴产业和新动能发展较快，但体量较小，占比较低，对经济平稳增长的支撑带动作用还不够强。新旧动能长期并存将是经济新常态的一个重要特征，旧动能在相当长的一段时间内仍将是经济增长的重要动力源，传统产业也将是构建现代产业新体系的主战场。要在积极培育发展新动能的同时，充分发挥传统比较优势，运用新技术新模式新业态改造提升传统动能，使旧动能焕发新活力，为培育壮大新动能创造条件、赢得时间，实现新旧动能的有序转换、平稳接续。

第二节 现代产业新体系的特征和定位

构建现代产业新体系必须按照高质量发展的要求，结合山东产业发展实际，以提高供给体系质量和效率作为主攻方向，把发展经济的着力点放在实体经济上，推动实体经济与科技创新、现代金融、人力资源的协同发展，加快建设现代产业新体系，为加快新旧动能转换提供强力支撑。要抢抓机遇，顺应新一轮产业变革蓬勃兴起、产业格局快速调整的趋势，勇于承受阵痛甚至是剧痛，爬坡过坎、闯险过关；同时也要坚定信心，立足现有产业基础，在继承中提升，在扬弃中纳新，发挥比较优势，补齐发展“短板”，走出一条富有山东特色的产业发展之路。

（一）现代产业新体系的定义

所谓现代产业新体系，是由生产、经营、市场、科技、教育、服务等诸多方面相互作用和相互依赖的，具有提升产业地位、增强产业竞争力、促进产业经济发展和推动产业现代化进程功能的有机整体。现代产业新体系的内涵应从以下三个方面理解：

一是现代产业新体系是一个可持续发展、循环的产业体系。传统的产业体系遵循的是“资源—生产—消费—废弃物排放”的单向线性过程，而循环的产业体系则要求最大限度地将废弃物转化为商品，从而提高资源的利用率，缓解经济高速增长和原材料、能源供给不足之间的矛盾。如废弃旧厂房、农舍、矿山可以简单装修变成特色文化创意产业园区；不成材的桃树枝干经过工艺师之手变成附加值高的桃木雕；带有涂彩的一小块柏林墙皮可被包装起来作为特色旅游纪念品，等等。

二是产业边界的模糊与产业间的融合是现代产业新体系的根本特征。信息业、知识业等作为新兴的产业部门，是以提高人的工作效率和人的工作能力为主，尽管其生产过程大多是无形的，但对整个现代产业新体系的构建与发展来说，却起着决定性的作用。这也就是我们常说的：内容为王。

三是现代产业新体系是一个开放的、动态的创新型产业体系。在经济全球化背景下，我国已融入全球生产体系，参与国际技术贸易。在知识经济的背景下，创新是一个企业、国家竞争优势的来源。这个以创新为竞争优势来源的现代产业新体系，不是一个封闭的系统，应该具有国际维度，而且也不是一成不变的，而是一个随着技术进步、社会环境变化而不断变化的体系。

（二）山东构建的现代产业新体系应具备的特征

按照新发展理念的要求，“十三五”甚至更长一个时期，山东要构建的现代产业新体系，应具备以下显著特征：

一是创新驱动主导。创新人才集聚，创新成果大量涌现，核心关键技术获得突破，在更多创新领域由跟跑转向并跑领跑；区域创新能力位次前移，新产品新业态新模式加速成长，产业发展的新动能持续增强，科技贡献率和劳动生产率大幅提升。

二是结构布局合理。产业迈向中高端水平，产能向优势行业、优势区域集中，跨界融合加深、行业协作紧密；第三产业、最终产品、绿色环保产品、有记录可追溯产品的占比明显提高；形成经济增量以新经济为主、工业以先进制造业为主、三产以现代服务业为主“三个为主”的格局，建立起以现代农业为基础、先进制造业为支柱、战略性新兴产业为引领、服务业为主导的产业体系。

三是市场竞争力强。供给体系效率提高，供需衔接紧密，产品和服务质量优良，有较高的知名度和美誉度，造就一批代表山东、享誉国内外的领军企业、拳头产品和知名品牌。

四是绿色低碳安全。能源资源利用效率大幅提高，污染物排放量明显降低，安全生产状况根本好转，逐步实现绿色发展、安全发展。

（三）山东现代产业新体系的产业发展定位

现代产业新体系涵盖了新兴产业和传统产业，一二三产业中分别有各自不同的分类，行业间相互融合渗透，互为影响促进。比如，新兴产业中既包含新一代信息技术、高端装备制造、新能源新材料等工业行业，更有现代高效农业、精品旅游、现代金融等农业和服务业的行业。为了清晰梳理产业发展定位和主攻方向，主要按照一二三产业对山东要构建的现代产业新体系进行分类。

一是集中打造先进制造业。大力发展新一代信息技术、高端装备制造、新能源新材料、现代海洋等新兴产业，巩固提升高端化工、纺织服装、医药等传统产业竞争实力，形成一批具有全国乃至全球影响力的高端产业带和领军企业群。

二是全面繁荣发展服务业。重点培育医养健康、文化创意、精品旅游、现代金融等现代服务业，优化提升批发零售、餐饮服务、房地产、农村服务业等传统服务业，进一步拓展服务业发展空间，推进服务业与其他产业融合发展。

三是巩固提升现代高效农业。加快构建粮经饲统筹、种养加一体、农牧渔结合、一二三产业融合发展的现代农业产业体系，要素集约化、技术标准化、服务专业化的现代农业生产体系，以及规模适度、链条完整、品牌引领、互联互通的现代农业经营体系，巩固提升农业生产、加工、贸易大省的优势地位，推进现代农业强省建设。

第三节 集中打造先进制造业

习近平总书记强调，我国是个大国，必须发展实体经济，不断推进工业现代化、提高制造业水平，不能“脱实向虚”。发展实体经济，重点在制造业，难点也在制造业。制造业是今后一个时期经济转型升级的主要战场，是提高区域竞争能力的主要载体，是山东构建现代产业新体系、加快推动新旧动能转换的关键领域。

众所周知，山东制造业门类齐全，多年来传统产业比较优势突出。2016年，山东轻工、纺织服装、机械、化工、冶金、建材、医药等七大传统产业拥有规模以上企业36186家，实现主营业务收入12.8万亿元，利润7639亿元，分别占规模以上工业的85.3%和88.4%。其中，化工、建材、医药3个行业主营业务收入分别达到2.98万亿元、6588亿元和4608亿元，均居全国首位；轻工、机械、纺织3个行业分别达到3.37万亿元、2.78万亿元和1.3万亿元，均居全国第二位；冶金行业达到1.25万亿元，居全国第三位。110种中重点产品产量居全国前三位，其中46种产品居第一位。但同时，传统产业布局分散、集聚度低、中低端产品多、高附加值产品少的问题比较突出，在产业升级上与南方先进省市相比已经慢慢落伍了。随着山东由高速增长阶段步入高质量发展阶段，制造业大规模扩张的阶段基本结束了，未来产业发展主要不是靠规模扩张，而是产业价值链和产品附加值的提升。这就要求我们要大力培植发展新一代信息技术、高端装备制造、新能源新材料、现代海洋等技术含量高、资源消耗少、经济效益好、发展潜力大的制造业新兴产业，改造提升高端化工、造纸、轮胎、纺织服装等传统优势产业，进一步增强先进制造业的创新力和竞争力。

（一）新一代信息技术产业

新一代信息技术产业是处于核心地位的关键产业，是当前全球创新最活跃、带动性最强、渗透性最广的领域。其不仅自身发展成为当前一个具有前沿性、引领性、广阔市场空间的新兴产业，还是支撑未来制造模式转变、带动产业格局深刻变革的核心，是构建现代产业新体系的重中之重。山东是全国信息技术产业大省，位居全国第三，服务器、平板电视、蓝牙耳机、ERP（企业资源计划管理）软件等一批特色产品，在国内具有较高的市场占有率。比如，浪潮集团保持国产服务器国内市场占有率第一，高密度整机柜服务器在百度和阿里巴巴得到大范围应用；潍坊歌尔声学在电声器件、VR（虚拟现实）领域等产品市场占有率居全球前列，已成为Facebook（脸书）与Sony（索尼）虚拟现实产品全球独家ODM（原始设计商）企业；中创软件连续十年荣获“中国十大创新软件企业”称号，是国内基础软件领域唯一的中间件骨干企业。但是山东信息技术产业的影响力、带动力还不够强，信息技术产业仅占全国信息技术产业的7.2%，远低于广东（25.1%）、江苏（21.3%）占全国的比重，在全省工业规模中的比重偏低（9.2%），贡献偏弱，产业地位不够突出。自主研发水平不高，据工信部统计，山东信息技术领域专利位居全国第五，在广东、北京、江苏、浙江之后，而信息技术产业领域的专利申请量不及广东的1/4和江苏的1/2，知识产权的数量和质量与先进省份相比有较大差距。产业多处于价值链中低端，80%以上的信息技术企业从事代工制造和组装加工贸易，产品附加值相对较低，处于产业链高端的大规模平板和集成电路制造项目，山东基本是空白。集成电路产量仅占全国的0.57%，相当于江苏的1.71%、广东的2.69%、上海的3.03%、甘肃的5.35%，排在全国第9位，与山东信息产业大省和信息消费大省的地位很不相称。

下一步，应当积极布局下一代通信网络、物联网、云计算等新一代新兴产业，通过新一代信息产业的发展推动新一代信息技术在农业、制造业和服务业中的应用，促进信息在不同产业领域的快速传递和共享，促进产业间的分工协作和融合创新。培育前沿信息产业。积极发展人工智能，推动类脑研究，加快计算机视听觉、生物特征识别、新型人机交互、微机电系统、智能决策控制等应用技术研发和产业化。加快发展量子通信测量计算等产业，争取在济南设立国家量子技术标准化委员会，开展量子通信网络基础设施共享服务平台、量子通信标准和安全性、核心关键器件等技术攻关。大力发展虚拟现实、增强现实产业，加强关键核心器件研发，丰富内容创作，支持多领域应用。积极突破先进驾驶辅助系统和无人驾驶技术。做强核心基础产业。提升发展高端计算机设备，推进具有自主知识产权的大型服务器、海量存储等云计算基础设备、终端设备产业化，巩固山东高端服务器产业领先地位。突破发展高性能集成电路产业，着力攻关核心通用芯片技术，争取将山东纳入全国集成电路产业战略布局。壮大发展新型显示产业，重点发展模组、智能可穿戴、显示终端和激光投影，加强有机发光二极管、低温多晶硅、电子元器件等核心和关键技术研发。吸引国（境）内外大企业来鲁建设集成电路研发中心和生产线、高世代液晶面板生产线。创新发展家电、电力、汽车、能源、医疗等多领域多用途电子产品。构建自主可控高端软件体系。强化“软件定义”，在基础支撑软件、面向新一代信息网络的高端软件、工业软件及服务、信息安全软件、大型行业软件、数据处理与服务等领域，突破并掌握云操作系统、数据库等关键共性技术，支撑新业态新模式发展，提高信息安全和网络安全保障能力，逐步实现关键领域、重点行业软件系统国产化。加强消化吸收再创新，支持开源软件发展。大力发展工业互联网。实施工业互联网创新发展战略和智能制造工程，支持企业加快数字化、网络化、智能化改造，集中力量攻克关键技术装备，实施智能制造“1+N”带动提升行动，培育智能制造生态体系。探索创新网络化协同、个性化定制、在线增值服务、分享制造等“互联网+先进制造业”新模式，打造网络、平台、安全三大体系。支持青岛创建国家工业云制造创新中心。拓展融合创新应用。突破大数据核心技术，加快构建自主可控的大数据产业链、价值链和生态系统。深入实施“互联网+”行动计划，推进大数据在政务、农业、商贸、物流、民政、教育、医疗、交通、旅游、质监、警务、就业及社会保障等生产生活领域的综合应用，推动技术融合、业务融合、数据融合，打造高水平公共服务平台，构建完善云计算产业链，形成一批大数据产业基地和产业集群，支持济南、青岛等有较好条件的市创建大数据综合试验区，支持济南建设国家云计算装备产业创新中心。加快发展物联网，重点突破智能传感器及节点、高端集成以及网络通信、云安全等关键技术，形成具有自主知识产权的物联网系列产品。积极发展地理信息产业，建设国家北斗导航数据山东分中心、国家高分数据与应用中心山东分中心，推进各领域北斗应用示范。

（二）高端装备制造产业

当前，随着信息网络技术的广泛应用，可以实时感知、采集、监控生产过程中产生的大量数据，促进生产过程的无缝衔接和企业间的协同制造，实现生产系统的智能分析和决策优化，使智能制造、网络制造、柔性制造成为生产方式变革的方向，制造业网络化、数字化正成为一种大趋势。比如，德国正在实施的"工业4.0"计划，核心是积极发展智能生产技术和智能生产模式，通过"物联网"和"务（服务）联网"，把产品、机器、资源、人有机联系在一起，推动各环节数据共享，实现产品全生命周期和全制造流程的数字化。根据国务院《关于加快培育和发展战略性新兴产业的决定》，作为战略新兴产业之一的高端装备制造业，主要包括航空装备、卫星及应用、轨道交通装备、海洋工程装备以及智能制造装备五个领域。山东是装备制造业大省，除卫星及应用装备有待突破外，其他四个领域基本都形成了规模化生产能力，已构建起门类比较齐全、规模较大、技术水平较高的高端装备产业体系。从装备工业在全国位次来看，山东居第3位，占全国的11.3%，其中高端装备营业收入占全国的14.4%。青岛四方的高速动车组约占全国60%，城轨地铁约占全国25%；烟台台海玛努尔核电公司成为国内唯一一个能够同时生产二代半、三代核电主管道的企业；为众多国际轮胎巨头提供模具的豪迈集团，国际市场占有率从2013年的8%跃升至20%以上，从国内第一成为世界第一。虽然高端装备制造业已形成了一定的规模，部分领域也具有一定优势，但高端装备产品中处于同行业领先水平和达到国际先进水平的产品比重偏低，多数为中低档产品，特别是高精密、智能化、高端大型重型成套装备较少。以被称为"工业母机"的机床行业为例，山东数控化率只有22.8%，比全国平均水平低8个百分点，比辽宁低30个百分点，为中高档数控机床配套的关键功能部件70%需要进口，高档传感器市场基本被国外产品垄断；大型工程机械所需30Mpa以上液压件基本全部进口，大型装载机进口部件占整机价值的50%—60%；重大技术装备用仪器仪表严重依赖进口，对外依存度达到40%，其中高端产品对外依存度超过70%；风电设备的主轴轴承、变速箱轴承和电机轴承基本靠进口。

下一步，山东必须加快适应高端装备制造业发展新趋势，充分发挥现有产业基础优势，加快推动高端装备创新发展，突破关键技术与核心部件，提升综合集成水平，提高在产业链中的定价权和发言权，打造国内一流的制造业创新中心和高端装备制造基地。完善智能制造产业体系。重点发展高精度、高可靠性中高端工业机器人，突破高精度减速器、高性能控制器、伺服电机、精密测量、高端液压元件等核心零部件和关键应用软件，推进高档数控机床、智能加工中心研发与产业化。建设具有自主知识产权的自动化生产线、数字化车间、智能化工厂。积极发展医疗健康、家庭服务、教育娱乐等服务机器人和特种机器人。大力发展增材制造、绿色制造、微纳制造、再制造等先进技术和工艺，提升现代计量综合测试水平。强化轨道交通装备领先地位。依托国家高速列车技术创新中心，重点发展高速动车组、高档客运列车、城市地铁、快速重载货车，配套发展轻量化车体、车轮、轮轴轴承、高性能转向架、传动齿轮箱、发动机、牵引制动系统、通信信号装备等关键零部件及运营管理系统。规划论证建设时速600公里高速磁悬浮试验线、时速350公里以上高速轮轨试验线，建设具有全球影响力的轨道交通装备研发制造和集成服务基地。加快新能源及配套体系发展。加快推动电动汽车系统集成技术创新与应用，重点发展纯电动、插电式混合动力、氢燃料电池以及LNG等清洁能源汽车，突破动力电池、关键总成、驱动电机系统、电控系统、智能网联汽车系统等关键零部件研制，大力发展节能环保型发动机、大排量发动机、高效电机、自动变速器、关键液压件、精密减速器等动力装备。支持济南、青岛、烟台等市打造新能源汽车、客车、房车产业化基地，积极争取国家支持在山东布局外商独资新能源汽车企业。探索新能源汽车分时租赁、储能电池充换电、分布式能源等新模式。推动通用航空装备突破发展。重点发展飞机总装、部装及机载设备、航空发动机、航空铝型材、芳纶蜂窝材料、钛金紧固件、航电设备等关键部件，大力发展市场需求大的民用直升机、多用途飞机、特种飞机和工业级无人机，加快通用飞机重大制造项目建设，支持青岛等有条件的市建设国家通用航空产业综合示范区。促进石油工程装备转型升级。加快石油工程装备技术创新，促进总装及配套产业协调发展，重点发展超深井钻机、压裂设备、大型压缩机，加快输变电设备、石油管线等配套设备升级，加快油气工业环保、非常规油气开采、高精尖炼化仪表等高端产品研发和产业化进程，建设国家石油石化装备制造基地。

（三）新能源新材料产业

新能源新材料产业在新兴产业中具有基础性、先导性和战略性作用。新能源产业是指在新技术基础上开发利用的非常规能源，包括风能、太阳能、海洋能、地热能、生物质能、核电、天然气水合物等。目前，长三角地区集中了全国60%的光伏企业、20%以上的风电装备制造企业；西北地区凭借丰富的太阳能和风电资源，集聚了全国90%以上的风电项目和太阳能光伏发电项目。而山东是典型的能耗大省，能耗总量、主要污染物排放总量均居全国前列，能源消耗占全国的9%，其中煤炭消费量占全国的10.6%；电力供应机构不合理，火力发电占82.3%，高于全国平均水平20.1个百分点，受落地成本影响，省外来电不确定因素增加，电力供应不足。新材料是未来重要的基础性产业，也是新能源、节能环保、新一代信息技术、生物、高端装备制造、新能源汽车六大新兴产业发展壮大的先导与前提条件，是“基础的基础”。目前，长三角地区是我国新材料产业基地数量最多的地区。山东新材料产业大部分以中间体为主，下游产品开发不足，产品种类少，有的产品尽管已实现了产业化，但尚未形成产业优势。比如，山东碳纤维虽在国内具有技术优势，但下游应用产品较少，还没形成规模优势；石墨烯产品基本处于同一档次，同质化问题突出；在对位芳纶、新型半导体材料等领域，山东尚处于产业化核心技术攻关阶段，且只有一到两家龙头企业，对整个产业链的影响带动作用较弱。

下一步，主要是突出新能源新材料基础性、先导性、战略性作用，大力发展可再生能源，推动新材料融入高端制造供应链，建设具有国内尖端水平和全球影响力的新能源、新材料研发、检验检测中心和产业发展高地。大力发展清洁能源。推动能源生产与消费革命，实施能源开发清洁替代和能源消费电能替代，提高电能在终端能源消费中的比重。重点突破风能光能互补、先进燃料电池、高效储能与海洋能发电等新能源电力技术瓶颈，综合推广利用氢能源，加快济南新旧动能转换先行区中国氢谷建设，打造氢能源综合利用示范区。加快发展生物质供气供热、生物质与燃煤耦合发电、地热能供热、空气能供热、生物液体燃料、海洋能供热制冷等，推进新能源多产品联产联供技术产业化、规模化发展。做优做强新能源装备。重点发展大功率风机、海上风电机组、中高温高效太阳能集热、光伏系统集成等装备产品及关键模块，智能输变电设备、高压超高压成套设备、高速铁路变压器等智能电网及配套设备，提高本土化配套率。重点发展百万千瓦级及以上第三代、四代核电装备研发制造，打造世界一流的核电装备产业集群和核技术自主创新集成基地。超前布局前沿新材料。大力开发智能材料、胶体材料、仿生材料、纳米材料、新型超导材料和生物基材料等，加快形成一批具有广泛带动性的创新成果。推进石墨烯特色资源高质化利用，加强专用工艺和技术研发，打造济南、青岛、潍坊、济宁、威海、菏泽等石墨烯研发生产基地。突破钛合金、高强度合金钢、高温合金、耐高温高强度工程塑料等增材制造专用材料。发展光电子材料，建设具有较强核心竞争力的碳化硅、铌酸锂半导体产业和光电子产业基地。加快发展基础优势材料。做大做强氟硅材料、新型聚氨酯、特种橡胶、功能塑料、合成树脂等先进高分子材料。大力发展新型陶瓷、特种玻璃等无机非金属材料。培育壮大碳纤维、氨纶芳纶、玄武岩纤维等高性能纤维及复合材料产业。深化国家碳纤维生产基地建设，实现碳纤维材料高端化、低成本化发展。实施铝产业转型升级工程，推进烟台、滨州、聊城铝精深加工新型工业化产业示范。

（四）现代海洋产业

纵观国内外发展形势，海洋在国际政治经济格局和我国战略全局中的作用将更加突显。党的十八大提出了建设海洋强国的目标，十八届五中全会围绕实施海洋强国战略提出要拓展蓝色经济空间，随着“海上丝绸之路”建设加快推进，海洋强国战略的重点和方向更加明确。山东海洋资源丰富，海岸线占全国1/6，海洋生产总值居全国第2位，海洋科技人才占全国1/3以上，拥有青岛海洋科学技术国家实验室等一批国家级重大创新平台，青岛西海岸新区是全国第九个国家级新区（经济总量在全国19个新区中位居第4位，仅次于天津滨海、上海浦东、大连金普），发展海洋经济的条件得天独厚，责任义不容辞。同时，山东海洋经济传统粗放的开发模式尚未得到彻底转变，海洋经济发展布局不够合理，部分海洋行业产能过剩和高技术产业发展不足并存；海洋科技创新资源整合力度不够，集成优势没有得到充分发挥，成果转化率不高，特别是近年来沿海省份海洋经济发展势头迅猛，对山东海洋人才、技术等抽离效应有所显现，等等。

下一步，我们要做好海洋强省建设这篇大文章，引领全球海洋科学新突破和海洋产业新方向，加强海洋生态环境保护，把山东建成具有国际先进水平的海洋经济改革发展示范区。巩固提升海洋优势产业。推进海洋装备自主化、高端化，发展大型高端深海钻井装备关键技术，提高海洋油气资源勘探和开发大型装备设计制造能力。发展冷藏集装箱船、邮轮游艇、高端远洋渔船等高技术船舶，支持青岛、烟台、威海建设国家海洋工程装备及高技术船舶创新中心，东营建设高端海洋石油装备创新中心，青岛、潍坊建设绿色大功率船用发动机生产基地。高水平建设“海上粮仓”、国家海洋牧场示范区。突破育种关键技术，培育海水增养殖优质品种和繁育健康苗种。支持东营、滨州、潍坊、烟台建设黄河三角洲国家生态渔业基地。加快发展海洋高技术产业。实施“智慧海洋”“透明海洋”工程，加快建设海洋牧场观测网，积极发展深海环境监测探测、海洋卫星遥感等新型技术，建设国家海洋设备质检中心。推动海洋生物医药和生物制品发展，突破活性物质创新药物、海藻类海洋化学药物、海洋功能性食品与化妆品等技术研发，打造青岛、烟台、威海、潍坊海洋生物产业集群。大力发展海水源热泵技术、温差发电技术，推进可燃冰开采、储运、应用技术研发和产业化，建设全国性海洋新能源产业基地。支持威海国家级浅海海上综合试验场、青岛海上试验场建设。积极开发海水淡化、海水直接利用和海水综合利用的关键新材料、新工艺、新技术和新装备。壮大发展海洋服务业。积极发展远洋远航，推进水陆联运、河海联运，建设区域性水产品交易中心和冷链物流中心。大力发展航运保险、船舶和航运经纪、船舶管理、海事仲裁、海事审计与资产评估及其衍生业态。支持发展涉海金融、融资租赁、商务服务和海洋文化产业。加快海洋咨询与论证机构建设，提高海洋工程环境影响评价、海域使用论证、海洋工程勘察等服务水平。

（五）高端化工产业

当前，炼化一体化在合理灵活利用石油资源，提高投资收益，降低运行成本，提升核心竞争力方面优势明显，大多数国家把其作为能源战略的重要组成部分。比如，美国的埃克森美孚公司是世界最大的上下游一体化跨国公司之一，是世界最大的炼油公司和苯、对二甲苯、丁基聚合物生产商，世界第二大烯烃、聚乙烯、石油添加剂生产商。其原油加工能力达2.8亿吨/年，乙烯生产能力835万吨/年，炼化一体化配套建设的乙烯生产能力约540万吨/年，约占其乙烯生产总能力的65%。该公司遍布全球的上游业务，为其分布在各地的乙烯装置提供了较为丰富的气体原料资源，其化工原料优化余地大。通过联合、兼并、重组及区域优化，该公司80%以上的炼油装置实现了与化学品或润滑油的一体化，90%以上的化工能力实现与炼油装置或上游气体加工装置相邻和一体化。山东是全球第三大炼化产业功能区，产能2.1亿吨，仅次于美国休斯敦（2.9亿吨）和日本东海岸（2.2亿吨），其中地炼产能1.3亿吨，高达全国的70%；但汽柴油、石脑油等初加工产品占比80%以上，下游高端石化产品严重短缺（乙烯50%

依赖进口，芳烃57%依赖进口）。同时，产业布局分散，全省各地市化工产业“遍地点火”，绿色生产、安全生产压力较大，2011年至2016年，山东化工和危化品较大事故起数和死亡人数占全国的比例都比较高，全国发生化工和危化品重大事故中山东占将近70%。

下一步，必须以基地化、链条化、智能化为方向，坚持创新、安全、环保、质效联动发展，加快优化产业布局和产品结构，建设高端化工产业强省。提升集约集聚发展水平。发挥产业基础和资源区位优势，巩固提升山东在国家化工产业战略布局中的地位。在东营、烟台、滨州、潍坊布局建设芳烃、乙烯等一批重大项目，建成国内领先、世界一流的高端石化产业基地。培育淄博、菏泽两大千亿级精深加工产业集群。依托济宁、枣庄、菏泽、泰安、临沂等煤化工产业园，打造鲁南国家级煤化工产业示范基地。依托潍坊、烟台、东营、泰安、滨州、菏泽等盐化工产业园，适度发展食品级、电子级盐化工，打造高端盐化工产业基地。完善化工园区产业升级与退出机制，全面推动散、乱、危、小化工企业进园入区，力争到2022年进园入区比例达到40%左右。利用清洁生产、智能控制等先进技术改造提升现有生产装置，降低消耗，减少排放，提高产品质量和综合效益。加快炼化一体化步伐。坚持基础产业优化整合，加快向下游延伸，推动地炼产业由“一油独大”向“油化并举”转变。引导企业科学规划多元化技术生产路线，提高基础原料供应能力。整合提升地方炼化企业加工能力，支持骨干炼化企业构建循环产业链，开发生产石油炼化下游产品。加强石化产业产能和技术国际合作交流，打造面向世界的产业平台。延伸拓宽产业链条。重点在特种橡胶、特种纤维、特种工程塑料、前沿新材料、高性能复合材料等领域，打造一批特色产业链。提升为电子信息及新能源产业配套的电子化学品工艺技术水平。发展用于水处理、传统工艺改造以及新能源用功能性膜材料。开发新型生物基增塑剂和可降解高分子材料。

（六）造纸产业

山东在造纸领域传统竞争优势明显，纸及纸板产量、效益已连续20余年位居全国第一。山东造纸以文化纸及大宗高附加值产品为主，生产技术、管理水平、装备水平、生产效率、规模效益国内领先，某些纸种在国际上也具有一定优势。如，新闻纸、文化用纸、铜版纸、涂布白纸板等大宗产品的规模效益在国内外均具有优势。特别是新闻纸，主要以废纸为原料利用现代化装备生产，成本优势尤其明显。从2003年及2007年起，山东执行严于全国的地方污染物排放标准和浆纸能耗限额指标，积极推行清洁生产，加大节能减排投入与技术升级，重点龙头企业排污负荷与能耗指标达到世界领先水平。骨干企业规模不断扩大，支撑作用明显，产业集中度逐年提高。晨鸣、华泰、太阳等大型企业已进入世界造纸前50强。2016年，太阳纸业与美国阿肯色州签订了“太阳纸业拟在美国阿肯色州投资建设产能70万吨/年的生物精炼项目”的投资合作备忘录，项目总投资10亿—13亿美元，标志着太阳纸业70万吨/年生物精炼项目正式落地美国阿肯色州，也是中国民企赴美最大的制造业绿地投资项目。可以说，造纸是当前山东较为典型的传统优势产业，具有较强的创新研发能力，市场份额、节能减排、产业集中度等均居国内前列，同时也存在产业同质化竞争、下游产业链延续等问题。

从长远看，随着经济不断发展和人民生活水平的提高，我国仍将是纸张消费的大市场，人均年消费纸张将以3%—4%的速度增长。下一步，造纸产业的发展需要把精力放在结构调整和产业升级上来，以市场为导向，加快培育新的竞争优势。在有条件的国家和地区整合木浆原料资源，加快发展地产秸秆清洁生产制浆。研发置换蒸煮、生物酶促制浆、高得率制浆、中水回用等清洁节能制浆技术，提升高强度、功能化、环保型、高附加值造纸技术。控制一般产品产能规模，开发和增加高得率浆和再生纤维原料造纸产品，大力发展专用信笺、特种笔记本、精美包装、艺术壁纸和中高档办公用纸、产业用纸等高附加值产品。适应纸消费市场变化，转变创新营销理念，发展自主品牌行销和品牌网络营销。探索建立适合国情省情的废纸回收体系，完善政策措施，促进再生纤维回收利用。

（七）轮胎产业

山东是国内最大的轮胎生产省份，轮胎企业数量、产量、销售收入、利税、出口量连续10余年居国内首位，占据全国轮胎产量的“半壁江山”。主要产品品种是全钢子午胎、半钢子午胎、工程子午胎、巨胎、农业子午胎、军用特种轮胎和斜交轮胎等，产品质量居国内领先水平，少数高端品种达到国际先进水平。全钢子午胎方面，三角、玲珑、赛轮集团（金宇）、双星已成为中国一汽、济南重汽的主要配套厂家。全钢工程子午胎方面，三角已经为卡特彼勒、特雷克斯、沃尔沃等多家世界知名工程机械制造商提供配套。半钢子午胎方面，三角是国内首家为上海通用别克系列汽车配套的内资企业，玲珑的UHP轮胎已经进入了通用、福特、巴西现代、俄罗斯雷诺日产、塔塔等世界一流汽车厂的全球采购体系，玲珑GREENMAX产品（GREENMAX是花纹代码，这一产品系列共有45个规格）在芬兰国际轮胎评测中，综合得分与米其林、邓禄普并列。轮胎子午化率由2008年的62%上升到2016年的91%，并且高性能、低断面、超低断面、高速度级别的半钢子午胎以及无内胎全钢子午胎比例明显提高。自2007年起，山东制定并执行严于国家的地方轮胎单位产品能耗限额标准，骨干企业全钢子午胎和半钢子午胎能耗水平只相当于国家限额标准的60%左右，居国内领先水平。目前来看，在世界轮胎产业体系中，山东轮胎企业的规模一直在第二集团徘徊，冲击到前十位有一定的难度。轮胎企业盲目扩张现象得到抑制，但轮胎结构性产能过剩的情况依然较为严重，高端产品、特色产品稀缺，中低端产品比重较大，产品同质化、企业趋同化情况较为突出。

据国际橡胶研究组织（IRSG）预测，未来10年全球市场对轮胎的需求将呈现强劲增长态势，其中大部分的需求将来自中国和印度。另据美国弗里多尼亚集团（Freedonia Group）预测，未来3年全球范围的轮胎销量每年将增长4.3%，销售额每年的增长率预计为8%，市场潜力巨大。下一步，要在优化产品结构、提升品牌价值上下功夫，巩固提升轮胎产业传统优势地位，提升产业链附加值。参照国际先进标准以及欧美等国轮胎标签法规，制发实施山东轮胎产品的能效、环保、安全强制性标准，提高全钢和半钢子午线轮胎质量水平。提高工程子午线轮胎产品质量稳定性，积极发展高性能、长寿命巨型工程子午胎。加强研发设计，开发生产农业轮胎，以及安全、节能、高速高里程和智能轮胎。发展新型合成橡胶、骨架材料、橡胶助剂等配套原材。加强轮胎设计研究，开发先进生产、检测设备。规划建设轮胎试验场、橡胶材料研发、橡胶轮胎大宗商品交易等公共服务平台。品牌对轮胎的市场占有率和产品价格起决定性作用，品牌战略对山东轮胎产业转型升级至关重要，要更加注重产品质量提升、品牌宣传和企业形象建设，发展自有品牌，培育国际知名品牌，强化商标国际注册工作，着力提高山东轮胎品牌知名度和美誉度。建立轮胎回收网络，规范轮胎翻新，鼓励胶粉和再生橡胶的利用，开发推广再生橡胶生产、橡胶粉直接应用、再生橡胶尾气净化、废橡胶环保节能型热解等新技术、新工艺。

（八）纺织服装产业

纺织服装产业是山东传统支柱产业和重要的民生产业，是全省工业5个（化工、轻工、机械、纺织、冶金）过万亿行业之一，是保持当前经济平稳较快增长的重要力量。山东是全国重要的纺织服装大省，产业规模仅列江苏之后，居全国第二位。经过多年发展，山东纺织服装行业在各领域均涌现出一批标杆式企业。山东岱银集团引进国际先进水平的粗细络联系统，极大提高了企业生产效率和产品质量，节约了大量劳动用工，目前该系统在全球仅有两套成功运行。康平纳集团研制的国内首台筒子纱自动染色成套技术与装备项目，荣获了国家科技进步一等奖。红领集团创建以高端量身定制为主体的运营模式和具有自主知识产权的服装板型数据库系统，实现了服装生产大规模个性化定制，成为全国同行业两化融合的样板。产品销售市场广阔，产品出口遍及五大洲，内销市场特别是纱、布等初加工产品的销售市场主要集中于长三角、珠三角一带。同时，山东纺织服装产业结构以棉纺织初加工产品为主，与南方先进省市相比，精、深加工能力相对较弱，最终产品比例不高，企业间的关联度较低，分工协作和专业化程度不高，服装业与纺织业产值比例仅为0.27∶1，而广东为1.25∶1。服装产品销售以贴牌加工为主，有较强竞争力的知名品牌数量少。山东服装类的中国名牌只有12个，比名牌总数第一名的浙江省少31个，比名牌总数第三和第四名的江苏、广东分别少11个和2个。

纺织服装行业具有稳定的发展空间，随着消费水平提高和城镇化进程加快，城镇居民衣着消费额每年以10%左右的速度增长，户均年消费达到2200元。全国每年新增城镇人口1500万人，城镇居民的人均衣着类消费额相当于农村的5倍，城镇化将为纺织服装产品增加新的消费需求。同时随着国家“一带一路”战略的实施，将进一步开拓更加广阔的国际市场。下一步，重点是加快发展高档精梳、多种纤维混纺、色纺纱和差别化、功能化化纤混纺纱线，及交织、色织织物和功能性整理产品。加强超仿真、功能性、差别化纤维、新型生物质纤维的开发应用。加大印染高效短流程前处理技术、无水少水印染技术及功能性后整理技术的研发与推广力度。大力发展高支毛精纺面料、半精纺面料、高端系列化家纺等高附加值产品。拓展产业用纺织品在汽车船舶、建筑环保、卫生医疗等领域的应用。壮大提升一批服装产业链龙头企业，凝聚服装设计、面料研发、品牌营销等关联企业，建设特色服装产业集群。积极采用人体数码扫描技术和裁剪缝纫自动组合技术，大力发展工业化量身定制和高端定制。加强营销创新和供应链管理，探索网上销售等电子商务模式，提高市场消费快速应变能力。大力开展企业形象和品牌标识的策划与宣传，夯实自主知名服装品牌基础。

第四节 全面繁荣发展现代服务业

顺应制造业服务化、消费个性化多样化趋势，利用先进技术、科学管理模式，推动生产性服务业向专业化和价值链高端延伸，生活性服务业向精细和高品质转变，促进现代服务业加快扩大规模、拓展空间、优质高效发展。

（一）医养健康产业

医养健康产业以维护和促进人民群众身心健康为目标，覆盖生命全过程，涉及面广、产业链长，一头连着民生福祉，一头连着经济发展。大力发展医养健康产业，不仅是深化医改、改善民生、提升全民健康素质的必然要求，也是扩大内需、促进就业、转变经济发展方式的重要举措。到2014年年底，山东期望寿命超过77岁，比全国期望寿命高2.5岁；婴儿死亡率、5岁以下儿童死亡率、孕产妇死亡率分别为5.3‰、6.48‰、14.63/10万，提前6年实现了国家妇女儿童发展纲要2020年目标要求，山东主要健康指标居全国前列。医疗器械产业规模居全国第3位，涌现出一大批优秀企业和优势产品。如以血液净化设备、骨科材料等为拳头产品的山东威高集团，以消毒灭菌设备、X射线机为主的新华医疗集团，为全省人口健康信息平台建设提供云数据支撑服务的大型IT企业浪潮集团等。烟台宏远的高压氧舱供氧系统产品占全国同类产品90%以上的市场份额。同时，山东医养健康产业发展的思路尚未根本转变，重疾病轻健康、重治疗轻预防，整个医疗卫生服务业还没有转到大卫生、大健康的管理理念和发展模式上来。2014年年底，全省65岁以上人口占11.56%，其中患有慢性疾病的占81.39%，失能需长期护理的127.75万人。现有机构数量、从业人员和服务能力等还不能满足日益增长的社会需求，尤其是医养结合机构养老、居家护理以及高端养老服务机构建设滞后，一些新兴医养健康产业尚处在起步阶段，数字医疗、移动医疗等刚刚起步。

下一步，重点是深入实施“健康山东”战略，促进医疗、养老、养生、体育等多业态融合发展，打造全方位、全周期健康服务产业链，创建国家医养结合示范省。提升医药工业发展水平。加大创新药物研发攻关力度，积极开发新剂型和新产品，重点发展以原料药、化学创新药、化学仿制药和高端制剂为主的化学药，以疫苗与诊断试剂、海洋药物等为主的生物药。围绕家庭和个人医疗、保健、养老需求，发展数字化诊疗设备、健康监测装备、可穿戴医疗装备、医用机器人等新型医疗器械设备。支持医药企业向功能性食品、特殊医学用途配方食品、化妆品以及保健、预防等领域延伸。加强中药材种质资源保护利用，加快推动疗效确切、临床价值高的中药创新药的研发和产业化。加快威海国家医疗器械技术创新中心、国家制造业（高性能医疗器械）创新中心建设，支持青岛、烟台、威海建设海洋生物医药国家创新型产业集群，济南、青岛、潍坊、威海、临沂、枣庄建设国家中医药综合改革试验区。创新医养健康服务模式。大力发展基于互联网和人工智能的健康服务产业，支持商业应用程序开发，推进远程医疗、移动医疗和医药物流等第三方服务规范发展。提高健康医疗大数据开发利用水平，构建基于大数据的医疗决策支持系统，建设国家健康医疗大数据中心和济南国际医学科学中心。充分发挥山东半岛黄金海岸、鲁中南山区生态资源优势，推动健康医疗与教育、旅游、休闲、养生融合发展，创新中医药健康旅游产品。建设全省科学健身指导体系，倡导“运动处方”模式，开展慢性病运动干预。支持大型医药企业建设第三方检验中心、影像中心、透析中心，实现从提供产品向提供整体解决方案转变。鼓励有条件的医疗机构向养老、康复、养生服务延伸，支持社会力量开办医养结合机构，提供个性化、多层次医养服务产品，开展各类医养结合产业试验区、示范区和试点城市建设。鼓励中医院治未病中心建设，推动传统家政企业拓展健康养老服务新领域。创新医养健康发展环境。推进公立医院综合改革和分级诊疗制度改革，加强城乡医疗对口支援，加快全科医生培养和符合条件的医生多点执业。建立完善家庭医生签约服务健康制度，支持居家养老服务机构与周边社区卫生服务中心、乡镇卫生院、诊所等基层医疗机构深化合作，将医疗护理和康复等服务延伸至家庭，为特殊和老年群体提供日常护理、保健咨询等服务。

（二）文化创意产业

2013年，习近平总书记视察山东时指出：中华优秀传统文化是中华民族的突出优势，中华民族伟大复兴需要以中华文化发展繁荣为条件，必须大力弘扬中华优秀传统文化。山东是文化大省，文化产业已经渗透到群众衣食住行和经济社会活动的各个方面，发展潜力巨大。2016年，全省文化产业增加值达到2836.8亿元，比2012年增长86.6%，年均增长16.9%，高于全国年均增速2.7个百分点，比同期GDP现价年均增速高9.3个百分点。文化产业增加值占GDP的比重由2012年的3%提高到2016年的4.17%，年均提高0.29个百分点，比全国同期占比年均增幅高0.12个百分点。全省规模（限额）以上文化产业企业4378家，比2012年增长67.7%；规上文化企业实现营业收入9485.5亿元、营业利润561.3亿元。目前存在的主要问题是，基本文化消费供给过剩且质量不高，发展型文化消费供给不足，享受型文化消费供给质量标准与价格体系有待完善，山东教育文化娱乐消费仅占10%左右，经测算全省文化消费缺口达2600亿元。

文化产业是以知识和创意为主要资源的新兴产业，“互联网+”为文化产业的创新提供了便捷、低成本、多渠道的技术平台，“一带一路”建设也为文化产业跨地区融合及走向世界提供了新机遇。下一步，必须坚持社会主义先进文化前进方向，推进优秀传统文化创造性转化、创新性发展，完善文化生产经营机制，丰富新型文化业态，打造具有山东特色的现代文化产业体系，推动社会主义文化繁荣兴盛。推动传统文化传承创新发展。实施“互联网+齐鲁优秀传统文化”行动计划，延伸旅游演艺、修学度假、建筑博览、工业遗产等文化产业链条。加快建设曲阜优秀传统文化传承发展示范区，高水平举办国际孔子文化节、尼山世界文明论坛、世界儒学大会等一批具有国际影响力的历史文化活动，打响“孔子故乡·中国山东”品牌。规划建设大运河文化带（山东段），统筹推进“魅力长河”“美丽长河”“经济长河”“共享长河”建设，构筑彰显鲁风运河风采的文化生态经济长廊。加快推进齐文化传承创新示范区建设，传承墨子文化创新精神、鲁班文化工匠精神、董子文化人与自然和谐发展思想，挖掘始祖文化、北辛文化和大汶口文化、泰山文化、黄河文化、海洋文化、泉水文化、忠义文化等特色文化丰富内涵，提升优秀传统文化独特魅力和时代价值。大力弘扬沂蒙精神和红色文化，加强政德党性教育基地建设。优化文化产业结构布局。运用“文化+”“互联网+”和高新技术，改造提升出版发行、印刷复制、影视制作、工艺美术等传统文化产业，大力发展新兴文化业态，加快发展网络视听、移动媒体、数字出版、动漫游戏、创意设计等新兴产业。实施文化产业发展“金种子”计划，培育一批文化产业孵化器，孵化1000家以上小微文化企业，建设山东省文化产业创新实验园区。实施文化领军企业培育工程，支持山东影视制作有限公司、山东省互联网传媒集团有限公司、山东广电网络有限公司上市。推动文化创意和设计服务发展。支持济南、青岛、烟台、潍坊、威海等创建联合国教科文组织“创意城市”，支持济南、威海建设时尚服装创新创业国家平台、威海国家建筑设计创新平台，支持青岛承建中德工业设计中心，济南建设中美设计创新云服务平台，潍坊打造“中国画都”。围绕打造全国领先、世界水平的影视产业基地目标，形成较为完善的影视产业链条和具有相当规模的影视产业集群，支持济南、青岛开展国际合作、影视交易等试点，建设国家影视文化消费先行体验区和全球影视文化中心。实施版权交易体系建设推进工程，重点培育济南、青岛、潍坊、枣庄、临沂等国家级和省级版权中心（贸易基地）。办好山东文化惠民消费季，将山东文化产业博览交易会、中国非物质文化遗产博览会、国际文物保护装备博览会、青岛东亚版权创意精品展示交易会建设成为具有全国影响力的重要文化展会。强化文化产业发展支撑。推动文化科技深度融合发展，培育一批特色鲜明、创新能力强的文化科技企业，争创国家文化科技融合示范基地。推进国家文化科技创新工程，实施中国传统工艺振兴计划，引导支持骨干文化企业与科研单位组建技术创新战略联盟，建设一批文化科技创新平台和成果供需对接平台，建立产学研一体化和利益共享、风险共担机制。加强文化资源的数字化采集、保存和应用，建设“海岱云博”文物大数据云平台，实施全省馆藏珍贵文物精品、古籍数字化工程。整合财政专项资金等政府性可用资源及有关国有企业、社会资本，壮大省级文化产业投资平台，通过项目补助、融资贴息、资本金注入、奖励、基金、政府购买服务等方式，重点支持文化项目建设、文化产业发展公共平台建设和新型文化业态培育。按照“非禁即入”原则，实施负面清单管理，鼓励社会资本通过多种形式参与文化项目和园区建设。鼓励和支持骨干文化企业走出去，积极融入国际文化产业链。支持济南创建国家对外文化贸易基地。

(三)精品旅游产业

十八大以来的五年，是山东旅游业速度、质量、效益同步发展的五年。2017年，山东接待游客突破7亿人次，旅游消费突破8000亿元，年均分别增长9.7%和15.5%，旅游总消费相当于GDP的比重达到11.9%，占服务业增加值比重达到25.3%。2014年，山东确定了具有山东地方特色、可以转化成现实旅游产品的文化资源，进行了挖掘包装，策划了东方圣地、仙境海岸、平安泰山、泉城济南、齐国故都、鲁风运河、水浒故里、黄河入海、亲情沂蒙、鸢都龙城十大文化旅游目的地品牌。“恒大童世界”项目、丁字湾海上“威尼斯”项目、明水古城国际泉水度假区项目、绣源河文旅综合项目等28个文旅项目成功签约落地，签约总额1277.45亿元。烟台市梨花集文旅小镇、中国临沂蛟龙航空小镇等一批旅游项目开工建设，复华未来世界、北纬37°温泉悠养小镇、曲阜尼山圣境项目等一批在建旅游项目稳步推进，泰山天颐湖旅游度假区、东营孙子文化园、揽翠湖旅游度假区温泉中心等一批旅游项目实现开门营业。威海华夏文化旅游集团荣获第三届“中国旅游业突出贡献奖”。

下一步，重点是顺应大众旅游时代消费升级新趋势，扩大旅游产品供给，提升综合服务质量，推进旅游业多元化、全域化、国际化发展，打响“好客山东”品牌，打造全域旅游示范省和国际旅游度假目的地。构建全域旅游发展体系。坚持景观延续性、文化完整性、产业集聚性原则，统筹推进重要旅游城市和品牌景区协同发展，推出一批主题鲜明、独具魅力的特色旅游线路和产品，加快旅游业由传统景观模式向全域旅游模式转变。重点打造东方圣地、仙境海岸、平安泰山、泉城济南、齐国故都、鲁风运河、水浒故里、黄河入海、亲情沂蒙、鸢都龙城等十大文化旅游目的地品牌。加快重点旅游工程项目建设，推进A级景区优胜劣汰、提档升级，全面提高山东旅游美誉度与竞争力。丰富旅游新产品新业态。深入实施“旅游+”战略，推动旅游与工业、农业、生态、文化、教育、体育、医疗等产业融合渗透，加快旅游服务和产品创新，延伸提升旅游产业链、价值链。针对不同消费群体，大力培育低空飞行、水上运动、温泉滑雪、养生度假、自驾房车等中高端旅游产品，规范发展老年旅游、研学旅游、体育旅游、商务会展等各类专项旅游市场。创新旅游产业运营管理机制，加快大型旅游综合体、休闲度假区、中央游憩区、环城市游憩带建设，有序引进国内外主题游乐品牌，构建与国际接轨的旅游服务体系。发展海洋垂钓、人工鱼礁、海洋牧场项目，建设蓝色海洋旅游强省。支持各地深入挖掘民风民俗，开展具有浓郁地方特色、参与性强的旅游节庆活动。提升旅游公共服务质量。建设省市县三级全域旅游数据平台、全省旅游产业管理信息平台及大数据平台。推进旅游景区信息化建设，实现免费WiFi、信息推送、智能导游、在线预订等全覆盖，建设智慧全域旅游服务中心。支持八喜旅游网等一批“互联网+旅游”平台建设，打造全国知名的旅游电商品牌。畅通跨区域旅游通道，完善多样化出行方式，打通旅游交通“最后一公里”。加大高星级酒店、高端度假酒店、文化主题酒店、精品民宿建设力度，实施饭店业虚拟现实和人工智能改造提升工程。提高旅游集散中心、咨询中心等关键旅游配套设施标准化、人性化建设水平。持续推进旅游厕所革命。加强旅游市场监管和诚信体系建设，为人民群众提供安全放心、便捷优质的旅游消费环境。

（四）现代金融

近年来，山东金融改革发展取得积极成效，金融业作为国民经济支柱产业的作用日益明显，但仍然存在金融业总体实力不强、结构失衡、创新能力不足的问题，存在“脱实向虚”、企业融资难融资贵等问题，存在企业杠杆率较高、高利贷事件频发等风险问题。尤其是近期有的地方相继发生债务链、担保链危机和高利贷问题，给我们敲响了警钟，应给予高度重视。2015年，山东金融业增加值占GDP的比重近5%，低于全国平均水平3.5个百分点，比广东、江苏、浙江分别低2.1、2.6和2.1个百分点；2016年，山东证券市场境内上市公司只有173家，分别相当于广东、江苏、浙江的36.5%、54.6%和52.6%，据有关专家测算，山东上市公司家数、总市值、营业收入、净利润分别只占全国的5.6%、3.6%、3.6%和2.3%；不良贷款率为2.14%，高于全国平均水平0.17个百分点。

金融是现代经济的核心，经济强必须以金融强为条件。下一步，重点是把服务实体经济作为金融发展的出发点和落脚点，使更多金融资源高效配置到经济社会发展的重点领域和薄弱环节，全面提升服务效率和水平，构建现代化、普惠化、便利化的金融服务体系。拓宽直接融资渠道。把发展直接融资放在更加重要的位置，深入推进多层次资本市场体系建设。大力推动规模企业开展规范化公司制改制，支持符合条件的企业到沪深交易所、全国股转系统及境外资本市场上市挂牌。鼓励农村产权、海洋产权、能源环境、文化产权等交易场所建设，拓宽覆盖范围和交易品种。积极推动市场化、法治化债转股，鼓励和引导企业利用可转债、双创债等债务融资工具创新产品，支持企业赴境外发行人民币和外币债券。探索互联网私募股权融资平台建设路径。推动提升国有资产、基础设施、金融资产、企业资产等证券化率水平，将实体经济优势转化为资本竞争优势。做优金融支柱产业。发挥信贷融资重要渠道作用，保持信贷增速与经济增长合理匹配。推动银行业加快转变发展方式，招引一批内外资银行机构区域总部及业务总部，鼓励农商行、城商行、民营银行发展特色信贷业务。积极开拓农业保险、信用保证保险、商业健康养老保险等险种，推进知识产权保险等险种试点。推动保险投资从债权投资为主，向股权投资、股债结合等方式拓展。推动金融业务创新。加快完善金融市场、金融组织、金融产品和服务模式，更好满足实体经济和人民群众多样化的金融需求。鼓励利用互联网、大数据、人工智能等，进行金融业务流程改造和产品创新。积极发展养老金融、教育金融、文化金融、旅游金融、农村金融等新型金融服务。规范发展互联网金融、区块链、人工智能等领域的新型金融业态。支持小额贷款公司、典当、融资租赁、商业保理等金融组织创新、可持续发展。统筹发展介于现货与期货之间的大宗商品交易业务，打造具有全国影响力的交易场所。支持济南推进新旧动能转换金融创新发展试点，开展金融服务实体经济改革创新。支持烟台开展基金管理服务专项改革创新，青岛建设财富管理金融综合改革试验区。支持枣庄、临沂等市开展普惠金融改革创新，探索完善区域普惠金融服务体系。支持潍坊建设文化艺术金融综合试验区、德州举办京津冀鲁资本技术交易大会。防范化解金融风险。筑牢市场准入、早期干预和处置退出防线，积极稳妥推进去杠杆，探索建立地方性金融风险处置基金，完善地方风险救助体系。坚决打击非法集资、金融诈骗等金融违法犯罪活动，加大对失信惩戒和恶意逃废金融债权打击力度。完善金融监管机构与地方政府沟通协调机制，健全事中事后监管制度，提升跨行业、跨市场交叉性金融业务监管能力。

（五）房地产业

整合提升开发行业，做大做优物业行业，规范发展中介行业，不断提高产业的绿色化、智能化、精细化水平，不断提高产品的耐久期、舒适度、便利性，不断提高企业的规模化、专业化、品牌化程度。加快转变房地产供应和消费模式，由相对单一的居住型产品向多元化产品转变，积极发展跨界地产，努力消化库存商品房，大力盘活闲置住房。加快转变住房建造模式，推进建筑（住宅）产业现代化。发展节能环保型住宅，打造新型住宅产业链。推进住宅部品通用化、住宅施工装配化、土建装修一体化、技术应用集成化、住宅建设标准城乡一体化，加快信息技术推广应用，推动住宅建造和管理智能化。加快转变房地产企业发展模式，增强市场竞争力。以山东房地产开发50强、物业服务30强、中介服务10强企业为依托，加快培育知名企业、品牌企业，组建大型企业集团、住宅产业联盟。

（六）家政服务业

加大家政服务品牌培育力度，打造具有山东特色的“惠家服务”品牌，建立较为完善的家政服务业政策支撑体系，整合全省家政服务信息平台，实现省级信息平台与各类服务平台的有效对接，服务功能实现全面提升，力争城乡信息服务网络体系实现全覆盖。实施“金围裙”培训工程，加强就业培训提高就业与创业能力，建设公益性信息平台，健全各级家政服务平台供需对接、信息咨询、服务监督等功能，建设家政服务企业信用评价及从业人员追溯管理系统，建成功能完善、覆盖全省、全天候的信息服务网络体系。实施标准化建设工程，制定全省家政服务标准化建设规划和标准体系，深入推进家政服务业标准化试点建设。实施家政服务示范工程，积极开展家政服务业示范城市、示范企业、示范协会、示范公共服务平台、示范培训基地创建活动，逐步完善示范评价标准体系。实施权益保障工程，依法推进工资集体协商，切实维护经营者与劳动者的合法权益。

第五节　巩固提升现代高效农业

山东是农业大省，耕地面积占全国6%，粮食产量占全国8%，肉类占全国9%，水果占全国12%，蔬菜占全国13%，水产品占全国14%，花生占全国19%，农产品出口占全国24%，素有“全国农业看山东”之说。产业振兴是乡村振兴的物质基础，是打造乡村振兴齐鲁样板的重要任务。要紧紧围绕巩固提升现代高效农业，围绕农村一二三产业融合发展，深入推进农业供给侧结构性改革，不断提升山东农业发展优势，加快构建现代农业产业体系，积极探索产出高效、产品安全、资源节约、环境友好的路径模式，引领全国农业农村现代化发展。

（一）粮食产业

习近平总书记强调，中国人的饭碗必须牢牢端在自己手里，要装我们自己生产的粮食，这一点任何时候都不得有丝毫含糊。山东是粮食生产大省、粮食流通大省，具有粮食产业经济发展的历史积淀、地理条件、物质基础和产业优势。从历史上讲，山东是我国农业产业化的发祥地，是最早实行农业产业化经营的地区；从地理上讲，山东处于北粮南运、大运河走廊的枢纽地位，沿海港口众多，运输条件便捷；从物质上讲，山东是全国第三位的粮食生产大省和重要的花生产地，具备充足的粮源；从产业上讲，山东粮食产业具有起步早、门类齐全、基础厚实的既有优势。2016年，全省粮食总产达到940.14亿斤，连续五年稳定在900亿斤以上，居全国第3位；油料总产326.8万吨，居全国第3位。全省纳入粮食部门统计范围的粮油加工企业1507家，完成工业总产值3654亿元，占全国的1/8，实现产品销售收入3615亿元、利润113.6亿元，均居全国首位。玉米加工能力346亿斤、饲料加工能力805亿斤，均居全国第1位。小麦加工能力789亿斤，居全国第2位。食用油年油料处理能力451亿斤，居全国第1位。日照临港粮油产业园吸引邦基三维油脂、中储粮油脂、中纺粮油、新良油脂等大型加工企业入驻，大豆年加工能力93亿斤，占全省的近1/4、全国的近1/20。虽然山东粮食等主要农产品产量多年稳居全国前列，对全省乃至全国的经济发展起到了“压舱石”的作用，但是短期内人多、地少、水缺的资源现状难以改观，统筹“保供给”“保生态”和“保安全”的压力不断加大。一方面，人口总量不断增加，耕地面积不断减少，粮食等重要农产品刚性需求不断增长，确保供给总量与结构平衡的难度加大；另一方面，农业资源过度开发、农业面源污染加剧等问题日益突出，农产品质量安全风险增加，推动绿色发展和资源永续利用的要求十分迫切。

下一步，重点是把粮食安全意识贯穿粮食产业经济发展全过程，注重发挥市场在资源配置中的决定性作用、粮食加工转化引擎作用、科技创新支撑引领作用和“滨州模式”等典型示范作用，到2020年末，初步建成布局合理、链条完整、绿色生态、效益良好的现代粮食产业体系，粮食产业经济保持全国领先位次。培育壮大粮食产业主体。深化国有粮食企业改革，做强做优做大一批具有竞争力、影响力、控制力的骨干国有粮食企业，推动“一县一企、一企多点”一体化网络建设。结合国有资产统一监管，重组整合部分资产或企业，推动区域性粮食购销网络和仓储物流体系建设。鼓励国有粮食企业与新型农业经营主体、多元主体之间合作融合，培育粮食产业化联合体。支持符合条件的多元主体参与粮食仓储物流设施建设、产后服务体系建设等。增加绿色优质粮油产品供给。实施“中国好粮油”行动计划，增品种、提品质、创品牌，打造一批示范市、县（市区）和示范企业。继续实施“放心粮油”工程，增加多元化、定制化、个性化产品供给。推进小麦粉、食用植物油适度加工，大力发展全谷物等营养健康食品。推动地方特色粮油食品产业化，发展杂粮、杂豆、木本粮油等特色产品。适应畜牧养殖业发展新趋势，继续实施“粮改饲”项目，在保证质量安全的前提下，支持粮食副产品科研开发和饲料利用，发展绿色安全环保饲料产品。深入推动主食产业化。开展主食产业示范提升工程，认定一批示范单位、培育一批主食产业化龙头企业。推进米面、玉米、杂粮及薯类主食制品工业化生产、社会化供应。大力发展方便和速冻食品，支持开发个性化功能性主食产品，保护并挖掘传统主食产品。加快推进马铃薯主食产业化。推广“生产基地+中央厨房+餐饮门店”“生产基地+加工企业+商超销售”等新模式。发展粮食产业集群。依托粮食主产区、特色粮油产区和关键物流节点，集中打造一批小麦、玉米、花生、大豆等产业集群和临港加工企业集群，采取退城进郊等方式整合发展一批粮食产业园区。支持国家现代粮食产业发展示范园区（基地）和融合发展先导区建设。加强产销合作，支持粮食主销区来山东建设粮源基地和物流设施，鼓励省内企业到粮食主销区建立营销网络。

（二）畜牧产业

改革开放以来，山东立足丰富的品种资源、优越的地理区位、雄厚的农业基础，畜牧业发展历经数量增长、结构调整、质量提升等阶段，确立并保持了在全国的优势地位。2016年，全省出栏生猪4600余万头，家禽近19亿只，山羊绵羊近3300万只，肉牛445万头；肉蛋奶总产量1473万吨，占全国10%，其中禽肉占全国15%、禽蛋占世界5.3%；实现总产值2541亿元，增加值1062亿元，畜牧业一二三产业总产值超过7500亿元。畜牧产业规模多年居全国第1位。畜禽标准化规模养殖比重71%，高于全国17个百分点；猪肉占肉类比重低于50%，较全国低15个百分点；禽肉占上海市场的70%，出口占全国的50%以上，牛羊肉占京津市场的30%；形成了胶东半岛肉禽、沿高速路奶牛、沿黄肉牛肉羊、鲁中南生猪等优势产区。但山东农林牧渔结构多年没有大的变化，畜牧业产值占农业总产值的比例不到30%，低于全国平均水平。种植业内部饲草料作物比例偏低，全省青贮玉米、苜蓿等饲草料作物面积只有200多万亩，占耕地总面积的2%左右，而美国、加拿大仅青贮玉米面积就占到耕地面积的25%以上。同时产生的畜禽养殖废弃物也不断增加。据统计，2016年，全省产生畜禽粪便1.09亿吨，污水5600万吨。

下一步，要立足山东农区畜牧业第一大省优势，统筹考虑种养规模和资源环境承载力，坚持生态循环为基础、创新融合为关键、高效节约为根本、安全控制为保障的原则，突出农牧结合、生态循环、疫病防控、质量监管等关键环节，稳定食粮畜禽发展、突出食草畜禽发展、加快奶牛和特种动物发展，推进畜牧业结构调整，形成规模化生产、集约化经营、品牌化引领、绿色化发展为主导的产业发展格局，在全国率先实现畜牧业现代化。大力推进农牧结合。按照“以种促养、以养带种”的原则，在秸秆饲料资源丰富的农区，积极发展草食畜禽；在草食畜禽生产的优势区域，合理确定“粮改饲”面积，积极推进全株玉米青贮，扩大苜蓿等优质牧草种植。大力发展安全高效环保饲料产品。加快秸秆饲料商品化开发，建设具有山东特色的现代饲料工业体系。积极发展特色畜牧业。加快地方特色畜禽品种保护和开发利用，面向高端市场培育知名品牌。积极推行标准化、规模化健康养殖，加大养殖粪污资源化利用力度，发展生态循环畜牧业，提升畜禽产品供给质量水平。做大做强畜禽产品加工企业。加快畜禽屠宰企业改造升级，完善冷链物流配送体系。健全病死畜禽无害化处理体系，建立养殖业保险与病死畜禽无害化处理联动机制，强化重大动物疫病和主要人畜共患病防控。

（三）农产品加工

山东立足农业资源优势和地方特色，以农产品加工业为引领，着力发展增值农业，促进农业产业链改造和价值链提升，进一步丰富品种、提升质量、创建品牌，提高农产品附加值。2016年，山东在12个县（市、区）实施了农产品初加工补助项目，打通农产品增值的第一关。2016年全省农产品加工业与农林牧渔业总产值之比达到3.7∶1。形成了以食品工业为主体，农副食品加工业、食品制造业两大优势产业为主的农产品加工产业体系，食品加工内部结构也呈现多样化，方便食品、快餐食品、休闲食品、营养保健食品等发展迅速。但同时山东农产品加工的初级产品和初加工产品比较多，精深加工产品和品牌覆盖率不高，全省品牌农产品销售量不到全国市场份额的1/20。龙头企业总体数量规模比较大，但精深加工产品数量不足50%，且总体处于升级改造阶段。主体之间利益联接机制不完善，辐射带动能力不明显，抗御市场风险能力不足。

下一步，重点是以市场需求为导向，优化产业布局，强化科技支撑，推动农产品加工业从数量规模向质量效益、初级加工向精深加工、低端产品向高端品牌转变。优化农产品加工产业结构布局。根据《山东省农业现代化规划（2016—2020年）》和优势特色农产品产业带、粮食生产功能区、重要农产品生产保护区分布，合理布局原料基地和农产品加工业，形成生产与加工、科研与产业、企业与农户相衔接配套的上下游产业格局。比如，围绕粮食、棉花、油料、果品、蔬菜、畜牧、渔业、茶叶、中药材、桑蚕等优势特色产业，建设以潍坊、济宁、德州、聊城、滨州、菏泽市为中心的粮食加工企业集群，以东营、滨州、菏泽等沿黄地区为中心的棉花加工企业集群，以青岛、烟台、临沂市为中心的花生加工企业集群，以烟台市为中心的胶东半岛水果加工企业集群，等等。提升农产品精深加工水平。扎实开展农产品精深加工技术研发和成果转化，加大生物、工程、环保、信息等技术集成应用力度，加快新型非热加工、新型杀菌、高效分离、节能干燥、清洁生产、无损和在线检测等技术升级，开展精深加工技术和信息化、智能化、工程化装备研发，挖掘农产品加工潜力，提升增值空间。加快农产品加工上下游产业发展。强化专用型农产品优良品种选育，加快培育强筋小麦、高油玉米、高油花生、高油大豆、高干物质马铃薯、高直链淀粉甘薯、油用牡丹以及适宜加工的林果、蔬菜、畜禽、水产等专用新品种，从源头上提升农产品加工的原料质量。大力发展农产品冷链物流，探索果蔬、肉类、水产品等从生产、加工、储藏、运输、销售到最终消费全程“不断链”的冷链物流模式。实施“乡村旅游后备箱”工程，支持农副产品向旅游商品转化，鼓励开发具有观赏性、艺术性、实用性和地方特点的乡村旅游商品，加快乡村旅游购物网点建设。

（四）农业“新六产”

习近平总书记指出，农村一二三产业融合不是简单的一产

“接二连三”，关键是完善利益联结机制，不能富了老板、丢了老乡，要通过就业带动、保底分红、股份合作等多种形式，让农民合理分享全产业链增值收益。农业“新六产”的思路完全契合习总书记要求，是我们推进农村一二三产业融合发展的总抓手。我们提出的农业“新六产”与农业产业化一脉相承，但又不能完全画等号。应该说，农业“新六产”是依托农业、但又不完全拘泥于农业的新产业，内涵和外延都有了进一步的扩展和延伸，产业链条更长、融合程度更深、覆盖范围更广，是农业产业化的“升级版”，是农村一二三产业融合的新型业态。从概念上来讲，农业“新六产”是指以农业为基础，以农民增收为目标，延伸产业链，促进农村三次产业跨界融合，实现产业1+2+3；提升价值链，通过加工增值、服务增值，产生乘数效应，实现效益1×2×3；贯通供应链，减少流通环节，实现产销直接对接，发展终端型、体验型、循环型、智慧型新业态新模式，促进农业全环节升级、全链条升值。目前，山东农业“新六产”带动主体不断壮大、发展模式初步形成、利益联结机制逐渐完善，已初步形成良好发展态势。全省家庭农场发展到5.5万家，农民合作社18.6万家，农业龙头企业9600家，参与产业化经营的农户超过1800万户，户均增收2680元；各类休闲农业经营主体达到1.9万多家，年营业额突破630亿元，共创建国家级休闲农业和乡村旅游示范县20个，国家级休闲农业与乡村旅游示范点30个；2017年，在28个县（市、区）实施了生态循环农业示范项目，生态循环农业示范推广面积达到1005万亩；建立了山东省知名农产品品牌目录，遴选了23个区域公用品牌、200个企业产品品牌。

下一步，重点是突出农村电商和乡村旅游“两大重点”，推动终端型、体验型、循环型、智慧型“四型发展”，最终要实现习总书记强调的形成利益联结机制，做到全环节提升、全链条增值、全产业融合。突出创新引领。坚持“两手抓”。一手抓科技创新，加强智慧农业、精准农业、农林产品精深加工等科技研发，为农业插上科技的翅膀。落实藏粮于地、藏粮于技战略，提高农业综合生产能力，确保粮食安全和主要农产品有效供给。另一手抓模式创新，推广运用“互联网+”“旅游+”“生态+”、共享经济等新模式，发挥好对“新六产”的激活、催化作用。突出主体培育。大力培育龙头企业、合作社、家庭农场等新型农业经营主体，提高农业适度规模经营水平。这方面，山东探索走出了两条路，一条是土地流转，一条是土地托管，要继续加大工作力度。需要强调的是，处理好培育新型农业经营主体和扶持小农生产的关系，农业生产经营规模宜大则大、宜小则小，不搞一刀切，不搞强迫命令。注重发挥新型农业经营主体带动作用，引领小农户对接大市场，节本增效，提升抗风险能力，把小农生产引入现代农业发展轨道。突出载体支撑。农业园区和特色小镇，在集聚新要素、新动能、新业态方面，具有独特的平台优势。加快建设一批产业融合发展示范园、先导区，打造一批产业上“特而强”、机制上“新而活”、功能上“聚而合”、形态上“精而美”的特色小镇，为“新六产”发展搭建平台。推进农业“新六产”示范县建设，形成全环节提升、全链条增值、全产业融合的农业“新六产”发展格局。

第六节　做好融合协调发展的大文章

随着新一轮科技革命和产业变革的蓬勃兴起，产业融合发展已是大势所趋。要突出三次产业之间、产业内部、行业之间的交叉渗透提档升级，不断催生裂变出新产业、新业态、新模式，拓展经济发展新空间，培育挖掘新增长点。

（一）深化制造业与互联网融合发展

制造业与互联网的深度融合，是新一轮全球产业变革的显著特征，也是各国打造产业竞争新优势、抢占未来发展先机的根本途径。山东制造业基础雄厚，信息产业发展良好，推进二者深入融合发展，必能激发制造企业创新活力、发展潜力和转型动力。做好这篇大文章，首先要做到标准融合，就像要说普通话，不能你说你的，我讲我的。要做好重点领域标准的研制工作，通过标准来引导信息技术在企业和行业中的应用普及。特别是工业企业之间数据信息的转换，以达到相互识别、互通共享。其次要加快技术融合。要积极顺应信息技术与制造技术融合发展的趋势，加强相关领域的前瞻部署，推动跨领域协同创新，抢占技术创新高地。再者要深化产业融合。新一代信息技术向制造业广泛深度渗透，推进产业之间以及产业内各链条环节之间不断跨界融合，新业态、新模式大量涌现，互联网协同制造、工业云制造等就是这种融合的产物。

1. 大力发展个性化定制、云制造等新模式

在互联网应用快速推进的背景下，制造企业可以利用互联网采集并对接用户个性化需求，开展个性化产品的研发、生产、服务和商业模式创新，促进供给与需求的精准匹配。这些新的制造模式，能够极大地优化劳动力、资本、信息、知识等生产要素的配置，在改造提升传统产业的同时，培育出一大批新的经济增长点。

【案例】青岛红领的个性化定制

红领是一家服装生产企业，过去十多年积累了超过200万名顾客的个性化需求信息，包括服装的板型、款式、工艺和设计数据，在此基础上开发出了基于互联网的服装个性化定制平台，建成了西装上衣、衬衫、西裤三个定制化生产工厂。红领依靠数据库精确匹配用户订单的个性化需求，通过自动排单、自动计算、整合板型，只需要一组客户量体的数据就可完成定制设计。在这种模式下，原本手工制作、动辄上万元的定制西服，价格下降到了一两千元，制作周期也从半年左右变成了7个工作日，既满足了个性化的需求，又实现了大批量流水线作业。

2. 大力发展智能制造新型生产方式

计算机、互联网、云计算、大数据、物联网等在制造业领域加速创新应用，使得材料、设备、产品以及用户之间可以在线连接和实时交互，实现让机器自己生产而几乎不再需要人参与制造

过程，也就是现在的新型生产方式——智能制造。我们理解，智能制造既包括智能化的产品，也包括智能化的装备，还包括用信息技术改造和优化制造业全流程，提高企业生产效率和经济效益。2016年我国工业企业数字化生产设备联网率为38.2%，增长0.9个百分点。

【案例】山东康平纳公司的智能制造示范工厂

山东康平纳集团有限公司是一家集纺织染整、染整装备制造于一体的综合性纺织企业，建立了行业首个筒子纱染色智能工厂。通过智能化改造，实现了染色系统工艺装备自优化，资源配置和生产调度智能化，强化了远程诊断和服务能力。项目建成后，节约用工80%、生产效率提高20%、生产成本降低20%，节能减排方面也实现了突破，吨纱节水27%、节电12.5%，污水排放量减少26.7%。

3. 打造网络化协同创新体系

在传统的创新活动中，新技术新产品的推出，很大程度上依赖于单个企业的研发和商业化活动。比如，第一部商用手机的研发生产基本上由摩托罗拉公司独家完成。但随着分工日益细化，产品复杂程度日趋提升，技术集成的广度和深度大幅拓展，单个企业难以也无法覆盖全部创新活动，需要与大学、科研机构及其他企业等不同创新主体组成协同创新网络。在这个网络中，不同类型的组织可以迅速地参与到研发、设计、生产、物流和服务等活动环节，实现效率价值的拓展和资源配置的优化。比如，我国华为的P9手机，搭载了华为自主研发的麒麟955处理器，还采用了与莱卡共同研发的，由“彩色传感器+黑白单色传感器”组成的平行双镜头。

【案例】青岛海尔的开放创新平台

为了整合全球创新资源、智慧及优秀创意，海尔打造了开放创新平台，为平台用户提供前沿科技资讯以及创新解决方案。例如，海尔近期推出的空气魔方就是基于这一平台研发出来的产品。来自8个国家的内外部专家和学者团队128人，历时6个月与全球超过980万不同类型用户交互意见，利用大数据分析，最终筛出81万粉丝最关注的122个具体的产品痛点需求，共同研制出了这款产品。

（二）推动服务业与先进制造业深度融合

从产业结构变动的趋势来看，服务业增加值占GDP的比重会不断上升，但这并不意味着制造业不再重要。这是因为服务业中大部分是与制造业密切相关的生产性服务业，比如研发设计、物流分销、资金结算等，原本就是制造业的一部分，随着专业分工细化才成为一个相对独立的产业。还有相当一部分，直接服务于制造业，比如金融服务、信息咨询、软件设计等。可以说，离开了制造业，服务业将成为无本之木、无源之水。山东生产性服务业发展速度较快。从2016年起，每两年举办一次“省长杯”工业设计大赛；在首届世界工业设计大会上，在全国9件金奖产品中，山东有4件，数量居全国首位；目前，全省拥有企业工业设计中心450多家，其中国家级工业设计中心9家，数量居全国首位。2016年，全省软件业务收入达到4400亿元、全社会物流总额19.5万亿元，分别是2011年的3.2倍和1.45倍；累计培育总集成总承包模式示范项目72个，合同总额39.3亿元。

1. 信息技术服务

推动工业企业与软件提供商、信息服务提供商联合提升企业生产经营管理全过程的数字化水平。加强工业领域相关软件研发，面向工业行业应用提供系统解决方案，促进工业生产业务流程再造和优化。推进云计算与物联网、移动互联网融合发展，催生基于云计算的在线研发设计、智能制造等新业态。支持骨干龙头企业在嵌入式软件、高端软件、信息服务、云计算、大数据等新兴技术领域实现更多重大技术突破，积极抢占产业发展制高点。全面实施“智慧山东”发展战略，整合各部门信息资源，建立城市公共信息平台、公共数据库等，加快推进智慧城市、城区、社区和园区试点。

2. 工业设计

大力发展工业设计，培育一批专业化、开放型的工业设计企业和工业设计服务中心，形成一批特色鲜明、布局合理的工业设计园区。支持重点企业建设国家级、省级工业设计中心。打造全省工业设计成果评选、转化和需求发布平台。鼓励发展各类工业设计教育及培训。促进工业设计向高端综合设计服务转变，支持工业设计行业竞赛，研发具有山东文化特色的设计产品，打造“山东设计”品牌。

3. 现代物流

鼓励企业大力开展供应链管理服务。积极推进供应链管理示范工程建设，鼓励传统运输、仓储企业向供应链上下游延伸服务，建设物流供应链一体化管理平台。鼓励物流企业采用货物跟踪定位、无线射频识别、智能交通等关键技术，提高物流装备的现代化水平。加快物流新技术应用步伐，积极引导企业在物流活动中采用标准托盘和集装单元，实行货物生产、包装、装卸和运输的全过程标准化管理。重点培育一批服务水平高、竞争力强的第三方物流企业，鼓励物流企业向物流金融服务、保税物流业务等功能服务延伸，形成一批技术先进、一体化、网络化和品牌化经营的大型物流企业集团。

4. 电子商务

加快电子商务应用模式创新，鼓励企业开展网上直销、网络团购、新媒体营销等电子商务新型营销模式，支持开展网络拍卖、数据托管、数据分析、网上培训等新业务。依托济南、东营、潍坊、临沂等综合保税区和青岛、烟台等保税港区以及威海中韩自贸区地方经济合作示范区、烟台中韩产业园发展跨境电子商务，完善跨境电子商务运行模式和管理政策。鼓励工业企业实施供应链电子商务。扩大服务业领域电子商务应用范围，推动商贸流通、信息服务、金融保险等产品和服务的在线购买、交付和使用。

（三）加快推动产城融合发展

产城融合是我国转型升级背景下相对于过去产城分离提出的一种发展思路，是指产业与城市的融合发展。山东是农业大省、工业大省、服务业大省，从全省域推进产城融合，具有明显的基础和优势。同时，山东又是人口大省，具有典型的就地就近城镇化特征，到2020年山东要实现1000万农业转移人口落户城镇，推动户籍制度改革、促进创业创新、改善公共服务的任务十分艰巨。推进产城融合发展，对全省实现由大到强转变具有重大的现实意义。2016年，山东常住人口城镇化率达到59.02%，是近年来全国增幅最快的省份，初步形成了大中小城市和小城镇协调发展的城镇格局。2016年9月，国家发改委公布国家第一批产城融合示范区名单，山东潍坊滨海经济技术开发区、威海经济技术开发区、临沂经济技术开发区入选，入选数量与广东省并列第一位。下一步，重点是以“产、城、人”互动发展为遵循，以产业发展为带动，驱动城市更新和完善服务配套，提升产城融合发展的客观条件；以城市发展为载体，拓展产业空间承载产业经济，夯实产城融合发展的物质基础；以人的发展为目标，推动产城融合发展，构建“产、城、人”互动的有机体系。不同城市具有自身特点和不同的发展阶段，应立足自身实际，采取有针对性的措施，逐步提升产城融合发展水平。

1. 副省级城市

济南、青岛作为副省级城市，应在促进产业转型升级、推动产业持续发展的同时，大力发展金融、文化旅游、创新创意等现代服务业，进一步加大城市建设力度，加快老旧城区改造，提升城市公共服务质量与水平，拓宽公共服务覆盖面，以面广质优的公共服务促进要素集聚，推进产—人融合、人—城融合，提升产城融合发展水平。

2. 东部沿海地区地级市

以烟台、威海、日照等城市为代表。此类城市要进一步调优产业结构，充分发挥“海上丝绸之路经济带”的战略机遇，发挥港口门户、重要出海通道优势，重点围绕海洋产业，大力发展战略性新兴产业、高端装备制造业、现代服务业等，提升整体对外开放水平。

3. 中部地区地级市

以淄博、潍坊等城市为代表。此类城市应提升人的发展程度，推进体制机制创新，进一步释放市场活力，集聚和激发各种各类要素资源的创造力，推动产业发展和产业结构优化升级，走新型工业化道路。

4. 西部地区地级市

以聊城、菏泽等城市为代表。此类城市应把产业发展作为首要任务，抢抓西部经济隆起带战略实施机遇，加快构建特色鲜明、优势互补的产业发展体系；以中心城市、县城和重点镇为载体，引导人口、产业等各类生产要素集聚，推进区域开发，促进产业发展。

5. 县（市、区）、城镇等城市

此类城市产城融合发展应根据自身资源禀赋条件和环境承载能力，发展特色产业，夯实产业基础。同时，结合本区域城市群发展需要，加强内联外通，既做中心城市和大城市的产业配套，也服务于本地区的“三农”发展。地处地级市周边的县（市、区）要强化城市功能系统建设，扮演好“卫星城”角色。具有特色资源、区位优势的县城和小城镇，要通过规划引导、市场运作，培育成为资源加工、文化旅游、商贸物流、交通枢纽等专业特色镇。

（四）优化产业区域布局

通过规划产业园区、财税土地政策引导、安全环保质量倒逼等手段，优化整体产业区域布局，是下好全省产业“一盘棋”、提升产业集中度、形成错位发展互补发展的重要手段。当前，山东在产业区域布局过程中，还存在区域内功能化、专业化分工不明确、产业链经济不发达以及产业配置效率偏低等现象，再加上有些投资仍然偏好于“两高一资”项目和价值链低端制造、初加工项目，这就带来了两方面问题。一方面，区域工业发展层次较低，不利于区域产业结构优化升级，也不利于实现转方式调结构的任务目标。从当前主营业务收入位居前五位的行业来看，主要以化学原料、农副食品加工、纺织、原油加工和水泥等低端行业为主，初级加工产业占比过多，缺乏高端高质高效的战略性产业。另一方面，区域产业结构趋同，区域之间的互补性较差，不利于资源优化配置。区域产业同构必然是以降低资源配置效率为代价。从区域产业相似系数来看，以当前全省规模以上工业41个行业构成结构为标准结构，分别用四大重点区域（两区一圈一带）的工业结构与之比较，四大重点区域的结构相似系数均超过了0.8。尤其是半岛蓝色经济区、省会城市群和西部经济隆起带这三大区域的行业结构相似系数均达到了0.95，工业结构基本上属于完全同构。《山东省新旧动能转换重大工程实施规划》中已经从17个市的角度明确了各市产业发展方向和总体产业区域布局。这里，重点从产业雷同度较高、关联面较广、带动性强的工业方面研究探讨产业的区域布局。

1. 省会城市群电子信息、数控机床和高端输变电装备产业集聚区

以济南、泰安、莱芜为主体，重点发展集成电路、高端服务器、云计算设备、高档检测检验仪器、操作系统及高端工业软件、高档数控机床、高端输变电设备等，打造电子信息、数控机床和高端输变电装备产业集聚区。

2. 胶东半岛海洋工程装备产业集聚区

以青岛、烟台、威海为主体，重点发展多功能自升式钻井平台、半潜式钻井平台、固定式桩基平台、移动平台、海水淡化设备等及配套产品，打造海洋工程装备产业集聚区。

3. 胶东半岛智能产业聚集区

以青岛、烟台、威海、潍坊为主体，加快发展智能机器人、绿色智能家电研发制造、智慧生活系统开发应用、智能家庭生活体验服务等完善智能家电产业链，打造智能家电和智能机器人产业集聚区。

4. 黄河三角洲现代石油化工产业集聚区

以东营、滨州、潍坊为主体，重点发展高端石油装备、石油化工、精细化工等产业，打造现代石油化工产业集聚区。

5. 鲁中交通运输装备产业集聚区

以济南、淄博、潍坊为主体，重点发展重型载货汽车、商用汽车、新能源汽车、高速柴油机、中速发动机等，打造先进交通运输装备产业集聚区。

6. 鲁北新能源产业集聚区

以德州为主体，重点发展高效太阳能真空集热管、太阳能中高温供热系统、光热发电和系统集成、太阳能一体化建筑、生物质能发电、风力发电、地源热泵等，打造现代新能源产业集聚区。

7. 鲁西有色金属产业集聚区

以聊城为主体，重点发展铜材料深加工、铝材深加工和循环再造，打造有色金属深加工产业集聚区。

8. 鲁西南新医药产业集聚区

以菏泽、临沂、济宁为主体，重点发展生物医药、化学制药（创新药物、特色原料药及新型制剂药物）和现代中药，打造新医药产业集聚区。

9. 鲁南工程机械产业和中小机床集聚区

以济宁、临沂为主体，重点发展装载机、推土机、挖掘机和工程机械零部件等，打造先进工程机械产业集聚区；以枣庄为主体，重点发展中小型数控机床，打造中小机床产业集聚区。

10. 沿海精品钢铁产业集聚区。以日照、青岛为主体，重点发展高强度耐磨、耐候钢板，以及核电风电、海洋工程、高端装备等产业用中厚、特厚钢板，高端热轧薄板（带）、冷轧薄板（带）等，打造沿海精品钢铁产业集聚区。

第六章 实现以人民为中心的发展

推进高质量发展、塑造竞争新优势的最终动力之源是人民群众，最终目的也是让人民群众共享发展成果。党的十八大以来，以习近平同志为核心的党中央始终坚持以人民为中心，把人民对美好生活的向往作为奋斗目标，让全体人民在共建共享发展中有更多获得感。党的十八届五中全会明确提出“坚持以人民为中心的发展思想”的重大命题，党的十九大报告把“坚持以人民为中心”确立为新时代中国特色社会主义的基本方略之一，并强调：“带领人民创造美好生活，是我们党始终不渝的奋斗目标。必须始终把人民利益摆在至高无上的地位，让改革发展成果更多更公平惠及全体人民，朝着实现全体人民共同富裕不断迈进。”我们必须把以人民为中心贯彻到改革发展全过程，体现在经济社会发展各环节，特别是在当前全省上下深入实施新旧动能转换重大工程、努力塑造山东区域竞争新优势、加快新时代现代化强省建设的实践中，要始终坚持以人民为中心，把人民利益放在第一位，从人民群众最关心最直接最现实的利益问题入手，统筹做好教育、就业、收入分配、社会保障、医疗卫生等各领域民生工作，切实解决好“我是谁、为了谁、依靠谁”的问题，真正做到发展为了人民、发展依靠人民、发展成果由人民共享，更好增进人民福祉，更好推动人的全面发展和社会全面进步。

第一节 全面提高人民生活水平

人民生活水平是衡量一个国家和地区经济社会发展状况的根本标志。带领人民创造美好生活，始终是我们党坚贞不渝的奋斗目标。党的十八大把“人民生活水平全面提高”作为全面建成小康社会的新要求之一，从而吹响了幸福民生的时代号角，一大批惠民举措落地实施，人民生活明显改善。党的十九大作出了“我国社会主要矛盾已经转化为人民日益增长的美好生活需要和不平衡不充分的发展之间的矛盾”的重大判断，并强调“让改革发展成果更多更公平惠及全体人民”，这对改善民生提出更高、更新要求。实际上，无论是全面建成小康社会、实现中华民族伟大复兴宏伟目标，还是统筹推进“五位一体”总体布局和协调推进“四个全面”战略布局，都贯穿着切实保障和改善民生这条主线，都是以全面提高人民生活水平、不断满足人民日益增长的美好生活需要为归宿，这也是破解不平衡不充分的发展的关键所在。

一、稳步提高人民收入水平

收入水平是广大人民群众最关心最直接最现实的利益问题，也是实现美好生活的基本物质基础。山东高度重视人民收入水平的提高，特别是党的十八大以来，不断深化收入分配制度改革，坚

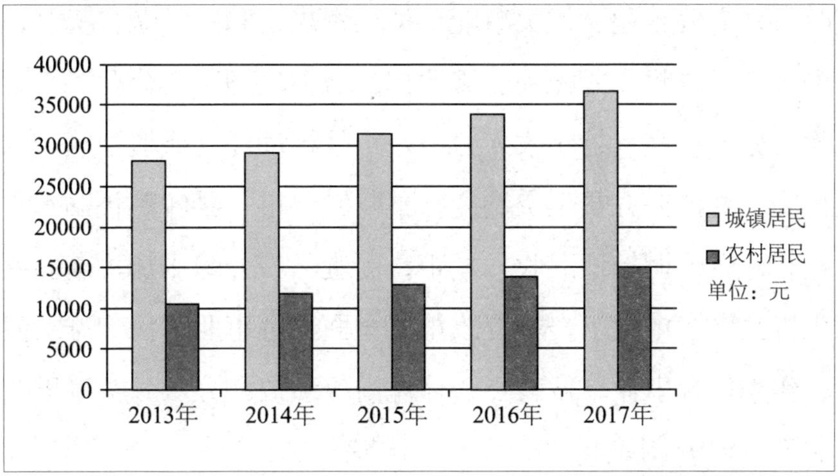

图6-1 2013—2017年山东省城乡居民收入增长情况

持多措并举，积极拓宽充实“钱袋子”渠道，城乡居民收入水平不断提高。2017年，全省城镇和农村居民人均可支配收入分别达到36789元、15118元，五年来年均分别增长8.5%、9.7%（见图6-1）。但从当前形势看，提高城乡居民收入水平仍面临较大压力，主要表现在机关事业单位工资水平正常调整机制不健全，企业职工工资决定机制、正常增长机制和支付保障机制还不完善，农村居民收入增长缓慢的问题还没有得到根本扭转，等等。这都与我省经济社会发展水平不相适应，广大人民群众对提高收入怀有迫切期待，必须在坚持已有成功经验的基础上，广辟路径，多渠道提高人民收入。

（一）深化收入分配制度改革

收入分配是“民生之源”。稳步提高居民收入，除了进一步解放生产力、增加新动能，把国民收入的“蛋糕”继续做大之外，还要在“切蛋糕”时更加注重公平，防止居民收入差距较大削弱人民群众在改革中的获得感。必须坚持按劳分配原则，完善按要素分配的体制机制，促进收入分配更合理、更有序。深化工资制度改革，完善企业、机关事业单位工资决定和正常调整机制，加强和改进工资收入分配的宏观调控，努力理顺工资分配关系，规范收入分配秩序，缩小收入分配差距，推动建立橄榄型的收入分配格局。规范公务员工资制度，不断完善市、县津贴补贴水平调控机制，有效调控地区收入差距，促进区域分配更加均衡。继续深化机关事业单位工资制度改革，全面推进事业单位实施绩效工资，建立符合事业单位特点、体现岗位绩效和分级分类管理的工资制度，研究制定科研、高校、医院等重点行业绩效工资办法，搞活内部分配。建立企业工资分配宏观调控体系，进一步完善企业工资决定机制、正常增长和支付保障机制。主动应对经济下行、化解过剩产能等影响，加大劳动关系领域风险防范力度，积极构建规范有序、公平合理、互利双赢、和谐发展的新型劳动关系。

（二）大力提高中等收入群体比重

提高人民收入水平的着力点是增加低收入者收入，调节过高收入，扩大中等收入群体，形成稳定的橄榄型社会结构。党的十九大报告提出，扩大中等收入群体。这对于缩小城乡、区域、行业和社会成员之间收入差距的任务来说，既是一个重要的显示性指标，也是一条重要的实现途径。中等收入群体比重提高，可以直接有效地降低基尼系数，带来收入分配状况明显改善的效果。而机会均等、渠道畅通的劳动力和人才的社会性流动是经济发展的动力、社会进步的体现、社会政策的要义和收入分配不断改善的途径。因此，就需要通过建立相关政策和体制机制，为促进人口、劳动力和人才的横向及纵向社会性流动，使城乡居民在摆脱贫困和低收入状况后，持续向更高收入水平升级创造必要条件。首先，要深化户籍制度改革，加快农业转移人口市民化进程。近年来，随着劳动年龄人口转为负增长，外出农民工的增长速度已经放缓，由此产生的提高劳动生产率的资源重新配置效应也有所弱化，保持农民收入的持续增长势头面临着重大挑战。因此，必须在户籍制度改革方面有更大举措，才能保持劳动力转移和以人为核心的新型城镇化推进的势头，为经济保持中高速增长提供持续动力。其次，要着力搭建社会纵向流动的阶梯，鼓励人人向上。包括消除以户籍、行业、区域和所有制性质形成的体制障碍，增进教育、健康等人力资本培育体系的公平性，鼓励人人在参与社会财富创造的同时增加收入和积累财富，形成上下合力，阻断贫困代际传递，拓宽居民劳动收入和财产性收入渠道，让低收入者源源不断地跨入中等收入群体，使人人都有通过辛勤劳动实现自身发展的机会。

（三）加快推进实施居民增收计划

我国正推进城乡居民增收和专项激励计划试点，深化收入分配领域配套改革，促进城乡居民收入稳定增长，缩小城乡收入差距。山东省出台激发重点群体活力带动城乡居民增收的实施方案，以技能人才、新型职业农民、科技人员、小微创业者等增收潜力大、带动能力强的群体为重点，实施七大群体激励计划，着力调整收入分配结构，推行差别化收入分配激励政策。好政策关键在落实。比如，在落实技能人才激励计划方面，应探索建立企业“首席技师”“技能专家”“特级技师”等制度，拓宽技术工人晋升通道；鼓励企业对聘用的高技能人才实行年薪制、股权制、期权制等收入分配方式；鼓励企业建立高技能人才岗位津贴制度，自主设定发放高技能人才岗位津贴；建立职业资格与相应的职称、学历可比照认定制度，打通高技能人才与工程技术人才职业发展通道。在落实新型职业农民激励计划中，完善国家助学和培训补贴政策，鼓励农民通过“半农半读”等方式就地就近接受职业教育培训；加快建立健全扶持新型职业农民政策措施，在信贷保险、土地使用、税费减免、机械装备等方面予以支持。同时，积极探索先行先试，认真做好青岛市全国城乡居民增收综合配套政策试点、平度市新型职业农民激励计划试点和新泰市企业经营管理人员激励计划试点等工作，探索可复制、可推广的路子，不断增加居民收入。

二、坚决打赢脱贫攻坚战

消除贫困、改善民生、逐步实现共同富裕，是社会主义的本质要求，是我们党的重要使命。习近平总书记指出，没有贫困地区的小康，没有贫困人口的脱贫，就没有全面建成小康社会。党的十八大以来，山东坚持结果导向和问题导向，实施“八个精准”方略，脱贫攻坚战取得决定性进展，贫困发生率从7.2%降到0.24%（见图6-2），2018年能够基本完成脱贫任务。总体来看，随着攻坚战进入第三年，山东省脱贫攻坚呈现新的阶段性特征，脱贫任务全面完成的决胜期、乡村振兴与脱贫攻坚的融合期、历史机遇与矛盾挑战的并存期“三期叠加”。随着贫困基本面的明显变化，脱贫攻坚的方式方法和着眼点也发生变化，面临从注重全面推进帮扶向更加注重深度贫困地区攻坚转变、从注重减贫进度向更加注重脱贫质量转变、从注重完成脱贫目标向更加注重增

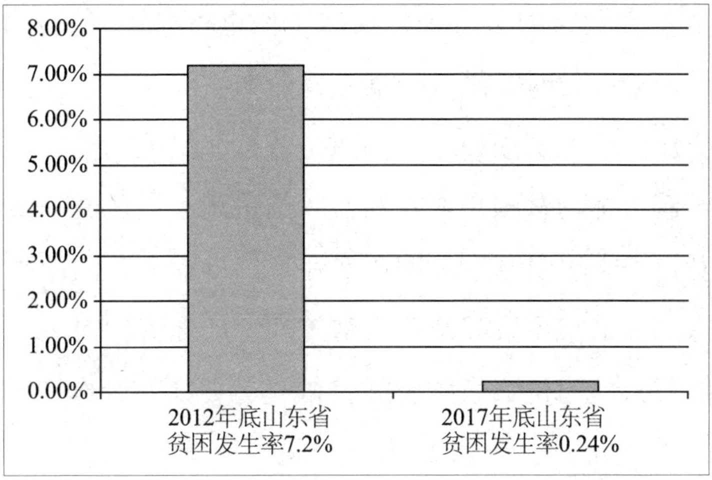

图6-2 2012年和2017年山东省贫困发生率

强贫困群众获得感转变、从开发式扶贫为主向开发式与保障性扶贫并重转变。脱贫攻坚战是加快乡村振兴和新旧动能转换的重要内容，对塑造新时代山东发展新优势、全面建成小康社会具有决定意义。必须实施好精准脱贫攻坚战三年行动，确保脱贫攻坚健康有序稳步推进。当前和今后一个时期，要坚持以“打好”为主线，瞄准总攻目标，坚持精准方略，坚持标准质量，聚焦“两不愁三保障”，既不拔高标准，也不降低标准，着力在四个方面下功夫，稳步有序推进脱贫攻坚提质增效。

（一）坚持突出重点、精准用力

首先，聚焦深度贫困地区和特殊贫困群体。鲁办发〔2017〕56号文件提出，省级财政专项扶贫资金优先支持深度贫困地区，财政转移支付加大对20个脱贫任务比较重的县（市、区）倾斜力度，新增建设用地指标优先保障深度贫困地区需要。围绕老弱病残特殊贫困群体脱贫解困，构建“大救助”工作机制，兜住特殊群体基本生活。其次，着力推进产业扶贫就业扶贫。积极培育发展特色优势产业，力争每个省扶贫工作重点村培育提升1—2个特色优质产业。针对贫困人口插花式分布实际，鼓励以乡镇为单位统筹实施产业扶贫项目，提高质量效益和抗风险能力。建立完善新型经营主体与贫困户增收利益联结机制，把贫困群众纳入产业化经营链条。着眼帮助贫困群众在家门口就业，推行扶贫车间山东地方标准，根据实际建设扶贫车间，加强管护使用。开发农村互助扶贫公益岗位，鼓励发展农村“劳务扶贫合作社”，推行免费职业技能培训。再次，大力开展精神扶贫。坚持扶贫同扶志、扶智相结合，改进帮扶方式，采取生产奖补、劳务补助等方式，组织动员贫困群众参与扶贫项目实施，形成劳才有得、多劳多得的激励机制，激发劳动脱贫、自我脱贫的内生动力。

（二）深化“三保障”措施

我国扶贫开发针对扶贫对象的总体目标是：“稳定实现扶贫对象不愁吃、不愁穿，保障其义务教育、基本医疗和住房。”在当前“两不愁”已基本解决的基础上，必须深化完善“三保障”措施。深化健康扶贫，重在降低就医负担，贯彻落实贫困人口“先诊疗、后付费”和“两免两减半”政策，发挥基本医保、大病保险、医疗机构减免、医疗救助、商业补充保险“五重保障”叠加效应。继续为未脱贫和已脱贫仍享受政策的建档立卡贫困户和贫困人口购买扶贫特惠保险。完善建档立卡严重精神障碍患者救治工作。加快提升基层医疗卫生服务能力。深化教育扶贫，重在提高义务教育质量，全面落实建档立卡贫困家庭学生资助政策，落实控辍保学措施，确保贫困家庭孩子有学上、上得起学、不辍学。深化住房安全，着力加快易地扶贫搬迁和危房改造，加强后续产业发展和转移就业。

（三）强化各类要素支撑

加大财政投入力度，确保与扶贫任务相适应，财政资金安排使用应兼顾省扶贫工作重点村和非重点村。加快推进涉农资金实质性整合，实行目标、任务、资金、权责“四到县”。用足用活城乡建设用地增减挂钩结余指标省域内流转使用和耕地占补平衡指标调剂管理政策，收益主要用于脱贫攻坚和乡村振兴。发挥政策性、开发性金融作用，拓宽扶贫融资渠道，保持扶贫小额信贷支持政策不变，全面提升贫困地区农业保险保障水平。加强驻村帮扶力量，继续选派优秀干部到省扶贫工作重点村和工作基础薄弱村担任党支部书记或第一书记，加强第一书记和驻村工作队管理。加快培育致富带头人队伍，吸引各类优秀人才返乡创业。

（四）完善攻坚落实机制

压实各级政治责任，坚持省负总责、市抓推进、县乡抓落实工作机制，严格落实脱贫攻坚责任制，巩固五级书记抓扶贫格局。落实省领导同志联系指导20个脱贫任务比较重的县（市、区）工作制度。强化一把手负总责，各级党委政府主要负责同志亲力亲为抓部署、搞督查、促落实。进一步压实部门扶贫责任，完善考核监督，改进和完善对市级党委和政府、省扶贫开发领导小组成员单位考核评估方式，对脱贫攻坚进行精准评估验收，并强化考核结果运用。注重加强扶贫干部能力和作风建设，加强教育培训，坚决杜绝数字脱贫、虚假脱贫。坚持严管与厚爱结合、激励与约束并重，建立正向激励机制，落实容错纠错、尽职免责制度，对脱贫攻坚中实绩突出、表现优秀的扶贫干部优先提拔重用。

三、促进城乡一体化发展

随着工业化、城镇化的深入推进，我国人均国内生产总值将很快超过1万美元，城市人口比重将超过60%，农业占国内生产总值的份额将进一步下降，但农业的基础地位不会改变，大量农民生活在农村的国情不会改变，我国已到了加快推进城乡一体化发展的历史阶段。党的十九大提出实施乡村振兴战略，是党中央着眼于推进“四化同步”、城乡一体化发展和全面建成小康社会作出的重大战略决策，必须按照产业兴旺、生态宜居、乡风文明、治理有效、生活富裕的总要求，科学制定规划，强化制度供给，建立健全城乡融合发展体制机制和政策体系。

推进城乡一体化发展，是把城市和农村作为一个有机整体，促进城乡生产要素平等交换和公共资源均衡配置、推动城乡统筹协调和共同发展的过程。党的十八大以来，山东持续推进“三农”改革发展，农业农村现代化建设取得了显著成就，城乡统筹发展机制初步形成，但城乡基础设施、公共服务和收入水平差距依然较大，城乡之间要素合理流动机制亟待健全，这已成为严重制约区域竞争力提升的重要瓶颈。立足新时代新要求，山东推进城乡一体化发展，必须坚持问题导向，采取强有力的政策措施，促进城乡相互融合、共同发展，使广大群众在城市能品味到乡村的山水乡愁，在乡村能享受到城市的现代文明。

（一）统筹优化城乡发展空间格局

空间结构优化是城乡一体化发展的内在要求，在一定程度上决定着发展方式及资源配置效率。坚持乡村振兴与新型城镇化双轮驱动，统筹国土空间开发格局，优化生产生活生态空间，构建城乡协调联动的融合发展空间结构体系。科学推进城乡规划一体化，推动多规合一，加快城乡产业发展、基础设施、公共服务、资源能源、生态环境保护等一体化进程，在空间形态上使城市更像城市，乡村更像乡村。稳步推进城乡建设用地整治，开展城乡建设用地增减挂钩试点，释放农村建设用地潜力，促进土地集约节约利用，优化城乡建设用地布局。开展增减挂钩必须充分尊重农民意愿，维护农村集体经济组织和农民的主体地位，指标应优先用于项目所在地的农民生产生活、农村新型社区、农村基础设施和公益设施建设，并留足农村非农产业发展建设用地空间，支持农村新产业新业态发展和农民就近就地就业。节余指标调剂到城镇使用时，可优先用于商服、商品性住宅等经营性用地，以最大限度提高土地增值收益。按照国家统一部署，积极推进宅基地制度改革，提高闲散宅基地的使用效益，减少新增宅基地占用耕地。

（二）统筹推进城乡人口有序流动

以人的城镇化为核心，以基本公共服务均等化为关键，构建山东半岛城市群、大中小城市、小城镇和农村新型社区等空间载体，加快“三个市民化”进程，提升城镇人口集聚功能。优先推进外来务工人员市民化，按照“进得来、留得下、有保障、能发展”的工作思路，以外来务工人员为重点，全面放开城镇落户限制，推进城镇基本公共服务常住人口全覆盖，保障进城农民原有农村权益，促进有能力、有意愿在城镇稳定就业和生活的农业转移人口优先落户。稳步推进城中村和城边村人口市民化，以消除与城市居民基本公共服务差距为重点，补齐城中村和城边村设施短板，健全完善城中村和城边村居民社会保障体系，统筹推进城中村改造、集体资产改制、村改居和社会保障均等化“三改一化”，逐步解决“半市民化”问题，成建制推动当地居民市民化。规范推进农村就地转移就业人口市民化，进一步提升小城镇和农村新型社区公共服务供给能力、产业支撑能力和管理水平，促进城镇基础设施和公共服务设施向农村延伸，引导城乡兼业人口和返乡农民工就地就近市民化。

（三）统筹加快城乡基础设施建设

实施城乡基础设施“补短育新”工程，全面开展新型城市建设和农村人居环境改善，提高城乡综合承载能力。提高城市规划建设管理水平，着力解决好“城市病”和城市规划建设管理中的薄弱环节，提升城市内在品质。创新规划理念，把以人为本、尊重自然、传承文化、精明增长、绿色低碳理念融入城乡规划全过程，由扩张性规划逐步向精明增长性规划转变。以治理城市交通拥堵为重点，加快构建以公共交通为主体的城市机动化出行系统，加快济南、青岛轨道交通工程建设，推进淄博、烟台、潍坊、临沂等城市轨道交通前期工作。积极发展慢行交通系统，建设绿道系统，改善自行车、步行等非机动化出行环境。全面加强城市地下综合管廊的统一规划、建设和管理，统筹电力、通讯、给排水、供热、燃气等地下管网建设，探索和创新地下综合管廊建设运营模式。以信息化、智能化助推城镇化，加快“智慧山东”建设，开展“智慧城市”“智慧城区”和“智慧园区”试点，实现信息网络宽带化、城市管理信息化、基础设施智能化。统筹配置城乡基础设施和公共服务资源，加快镇村垃圾污水处理、道路交通、亮化绿化、供水供气等设施建设，推动城市基础设施向农村延伸，实现城乡联网、共建共享。

四、推进区域协调发展

党的十九大报告提出，要“实施区域协调发展战略”“建立更加有效的区域协调发展新机制”，这是对“两个一百年”奋斗目标历史交汇期我国区域发展的新部署，是今后一个时期推进区域协调发展的行动指南。近年来，山东深入实施“两区一圈一带”区域发展战略，坚持东部提升、中部崛起、西部跨越，各区域充分发挥各自优势和特色，优势互补、融合互动的发展格局基本形成。但山东区域发展的内外部环境发生深刻变化，统筹区域协调发展面临诸多挑战，突出表现为统筹区域协调发展的体制机制还不完善、区域性共同市场建设还比较滞后，陆海统筹意识还不够强，环境质量改善任务艰巨等问题亟待解决。我们必须准确把握区域发展的阶段性特征，以工作指导重大转变推动新旧动能转换重大工程，充分发挥战略平台综合优势，不断开拓区域协调发展新途径，切实增强发展的整体性、协同性，推动区域经济高质量发展。

（一）强化三核引领、多点突破

全面实施好新旧动能转换综合试验区总体方案，加快提升济南、青岛、烟台核心地位，发挥其他14市国家和省级开发区、高新区、海关特殊监管区带动作用，支持济南加快建设新旧动能转换先行区，形成三核引领、区域融合互动的新旧动能转换总体格局。济南要实施北跨东延、携河发展，在黄河沿岸高起点、高标准、高水平规划建设国家新旧动能转换先行区，集聚集约创新要素资源，发展高端高效新兴产业，打造开放合作新平台，创新城市管理模式，综合提升基础设施和公共服务水平，建设现代绿色智慧新城。青岛要突出海洋科学城、战略母港城、国际航运枢纽和国家沿海重要中心城市综合功能，以青岛西海岸新区、蓝谷核心区、高新区、胶东临空经济示范区为引领，以胶州湾青岛老城区有机更新示范带和胶州、平度、莱西等县域经济转型升级示范园区为支撑，构筑“四区一带多园”的核心布局。烟台要发挥环渤海地区重要港口城市、先进制造业名城、国家创新型试点城市优势，强化中心城区引领作用，以烟台经济技术开发区、烟台高新技术产业开发区、蓬（莱）长（岛）协作联动发展区为重点，以烟台东部产城融合发展示范区、招远经济技术开发区、中心城区功能与产业更新带、国家现代农业产业园为支撑，形成“五区一带一园”的核心布局。以淄博等14市国家和省级经济技术开发区、高新技术产业开发区以及海关特殊监管区等为重点，创新园区管理运营机制，明确各市产业发展方向，培育特色经济和优势产业，打造若干具有核心竞争力的区域经济增长点。

（二）深化“两区一圈一带”提升行动

加快山东半岛城市群建设，提高省会城市首位度，支持青岛建设国家中心城市，推进淄博老工业城市和资源型城市产业转型升级示范区建设，加大力度支持西部地区发展。深入实施《山东半岛城市群发展规划（2016—2030年）》，加快构建“两圈四区”格局，巩固全国第四大城市群地位。“两圈”，即增强济南、青岛两大中心城市辐射带动作用，打造形成以两大城市圈为主体，大中小城市和小城镇、农村新型社区协同发展的新型城镇化格局。“四区”即推动烟威、东滨、济枣菏、临日四大都市区建设，强化产业互动、交通互联、平台共建、设施共享、环保共治。推进烟台、威海一体化发展，加快烟台东部海洋新区、文登南海新区建设，整合提升沿海城镇发展带。加强东营城区、滨州城区一体化发展，辐射带动惠民、阳信、博兴、广饶等城市发展。依托京沪交通走廊和日菏交通走廊，加快鲁南高铁、枣庄至鱼台高速、鱼台至菏泽高速建设，推动济宁、枣庄与菏泽联动发展。壮大临沂、日照城市规模，形成鲁东南地区城镇发展主要集聚区。充分发挥日照港的亚欧大陆桥门户作用和临沂区域性商贸物流优势，加快商贸物流、临港产业、先进制造业和现代旅游业发展。依托德龙烟干线、胶济线、鲁南高铁等通道，把东部口岸优势向西部延伸，打造整体发展的空间优势。

（三）创新区域融合协同发展机制

促进区域协调发展，增强区域发展的协同性、联动性、整体性，关键在深化改革和体制机制创新。坚持深度融合、互利共赢，立足各地现实基础和比较优势，着力在产业升级协作、要素资源配置、基础设施互通、生态环保共建等重点领域深化改革，促进特色发展、错位发展和互动发展。创新区域合作机制，按照优势互补、互利共赢的原则，支持开展多层次、多形式、多领域的区域合作，支持共建产业园区等合作平台。推进优势产业统筹培育，优化全省产业布局，引导区域间产业有序转移、整体升级，培育新兴产业特色经济集群；加快产业链条向上下游延伸，提高产业区域配套水平。推进要素资源统筹配置，健全区域合作利益分享机制，促进园区、企业、项目协作，增强资产、资本、资源配置的精准性和系统性，提高资源配置效率和公平性，形成更加开放完善的市场体系。推进基础设施统筹建设，坚持全域规划全域共享，健全完善智能化、现代化、一体化综合交通网，围绕能源、水利等领域实施一批跨区域的重大工程，提高基础设施互联互通水平。推进生态环境统筹治理，建立健全区际补偿机制，完善主要污染物治理区域联防联控长效机制，强化环境同治，促进区际利益协调平衡，提高区域生态安全保障能力，提高全省生态文明建设水平。

第二节　大力发展社会事业

群众利益无小事，民生问题大于天。党的十八大以来，以习近平同志为核心的党中央坚持以人民为中心的发展思想，坚持五大发展理念，对加快社会事业发展、保障和改善民生作出一系列顶层设计、制度安排和工作部署。山东认真贯彻中央重大决策，持续加大民生投入，在幼有所育、学有所教、劳有所得、病有所医、老有所养、住有所居、弱有所扶上取得一系列开创性成就，有力地推动了社会事业发展，人民生活质量和水平不断提高。但与全面建成小康社会目标和人民群众过上更加美好生活期待相比，山东省社会事业领域还有不少薄弱环节，特别是教育、就业、卫生与健康、公共文化建设等领域还有很多明显短板，主要体现在优质资源供给缺口较大、城乡区域发展不均衡、体制机制不够顺畅，群众反映比较强烈。当前，全面建成小康社会进入决胜阶段，山东省正加快新时代现代化强省建设，群众对过上更加美好生活的要求日益提高，必须把加快补齐社会事业短板摆到更加突出的位置，不断增进民生福祉，让人民群众有更多获得感。

一、优先发展教育

百年大计，教育为本。习近平总书记强调，教育是对中华民族伟大复兴具有决定性意义的事业，建设教育强国是中华民族伟大复兴的基础性工程。必须把教育事业放在优先发展的位置，深化教育改革，加快教育现代化，办好人民满意的教育。山东坚持优先发展教育，特别是紧紧围绕提高质量和促进公平两大主题，科学谋划、统筹安排、定向发力、积极作为，“3+1”教育综合改革深入推进，教育民生重点工程持续攻坚，全省实现义务教育发展基本均衡的县（市、区）达到114个，占全省的83%，义务教育薄弱学校基本办学条件得到大大改善。进入新时代，改革发展稳定面临着新形势新任务新挑战，特别是新旧动能转换、乡村振兴、海洋强省建设等都对加快提升劳动者素质和教育水平提出了新要求，人民群众对教育的期待也越来越高、越来越多样化。必须深入贯彻落实习近平同志关于教育事业发展的重要思想，牢牢坚持社会主义办学方向，坚定不移走中国特色社会主义教育发展道路，努力办好人民满意的教育。

在思路目标上，坚持以立德树人为根本任务，把坚定理想信念作为第一任务，把促进身心健康作为第一要求，把知行合一作为第一原则，培养中国特色社会主义合格建设者和可靠接班人。坚持以共享发展为根本目标，在加快发展基础上提升学前教育普惠水平，推动义务教育向高位优质均衡发展，全面提升特殊教育水平，加强对困难群体困难地区的精准帮扶，把加快发展民族教育摆在更加突出的战略位置，进一步扩大教育公平受益面。坚持以增强人民群众获得感为根本标准，积极稳妥推进考试招生制度改革，不失时机加快办学体制改革，全面提升教育治理法治化水平，围绕提质增效做好新时期教育对外开放工作，确保改革改有所进改有所成。坚持以服务经济社会发展需求为根本导向，加快优化教育结构。增强职业教育服务发展支撑力，培养技术技能人才。推动转型发展出经验见实效，培养大批应用型人才。完善终身学习体系，提升全民受教育水平。坚持以完善体制机制为根本保障，加快建立以学习者为中心的人才培养模式，加快构建优秀人才终身从教机制，系统构建质量控制机制，健全教育经费投入使用管理机制，以应用驱动为导向加快推进教育信息化，狠抓教育质量提高。

在发展举措上，深化教育综合改革，把握好重点环节和重点任务，增强教育活力，促进教育公平，让教育成果更多更公平惠及全省人民。一是推进“3+1”教育综合改革，持续增强教育发展活力。继续推进基础教育综合改革，深化德育综合改革，全面完成中小学教师“县管校聘”管理改革，推进校长职级制改革，统筹优化城乡教师资源。巩固完善现代职业教育体系，推进品牌专业（群）建设计划，完善校企合作机制，加强职业教育基础能力建设。全面深化高等教育综合改革，加快推进现代大学制度建设，持续推进“双一流”大学和高水平应用型大学建设，支持省属主要科研院所和高等院校融合发展，积极支持省属本科院校整体向应用型本科教育转型。稳步推进考试招生制度改革，实施高考综合改革试点，继续开展本科高校综合评价招生试点，继续实施国家重点高校农村学生单独招生计划、省属重点高校招收农村学生专项计划和高职院校招收农村贫困家庭学生专项计划，做好免费师范生、免费医学生招生和退役士兵单独招生工作。二是实施惠民重点工程，大力促进教育公平。全面完成“全面改薄”工作，调整完善“全面改薄”5年工程规划，督促各地加快工程进度，确保如期完成规划任务。加快解决城镇中小学“大班额”问题，建立大班额长效防控和巩固机制，聘请第三方对各地工作进行常态化监测。积极推动义务教育均衡发展，加快缩小县域内城乡教育差距，做好农村留守儿童、外来务工人员随迁子女入学及教育管理服务工作。启动实施第三期学前教育行动计划，实施免费师范生乡村幼儿教师培养计划，按照公办幼儿园编制标准核定公办幼儿园编制，建立普惠性民办幼儿园扶持长效机制。办好特殊教育，强化随班就读，注重缺陷补偿和潜能开发，培养残疾学生增强全面融入社会意识、自尊自信自立自强精神和职业技能。健全继续教育发展机制，以拓宽知识、提升能力和丰富生活为导向，引导推动各类学校特别是职业院校开展职工继续教育培训，加快学习型城市和各类学习型组织建设，广泛开展城乡社区教育，建立健全社区教育网络大力促进终身学习。三是加强教师队伍建设，努力培养“四有”教师。加强师德建设，完善教师宣誓制度。深入实施乡村教师支持计划，全面落实惠师政策。贯彻落实教师教育振兴行动计划，启动师范专业认证工作，继续实施省属高校免费师范生培养和农村硕师培养计划。加强“双师型”教师队伍建设，实施职业院校教师素质提高计划。

二、促进就业创业

就业是最大的民生工程、民心工程、根基工程。党的十九大报告指出，“要坚持就业优先战略和积极就业政策，实现更高质量和更充分就业”，“注重解决结构性就业矛盾，鼓励创业带动就业”，对就业创业工作提出了更高的要求。

山东坚定不移地把促进就业创业作为重要政治任务和改善民生的头等大事来抓，大力实施就业优先战略，抓政策、抓重点、抓创业、抓服务，就业局势保持总体稳定，就业格局发生可喜变化，实现了由“依赖经济增长拉动的被动性增长”向“与以创业带动就业并重的主动性增长”转变，由扩大规模向提质扩量转变，全省就业局势保持总体稳定。但随着经济发展进入新常态和新一轮科技革命、产业变革的加速，再加上受到生育政策变化、延迟退休方案出台等多种因素影响，不同人群的劳动参与水平有所波动，就业形态、就业结构、就业稳定性以及劳动技能需求等发生相应变化，全省在总量性就业矛盾趋于缓解的同时，结构性的就业矛盾愈显突出，就业情况出现新趋势和新特征。比如，纵观整个“十三五”期间，预计山东全省劳动年龄人口中每年就业人员仍有190万左右，就业总量压力依然较大，特别是随着经济增速换挡、结构调整阵痛、新旧动能转换，各级各类学校毕业生、农民工就业压力不减，化解过剩产能职工安置任务繁重。因此，我们必须继续坚持就业优先战略和更加积极的促进就业创业政策，着力解决就业创业中的突出矛盾和问题，推动实现更高质量和更充分就业。

提高就业质量的关键在于建立和完善劳动力市场制度和机制，进一步改善和提高劳动者的技能，增强人力资本禀赋与经济发展方式转变和产业结构优化升级的适应性，增强劳动力供需双方的匹配性，形成和谐的劳动关系。一是健全完善就业创业政策体系。积极适应形势发展变化，着眼于提高劳动力市场匹配水平和就业质量，健全完善财政投入、税费减免、创业贷款、就业援助、培训补贴、社保补贴等一揽子促进就业政策，逐步建立起具有山东特色更加积极的就业创业政策体系。二是大规模开展职业技能培训。坚持以促进就业创业为目标，优化配置培训资源、发展多元培训载体，瞄准就业创业和经济社会发展需求确定培训内容，加强对就业创业重点群体的培训，全面提升劳动者就业创业能力，提高培训后的就业创业成功率，着力缓解劳动者素质结构与经济社会发展需求不相适应、结构性就业矛盾突出的问题，实现就业结构与新旧动能转换和经济结构转型升级的良性互动。完善终身职业技能培训政策和组织实施体系，面向城乡全体劳动者，完善从劳动预备开始，到劳动者实现就业创业并贯穿学习和职业生涯全过程的终身职业技能培训。三是着力解决就业创业突出问题。高度重视化解过剩产能、淘汰落后产能对就业形势的影响，全力做好钢铁、煤炭等行业职工的分流安置和再就业工作。实施高校毕业生就业创业促进计划和基层成长计划，支持高校毕业生多渠道就业，进一步引导高校毕业生到基层、新兴领域就业。加大创业扶持力度，落实好创业带动就业扶持资金，加强创业载体建设，鼓励各地打造创业培训平台综合体，推动大学生、返乡农民工、科技人员等重点群体创业，全力破解创业融资难，鼓励创业带动就业，积极营造大众创业、万众创新的浓厚氛围。大力实施农民工“职业技能提升、权益保障、公共服务”三年行动计划，提升农民工就业创业能力和成功率。深入开展就业精准扶贫，积极推广“就业扶贫车间”的扶贫新模式，广泛开展就业援助，确保就业困难人员应助尽助。四是强化就业创业公共服务。加强公共就业创业和人才服务体系建设，建立城乡统一的就业援助制度，广泛开展公益招聘、“山东一名校人才直通车”活动。完善失业动态监测、预测预警和预防调控三位一体工作机制，着力为解决化解产能过剩过程中的结构性失业问题提供全过程服务，防范行业性、区域性失业风险。完善就业创业信息监测、岗位信息服务平台和供求信息发布制度，实现就业创业信息的共享与对接。完善政府、工会、企业共同参与的协调机制，构建和谐劳动关系，努力让劳动者实现体面劳动、全面发展。

三、完善社会保障体系

社会保障是民生安全网、社会稳定器，与人民幸福安康息息相关，关系国家长治久安。应按照兜底线、织密网、建机制的要求，全面建成覆盖全民、城乡统筹、权责清晰、保障适度、可持续的多层次社会保障体系。

党的十八大以来，山东按照“全覆盖、保基本、多层次、可持续”的方针，加快统筹城乡社会保障体系建设步伐，基本实现了由制度碎片化、发展不平衡向更加公平可持续转变，由制度全覆盖向人员全覆盖转变，由城乡分割向城乡统筹转变，实现了“一加快、两扩大、两提高”。“一加快”，即社会保障制度改革步伐进一步加快。“两扩大”，即社会保险覆盖范围进一步扩大和社保基金规模稳步扩大。“两提高”，即社会保障水平和社会保险管理服务水平进一步提高。随着经济社会的快速发展，全省社会保障方面也日益显现出一些突出问题，主要表现为：社会保障体系仍不健全，制度公平性有待提高，待遇确定机制和调整机制统筹平衡难度较大，政策制定和执行过程中容易造成不稳定因素；适应人员流动性方面需要加强，人力资源的大规模流动，对社会保障制度的统筹衔接带来新的挑战；可持续性有待增强，特别是当前老龄化步伐加快，养老、医疗等享受待遇人员快速增加，各项待遇水平刚性增长，基金支出负担日益加重。当前，我们必须积极适应社会主要矛盾已经转化为人民日益增长的美好生活需要和不平衡不充分的发展之间的矛盾这一客观要求，牢牢把握山东发展的阶段性特征和人民群众对美好生活的向往，完善社会保障体系建设，不断提高保障和改善民生水平，推动经济社会发展朝着更高质量、更有效率、更加公平、更可持续方向前进。

全面建成多层次社会保障体系，就必须坚持全覆盖、保基本、多层次、可持续的基本方针，按照兜底线、织密网、建机制的基本要求，实现覆盖全民、城乡统筹、权责清晰、保障适度、可持续的奋斗目标，更好体现社会公平正义，努力满足人民群众差异化需求。从山东来看，就是要深入贯彻落实党的十九大要求，围绕全面建成多层次社会保障体系的基本要求和奋斗目标，着眼于解决突出问题，紧密结合实际，扎实推进各项工作。一是织密编牢社会保障“安全网”。大力实施全民参保登记计划，完善参保缴费政策，基本实现法定人员全覆盖。全面实施机关事业单位养老保险制度，加快完善改革配套政策，推进职业年金基金投资运营。做好职工基础养老金全国统筹、渐进式延迟退休年龄等政策的研究实施工作。建立与基本医疗保险、大额医疗费用补助等制度紧密衔接的职工大病保险制度，完善居民大病保险政策，不断提高大病保障水平。深化医疗保险支付方式改革，完善按人头、按病种等相结合的复合付费方式，推进跨省异地安置退休人员住院费用直接结算。加快建立工伤保险省级调剂金制度。以解决失去生活自理能力的老年人护理问题为重点，以基层医疗机构和老年护理机构为依托，多渠道筹集资金，加快推进职工长期护理保险。加强社会保险费征缴稽核，提高社会保险经办管理水平，收好、管好各项基金，适时、适度调整待遇标准。二是进一步做好最低生活保障和社会救助工作。建立城乡统筹的特困人员救助供养制度，完善社会救助制度体系，坚决兜住民生底线。健全灾害救助管理体系。加快推动建立全省自然灾害综合数据库、灾害损失评估系统和防灾减灾救灾决策支持系统。大力发展福利慈善事业，健全完善慈善募捐、慈善捐赠、慈善信托、慈善信息公开等政策制度，大力培育发展各类慈善主体，激发慈善活力，规范慈善行为，推动慈善事业健康持续发展。扎实做好社会福利保障工作，重点完善“三留守”人员关爱服务、困境儿童和残疾人福利保障、未成年人关爱保护等制度机制，全面落实困难残疾人和重度残疾人“两项补贴”政策。三是加快养老服务业转型升级。完善支持养老服务发展政策措施，深化“放管服”改革，优化发展环境，以社区居家养老为重点，深入推进养老服务创新实验区建设，推广复制创新经验，引领全省发展。全面完成“两台一网”（养老管理平台、养老服务平台、养老信息网）建设，实现县（市、区）养老信息化全覆盖。推进养老服务标准化，打造“孝润齐鲁·安养山东”系列服务品牌。深化养老服务供给侧改革，扩大有效供给。四是强化社区公共服务能力建设。继续实施农村社区服务中心三年行动计划，按每千人200平方米、总面积不低于500平方米和“一厅一校八室”（“一站式”服务大厅，社区教育学校，社区综合办公室、多功能会议室、党员活动室、文体活动室、阅览室、农业综合服务室、社会组织服务室、电子商务室）要求，加快推进农村社区服务中心建设。全面推行以社区为平台、社区社会组织为载体、社会工作专业人才为支撑、社区志愿者为依托的“四社联动”机制，开展形式多样的社区协商活动。

四、加快建设健康山东

健康是促进人的全面发展的必然要求，是经济社会发展的基础条件，是国家富强、民族振兴的重要标志，也是人民群众的共同追求。山东深入贯彻落实健康中国建设战略部署，将人民健康作为保障和改善民生的重中之重，纳入全面深化改革的重要内容，统筹谋划、整体推进，先后开展了两轮“健康山东行动”，印发了《“健康山东2030”规划纲要》，持续深化医药卫生体制改革，大力推进健康服务业发展，医疗卫生服务水平明显提升，医疗保障能力不断增强，居民健康状况持续改善，全省主要健康指标提前实现联合国千年发展目标，居全国前列（见图6-3）。

图6-3　健康山东标识

当前，加快健康山东建设面临着良好机遇。党中央、国务院对卫生与健康事业空前重视，从战略和全局高度提出建设健康中国的宏伟目标，卫生与健康事业的基础性地位更为凸显；全面深化改革，政府职能加快转变，社会力量更为广泛地参与健康领域，健康融入所有政策的理念越来越被广泛认同，卫生与健康事业发展环境不断趋好；经济发展进入新常态，卫生与健康事业正成为助推实现“双中高”的新引擎和新动力；健康与其他行业加速融合，健康领域科技不断创新、新一代信息技术广泛应用，给健康山东建设提供了更广阔空间和更强劲动力；通过两轮“健康山东行动”的实践，逐步构建起了“政府主导、部门分工、分级负责、属地管理”的健康推进机制，成为推动健康山东建设的重要经验。因此，必须全面贯彻“以基层为重点，以改革创新为动力，预防为主，中西医并重，把健康融入所有政策，人民共建共享”的卫生与健康工作方针，抢抓历史机遇，大力推进健康山东建设，为奋力开创经济文化强省建设新局面提供坚实的健康保障。

加快健康山东建设必须牢固树立新发展理念，坚持正确的卫生与健康工作方针，坚持“共建共享、全民健康”战略主题，着眼“健康事业、健康产业”两翼互动，以普及健康生活、优化健康服务、营造健康环境、发展健康产业、健全健康支撑为重点，把健康融入所有政策，加快转变健康领域发展方式，构建政府主导、社会共建、公众参与的健康服务体系，形成有利于健康的体制机制、经济发展方式、社会治理模式、生活方式和生态环境，全方位、全周期维护和保障人民健康，大幅提高健康水平，显著改善健康公平。一是明确战略目标。力争到2020年全面建成覆盖城乡居民、符合山东特点的基本医疗卫生制度，健康服务体系完善高效，初步形成健康融入所有政策的氛围和全民参与、齐抓共管的健康管理模式，基本形成内涵丰富、结构合理的健康产业体系，健康环境持续改善，全民健康素养水平显著提高，主要健康指标居于全国前列；到2030年，促进全民健康的制度体系更加完善，健康生活方式得到普及，健康服务质量和健康保障水平不断提高，健康产业繁荣发展，健康公平基本实现，健康领域发展更加协调，主要健康指标超过高收入国家平均水平。二是突出重点领域。主要围绕普及健康生活、优化健康服务、完善健康保障、建设健康环境、发展健康产业，结合山东实际，完善具体政策措施。重点加强健康教育，普及健康知识，提升全民健康素养；塑造健康生活方式，开展全民健康生活方式行动，减少不安全性行为和药物滥用；提高全民身体素质，完善全民健身公共服务体系，广泛开展全民健身运动，促进体医融合；保障学生健康，加强学校健康教育，加强学校卫生与健康管理，促进学生身心健康。三是解决突出问题。始终坚持问题导向，针对制约卫生与健康事业发展的现实问题、影响群众健康主要问题、群众最迫切健康需求，统筹卫生计生、体育健身、环境保护、食品药品、公共安全、健康教育等领域政策措施，形成促进健康的合力。推动健康领域基本公共服务均等化，逐步缩小城乡、地区、人群间基本健康服务和健康水平的差异。加强全民健康信息化建设，推动优质资源下沉。坚持预防为主，允许具备条件的地区，分阶段逐步增加第一类疫苗种类。在医保结余比较多的地区，开展医保卡用于大众化、基础性健身消费试点。将健康素养纳入入职、入学测试、健全学校健康教育体系等。四是发展健康产业。进一步优化政策环境，优化多元办医格局，鼓励引导社会办医向高水平、规范化、规模化发展；发展健康服务新业态，发展“互联网+健康医疗”服务，发展健康旅游服务，发展健身休闲运动产业，发展健康食品产业；促进医药产业发展，实施创新驱动发展战略，提升产业发展水平，为健康山东建设提供强力支撑。

五、建设现代公共文化服务体系

文化是民族的“根”和“魂”，文化自信是更基本、更深沉、更持久的力量。党的十九大提出，满足人民过上美好生活的新期待，必须提供丰富的精神食粮。加快现代公共文化服务体系建设是文化建设的重要组成部分，是全面建成小康社会的必然要求，是全面深化改革的重要内容，是保障和改善民生的重要工程，是满足人民群众基本精神文化需求的重要途径。近年来，山东各级坚定文化自信，坚持新发展理念，聚焦补齐短板、提升效能，深入推进美德山东、文明山东、诚信山东建设，持续深化文化改革发展，大力推进基本公共文化服务标准化、均等化，现代公共文化服务体系建设迈上新台阶，呈现蓬勃发展良好势头。但整体来看，我省公共文化体系建设一定程度上还存在与文化在经济社会发展全局中的地位、与人民群众对美好生活的需求、与全面建成小康社会的目标要求不相适应等问题，必须牢固树立以人民为中心的工作导向，坚持以社会主义核心价值观为引领，对照标准找差距赶进度，着力用好齐鲁文化资源丰富的优势，加强对中华优秀传统文化的挖掘和阐发，构筑崇德向善、活力迸发、繁荣多彩、文明和谐的道德文化高地，努力建成现代公共文化服务体系，更好保障人民群众基本文化权益。

（一）构建现代公共文化服务体系，必须不断巩固壮大主流思想舆论阵地

这是最根本的前提和需要。坚持不懈用党的理论创新成果凝心聚魂，持续开展党的十九大精神宣传教育，深化习近平新时代中国特色社会主义思想学习研究宣传，引导党员干部群众坚定“四个自信”。坚持党对意识形态工作的领导，认真落实意识形态工作责任制，加强意识形态领域情况综合分析研判，健全情况通报和典型案例通报机制。加强对重大思想理论问题的引导，旗帜鲜明批驳错误思潮和观点，及时有效处置意识形态领域问题，保持社会思想统一、人心稳定。加强意识形态阵地建设，加强总体国家安全观宣传教育，加强境外非政府组织在宣传思想文化领域活动的管理。完善大舆情工作格局，健全完善统一的舆情信息收集分析报送平台建设，拓宽社会舆情信息收集报送范围，实现各领域舆情收集分析研判报送全覆盖。加强正面宣传引导，唱响主旋律，传播正能量。加强党报党刊、电台电视台、重点新闻网站和移动新闻客户端等媒体建设，推进媒体深度融合，牢牢把握

正确舆论导向，形成团结奋进的主流舆论强势。

（二）构建现代公共文化服务体系，必须大力培育弘扬时代精神风尚

坚持以社会主义核心价值观为根本，深入推进美德山东、文明山东、诚信山东建设，大力弘扬民族精神和时代精神，弘扬沂蒙精神和新时期山东精神，继承发扬齐鲁儿女爱党爱国、忠厚正直、豁达纯朴、崇礼尚义、勇敢坚韧、勤劳智慧的优良传统，在齐鲁大地形成健康向上的精神风貌、文明风尚、人文氛围。加强社会公德、职业道德、家庭美德、个人品德建设，弘扬中华传统美德。深化以孝、诚、爱、仁为主要内容的“四德工程”建设，深入开展“学雷锋，做山东好人”活动，倡树先进典型、道德模范、时代楷模和最美人物，培育传承良好家风家教、校风校训、企业精神和乡贤文化。加强爱国主义教育基地建设，打造一批红色文化宣传教育品牌。深化拓展群众性精神文明创建，实施社会文明风尚行动，推进文明礼仪、文明交通、文明出行、文明旅游，广泛开展志愿服务，展示山东人的文明素养和良好形象。

（三）构建现代公共文化服务体系，必须着力增强公共文化服务能力

坚持把社会效益放在首位、社会效益和经济效益相统一，创新文化体制机制，大力推进文化小康建设，更好满足人民群众日益增长的精神文化需求。深入推动公共文化服务标准化均等化，建设更高水平、更加均衡的现代公共文化服务体系。建好用好各级各类文化场馆，完善博物馆体系，推进档案、地方史志等事业创新发展。深化文化惠民工程，提高基层综合性文化设施建设和

服务水平，加快实现广播电视节目无线数字化覆盖。深入实施文艺精品工程，推动山东文艺创作由“高原”迈向“高峰”。加快文化改革发展步伐，大力发展文化创意产业，做大做强国有骨干文化企业，优化文化产业结构，提升文化产业综合实力和竞争力。大力实施中华优秀传统文化传承发展工程，加快建设曲阜优秀传统文化传承发展示范区，建设齐文化传承创新示范区，推动乡村儒学、尼山书院、孔子学堂建设，深入挖掘大运河历史文化资源，实施文物保护和利用工程，推进乡村记忆、历史文化展示和优秀传统文化资源普查工程，推动优秀传统文化创造性转化、创新性发展，大力传承发展优秀传统文化。建立健全互联网管理体制机制，建立省、市、县三级网络安全和信息化管理工作体系，健全基础管理、内容管理、行业管理以及网络违法犯罪防范和打击等工作联动机制，综合运用法律、行政、经济、技术、思想教育、行业自律等手段，加快形成依法监管、行业自律、社会监督、规范有序的互联网信息传播秩序，建设健康、文明、清朗的网络空间。

第三节 推进生态文明建设

生态兴则文明兴，生态衰则文明衰。建设生态文明是千年大计，功在当代，利在千秋。习近平总书记指出：“走向生态文明新时代，建设美丽中国，是实现中华民族伟大复兴的中国梦的重要内容。”党的十八大提出了中国特色社会主义“五位一体”总体布局，以习近平同志为核心的党中央把生态文明建设摆在改革发展和现代化建设全局位置，坚定贯彻新发展理念，不断深化生态文明体制改革，推进生态文明建设的决心之大、力度之大、成效之大前所未有，开创了生态文明建设和环境保护新局面。党的十九大报告将“美丽”作为全面建成社会主义现代化强国的奋斗目标之一，并对“加快生态文明体制改革，建设美丽中国”规划了清晰的路线图，为建设天蓝地绿水净的美丽中国指明了努力方向。实践证明，经济与生态文明两者辩证统一、互为因果，必须坚定践行新发展理念，进一步转变经济发展方式，才能推动高质量发展，实现经济生态化和生态经济化。

一、着力解决突出环境问题

习近平总书记强调，生态环境是关系党的使命宗旨的重大政治问题，也是关系民生的重大社会问题，要把解决突出生态环境问题作为民生优先领域。党的十八大以来，山东大力推进生态治理和环境保护，生态文明建设取得重大进展。特别是2017年以来，山东更加坚决贯彻习近平总书记指示，以强烈的政治责任和使命担当，以中央环保督察为契机，在全省开展生态环境问题大排查、大整治，生态优先理念日益深入人心，绿色动能蓄势崛起，生态保护修复扎实有效，污染治理成效显现，生态环境质量持续改善，生态环保形势正发生积极而深刻的变化。全省节能环保产业已成为支柱产业，2017年产值占GDP的比重达到9.8%；

空气质量综合指数同比改善8.8%，PM2.5同比改善13.6%，蓝天白云天数达到275.4天，增加26.5天。人人憧憬的蓝天白云、绿水青山重回身边。山东的实践生动地诠释了一个道理，保护生态环境就是保护生产力、改善生态环境就是发展生产力。

山东是经济大省，但由于历史积累形成的粗放式发展等原因，造成结构调整任务艰巨，资源环境压力较大，生态环保面临的形势仍十分严峻，环境污染呈现结构型、压缩型、复合型特点。全省生态环境问题的主要“病根”，在于产业结构过重、重型化特征明显，能源结构偏煤，交通运输、农业投入结构不合理等。从工业看，重化工业占工业比重70%左右，电力、钢铁、化工、石化、有色金属、建材等六大高耗能行业增加值占规模以上工业增加值的比重为31.4%，能耗占比为72.1%。从能源结构看，山东能源消费总量全国第一，煤炭在能源供应中长期处于主导地位，2017年消耗煤炭超过3.8亿吨、原油超过1.1亿吨，规模以上工业能耗2.9亿吨标准煤，均居全国首位；碳排放量、自用和过境运输柴油车、重型柴油车居全国第一,二氧化硫、氮氧化物、化学需氧量排放总量均居全国第一。这种结构性“病根”，导致经济增长与污染排放增长脱钩难，经济发展摆脱环境容量约束难，持续大幅度改善环境质量难。一是环境污染问题突出。各类大气污染物浓度远高于全国平均水平，全省17个市空气质量只有威海达到国家二级标准。优良水体比例50.6%，比全国平均水平低15个百分点。二是环境容量严重受限。即使每个企业都达标排放，能耗和排放总量还会超过环境容量和环境承载力。今后3年全省还有1300多万吨煤耗压减任务，2018年还有

355万吨的粗钢压减任务，这就意味着全省的燃煤、炼钢只能是负增长。空间腾不出来，新项目好项目就很难落地。三是生态保护修复任务艰巨。2017年山东森林覆盖率仅有17.5%，比全国平均水平还低4个百分点，居全国第23位。全省63个市级以上自然保护区，尚未完成整改的违法违规问题还有1300多个，有的核心区里还存有违建项目；未修复的破损山体有4700多处。四是环境风险隐患较大。全省产生危废的企业有1万多家，危废产生量大，处置设施建设滞后、处置能力不足、监管薄弱，极易因非法倾倒引发公共事件。一些地方垃圾处理渗滤液问题很突出，有的将渗滤液围坝存储，形成了黑色“堰塞湖”，潜在的风险很大。总的来看，山东生态文明建设仍然处于“一个突出矛盾、三个没有根本改变”的负重爬坡阶段：人民日益增长的优美生态环境需要与更多优质生态产品的供给不足之间的矛盾依然突出，过于依赖资源能源消耗的发展方式没有根本改变，污染物排放领域多、总量大、强度高、重化工业是排放大户的格局没有根本改变，经济社会发展和生态环境协调性、相容性不强的状况没有根本改变。

坚持把解决突出生态环境问题作为民生优先领域，不断满足人民群众日益增长的优美生态环境需要，必须坚定信心决心，把握节奏重点，全力以赴打好污染防治攻坚战，有效化解生态环境风险，不断提高环境治理水平。坚决打赢蓝天保卫战，以空气质量明显改善为刚性要求，实施大气污染治理攻坚工程，以济南、淄博等7个京津冀大气污染传输通道城市为重点区域，建立健全大气污染重点防治区域联动机制，申请国家建立传输通道城市大气污染防治资金扶持政策，强化联防联控，调整产业和能源结构，推动机动车和油品标准升级，实施大气环境质量目标管理，基本消除重污染天气，还老百姓蓝天白云、繁星闪烁。深入实施水污染防治行动计划，开展水污染治理攻坚工程，建立流域、水生态控制区、水环境控制单元三级分区管理体系，全面落实“河长制”，推进环湖沿河大生态带建设，加强饮用水水源保护，强化从水源到水龙头全过程监管，基本消灭城市黑臭水体，还给老百姓清水绿岸、鱼翔浅底的景象。全面落实土壤污染防治行动计划，深入落实《土壤污染防治行动计划》《山东省土壤污染防治工作方案》，突出重点区域、行业和污染物，强化土壤污染管控和修复，开展土壤污染状况详查，建立土壤污染治理与修复全过程监管制度，让老百姓吃得放心、住得安心。持续开展农村人居环境整治行动，打造美丽乡村，为老百姓留住鸟语花香田园风光。

二、加大生态系统保护力度

山水林田湖草是一个生命共同体，是相互依存、相互影响的大系统。如果种树的只管种树、治水的只管治水、护田的单纯护田，很容易顾此失彼，最终造成生态的系统性破坏，只有打破“自家一亩三分地”的思维定式，以系统工程的思路，全方位、全地域、全过程开展生态环境保护建设，才能还自然以自在，给生命以生机（见图6-4）。恩格斯在《自然辩证法》一书中就告诫我们：“我们不要过分陶醉于我们对自然界的胜利。对于每一次这样的胜利，自然界都对我们进行了报复。”一个多世纪以来，

图6-4 荣城大天鹅保护区

无数环境事件深刻印证了这个警示。据我国史料记载，现在植被稀少的黄土高原、渭河流域、太行山脉也曾是森林遍布、山清水秀，地宜耕植、水草便畜。由于毁林开荒、乱砍滥伐，这些地方生态系统遭到严重破坏。党的十九大从生态系统整体出发，强调要实施重要生态系统保护和修复重大工程，优化生态安全屏障体系，构建生态廊道和生物多样性保护网络，提升生态系统质量和稳定性。这些生态保护的大思路，是创造良好生态环境，实现中华民族永续发展的长远大计。

加大生态系统保护力度，要坚持统筹山水林田湖草系统治理，实施重要生态系统保护和修复重大工程，持续增强生态服务功能，提升生态系统质量和稳定性。加快建设主体功能区，强化管控措施，将各类开发活动限定在资源环境承载能力之内，有序有度利用自然资源。划定生态保护红线、永久基本农田、城镇开发边界三条控制线，筑牢生态安全屏障，有效遏制生态系统退化趋势，提升森林、河流、湿地、海洋等自然生态系统服务功能。开展泰山、沂蒙山、昆嵛山等生态区山水林田湖生态保护修复试点。加强临沂、淄博、济南、青岛等国家级生态文明先行示范区建设，推进济宁、日照、博兴、龙口、青岛西海岸新区国家级生态保护与建设示范区建设。推进大规模国土绿化，开展“绿满齐鲁·美丽山东”大造林行动，重点加强沂蒙造林工程、鲁中南山地丘陵区荒山绿化工程、沿海重点防护林建设，对25度以上坡耕地、重点沙化土地和重要水源地等结合实际实施退耕还林还果。推进荒漠化、石漠化、水土流失综合治理，以东营、德州、聊城、滨州、菏泽五市为重点开展沙化荒漠化治理，通过造林种草、合理调配生态用水，增加林草植被；通过保护性耕作、水土保持、配套水源工程建设等措施，减少起沙扬尘；通过禁止滥樵、滥采、滥牧，促进荒漠植被自然修复，遏制沙化扩展；积极推进乔灌结合的防风固沙林网、林带、片林建设，降低风速，有效减轻大气沙尘危害。加快沂蒙山区等水土流失严重地区水土流失治理步伐。在水土流失重点预防区和重点治理区，限制或禁止可能造成水土流失的生产建设活动。强化湿地保护和恢复，实施退化湿地生态保护与恢复专项行动计划，对纳入生态保护红线的湿地，实行最严格的管控措施，对改为他用或功能退化的湿地，实施湿地还原、生态补水、生物水质净化、生态自然修复等措施，逐步恢复湿地功能。健全耕地草原森林河流湖泊休养生息制度，建立市场化、多元化生态补偿机制。加强自然保护区建设和管护，优化自然保护区结构与布局，对已建自然保护区进行整合优化，进一步规范自然保护区勘界等工作，落实自然保护区土地确权和用途管制，结合专题性地理省情监测，定期开展自然保护区遥感监测，提高自然保护区管护能力，建立自然保护区生态补偿机制。加强海洋生态保护，加大河口和海湾生态保护力度，以黄河口、莱州湾、胶州湾等河口和海湾典型生态系统以及重要渔业水域为重点，实施滨海湿地保护和恢复工程，建设海底森林、人工渔礁、海洋牧场，修复鸟类栖息地、河口产卵场等重要自然生境，逐步恢复河口、海湾生态功能。加大采煤塌陷地等生态脆弱区和退化区保护治理，拓展绿色生态空间。

三、推进生产生活方式绿色化

绿色，常被喻为生命色、自然色。绿色发展从根本上说是要实现人与自然的和谐共生。推进绿色发展，需要全社会同呼吸、共奋斗，需要每一个人从自身做起，从小事做起，坚持以“生活美、家园好”为落脚点，推动生活方式绿色化促生发展新需求。弘扬热爱自然、尊重自然、顺应自然、保护自然的生态文明理念，使绿色发展主流价值观广泛推行、更加深入人心，成为全社会的自觉行动，形成人人参与、人人尽力、人人享有的绿色发展新局面。

（一）建立健全绿色低碳循环发展的经济体系

推进绿色发展，需要加快建立绿色生产和消费的法律制度和政策导向，构建市场导向的绿色技术创新体系，发展绿色金融，壮大节能环保产业、清洁生产产业、清洁能源产业。推进能源生产和消费革命，大力调整能源结构，扩大清洁能源消费，构建清洁低碳、安全高效的现代能源体系。推进资源全面节约和循环利用，实行能源和水资源消耗、建设用地等总量和强度双控行动，实施重点领域能效提升计划、“工业绿动力”计划、循环发展引领计划，加大对水、土地、矿产、海域等资源节约管控力度。按照减量化、再利用、资源化的原则，全面推行清洁生产，构建贯通生产、流通、消费各环节的循环经济体系，降低能耗、物耗，实现生产系统和生活系统循环链接。

（二）推进绿色宜居家园建设

按照绿色、生态、低碳、宜居、宜业理念，推进绿色城镇化和美丽乡村建设，实现与资源环境承载能力相适应、与自然山水相融合。筛选典型城市开展垃圾分类处理试点，建立健全垃圾分类相关法律法规和标准体系，选择济南、青岛、泰安以及有条件的城市逐步实施生活垃圾强制分类。深入开展生态市、生态县、生态乡镇、生态村、绿色学校、绿色社区、绿色家庭等系列创建活动，建成一批“绿色细胞”工程。依托现有山水脉络等独特风光，让居民望得见山、看得见水、记得住乡愁。

（三）完善绿色产品供给体系

积极推行节能低碳产品和有机产品认证、能效标识管理等机制，完善绿色包装标准体系。打造绿色供应链，建设以资源节约、环境友好为导向的采购、生产、营销、回收及物流体系。健全完善电子垃圾回收利用产业政策，加强电子垃圾回收体系建设，提高废弃电器电子产品回收和资源化利用率。实施生产者责任延伸制度，开展饮料纸基复合包装回收利用联盟试点。加大自然保护地、生态体验地的公共服务设施建设力度，开发和提供优质的生态教育、游憩休闲、健康养生养老等生态服务产品，努力构建生态公共服务网络。

（四）推动建立全社会绿色消费模式

推行政府绿色采购制度，引领绿色消费模式的建立。完善各类节能产品补贴政策，健全售后服务体系，积极引导消费者购买节能与新能源汽车、高能效家电、节水型器具等节能环保低碳产品，推动全民在衣、食、住、行、游等方面加快向勤俭节约、绿色低碳、文明健康的方式转变。把生态文明教育纳入国民教育体系和干部教育培训体系，把绿色生态文化纳入现代公共文化服务体系建设。创建一批环保科普基地，以世界地球日、世界环境日等主题活动为依托，充分利用新闻媒体及微博、微信等新媒体，持续加大宣传教育力度。倡导简约适度、绿色低碳、文明健康的生活方式，反对奢侈浪费和不合理消费，开展创建节约型机关、绿色家庭、绿色学校、绿色社区和绿色出行等行动，营造绿色生产、绿色生活、绿色消费环境。

四、完善生态文明制度体系

建设生态文明，是一场涉及生产方式、生活方式、思维方式和价值观念的革命性变革，实现这样的变革，必须依靠制度和法治。习近平总书记反复强调，在生态环境保护问题上，就是不能越雷池一步，否则就应该受到惩罚。只有实行最严格的制度、最严密的法治，才能为生态文明建设提供可靠保障。我们要坚持以法治为核心，以体制机制改革为动力，健全生态文明制度体系，全面推进环境治理体系和治理能力现代化，加快形成适应新产业新业态发展规律、满足新动能集聚需要的政策法规和制度环境。

（一）健全政策法规体系

在加强大气、水和土壤环境治理和控制资源能源消耗总量的基础上，重点清理修订与绿色发展相冲突或不利于绿色发展的地方性法规、规章和规范性文件，推进《山东省环境保护条例》《山东省水污染防治条例》修订和《山东省土壤污染防治条例》《山东省自然保护区条例》制定，完善地方环保法规机制。完善节能环保标准引导倒逼机制，建立覆盖生产、流通、消费全领域的节能环保标准体系，根据环境质量改善目标和进程，进一步完善并严格执行地方污染物排放标准体系，倒逼重污染行业转方式调结构。

（二）强化源头防控体系

建立产业空间管控机制，严守生态保护红线，严格生态红线勘界工作，制定我省生态红线管理办法和生态红线管理考核办法，依法进行生态红线管理，组织地方政府开展生态红线范围内的取缔清理工作。划定大气污染“核心控制区、重点控制区、一般控制区”，核心控制区内禁止新建污染大气环境的生产项目，逐步搬迁已建项目。依据区域资源环境承载能力，确定各地造纸、制革、印染、焦化、炼硫、炼砷、炼油、电镀、农药等行业规模限值，建立资源环境承载能力监测预警机制。完善战略及规划环评机制，推进战略环境影响评价，严格开展开发建设规划环评，强化清单式管理，实现重点产业园区规划环评全覆盖。加强规划与建设项目环评联动，依法将规划环评作为规划所包含项目环评文件审批的刚性约束。

（三）健全环境保护管理体系

深化“放管服”改革，选择园区开展建设项目环境管理改革试点，逐步推行网上审批，全面实现省、市、县三级审批互联互通。建立覆盖所有固定污染源的企业排放许可机制，编制全省污染源排放清单，纳入环保大数据平台，将污染物排放种类、浓度、总量、排放去向等纳入许可证管理范围。健全环境监管执法机制，将环境执法机构列入政府行政执法部门序列，依法赋予实施现场检查、行政处罚、行政强制的条件和手段。全面推进“双随机一公开”机制，提升环境监管公平性、规范性和有效性，减轻企业负担和减少权力寻租。定期开展突出环境问题大排查，采取专项检查、挂牌督办、定期通报、限批、约谈等综合措施，整治突出问题。健全行政执法和环境司法的衔接机制，加强环保部门与公安机关、人民检察院和人民法院的沟通协调，健全环境案件审理制度。依法查处环保违法违规建设项目，营造公平市场环境。

（四）完善激励约束并重的市场机制体系

建立守信激励和失信惩戒机制。建立企业环境信用等级评价和违法排污黑名单制度，将企业环境信用信息纳入山东省公共信用平台和山东省金融统一征信服务平台，企业环境违法信息将记入社会诚信档案，向社会公开。建立上市公司环保信息强制性披露机制，对未尽披露义务的上市公司予以惩戒。在实施国家试点的基础上，健全生态环境损害赔偿制度，强化生产者环境保护法律责任。完善差别化的价格政策机制，落实燃煤机组脱硫、脱硝、除尘等环保电价政策以及天然气热电联产机组电价政策，继续对符合超低排放标准的燃煤机组和清洁高效的燃气机组给予支持；实施落后产业惩罚性价格政策，加大高耗能、高耗水、高污染行业差别化电价水价等政策实施力度；落实环境保护、生态建设、新能源开发利用的税收优惠政策。建立能效和环保“领跑者”机制，通过发布同类可比范围内能源利用效率最高、环境保护和污染治理最好的产品和企业“领跑者”名单，树立标杆、政策激励、提高标准，引导行业企业追赶“领跑者”，形成推动终端产品和单位能效和环保水平不断提升的长效机制。健全生态补偿机制，研究制定全省生态保护红线、流域生态补偿办法，开展流域生态保护补偿试点，建立跨区域流域生态保护长效机制。建立绿色金融机制，推行排污权、碳排放权、用能权交易，建立国家新旧动能转换综合试验区环保产业发展基金，引导社会资本积极参与生态资源保护与利用、固体废弃物处置、污水处理、土壤修复以及环保第三方服务等领域。

（五）完善目标决策和责任考核体系

完善绿色发展决策机制，进一步提高绿色发展指标在地区经济社会发展规划指标中的权重。建立全省绿色发展指标体系和生态文明建设考核目标体系，实行年度绿色发展评价和五年生态文明绩效评价考核，完善体现不同主体功能区特点和生态文明要求的市县党政领导干部政绩考核机制，强化节能减排约束性目标考核，考核结果作为党政领导班子和领导干部综合考核评价、奖惩任免的重要依据。健全环境保护责任机制，将环境质量只能更好不能变坏作为地方各级政府环保责任红线，建立完善各级各部门环境保护责任清单，健全“网格化”环境监管机制，推动形成“管发展必须管环保，管生产必须管环保”齐抓共管的工作格局；有序推进省以下环保机构监测监察执法垂直管理制度改革，构建新型环境监察机制；严格落实《山东省党政领导干部生态环境损害责任追究实施细则（试行）》，编制自然资源资产负债表，实行领导干部自然资源资产离任审计，建立重大决策终身责任追究及责任倒查机制。完善社会参与体系，强化信息公开，完善公众参与环境管理决策的有效渠道和合理机制，健全公众投诉、信访、舆情和环保执法联动机制，完善环境公益诉讼制度，积极听取公众意见和建议，保障公众环境知情权、参与权、监督权和表达权。

第四节 加强和创新社会治理

社会治理是国家治理的重要领域。加强和创新社会治理，逐步实现社会治理结构的合理化、治理方式的科学化、治理过程的民主化，是完善和发展中国特色社会主义制度、推进国家治理体系和治理能力现代化的重要内容。习近平总书记高度重视社会治理问题，明确提出要加强社会治理制度建设，打造共建共治共享的社会治理格局，为在新的历史条件下加强和创新社会治理指明了方向。党的十八大以来，山东省社会治理创新取得了重大成就，在新的历史起点和新的发展阶段，要坚定不移走中国特色社会主义社会治理之路，着力推进社会治理系统化、科学化、智能化、法治化，不断完善社会治理体系，确保人民安居乐业、社会安定有序、国家长治久安。

一、构建全民共建共治共享的社会治理格局

党的十九大报告提出，要打造共建共治共享的社会治理格局，加强社会治理制度建设，推动社会治理重心向基层下移，发挥社会组织作用，实现政府治理和社会调节、居民自治良性互动。共建，是指治理主体的多元化，党委领导，政府主导，社会协同，公众参与；共治，是指调动各种手段，如宣传、综合治理等；共享，是目标，全民共享，即社会治理不是为了某个阶层，而是为了让所有人享受安定团结的氛围。党的十九大提出的“打造共建共治共享的社会治理格局”，进一步对治理手段进行了明确，即要改变过去以政府领导、行政法律强制为主的刚性治理手段，调整为充分利用社会各种力量进行社会综合治理，从而形成刚柔并济的治理手段。

(一)动员多元主体力量共同参与，形成良性互动与合作

面对社会矛盾和问题交织叠加，社会需求和价值复杂多样的现实，政府、市场、社会这三大主体无论哪一主体凭借一己之力处理多重关系都无法实现，必然要求多元主体共同参与社会管理和公共服务。政府、市场和社会都有服务公共利益的属性，也都有价值共享的特质。这为打造共建共治共享的社会治理格局提供了理论基础，更需要动员多元主体力量展开良性互动与合作。党委履行领导职责，始终发挥引领导向、资源整合、维护稳定功能，采取得力措施，不断提高驾驭全局工作能力和水平。政府秉持责任理念，始终发挥主导和推动作用，制定基层社会发展计划和评估反馈意见，建立科学有效的管理方式，充分调动各种社会

力量，不断满足人民需求。社会组织彰显民主价值，以社会共识为功能导向，拓展服务边界及服务对象，以主体塑造的方式积极融入社会治理体系中，成为社会治理的重要依托力量。激发公众个体参与基层社会事务的积极性，让更多的人成为社会治理的参与者和推动者。

（二）坚持改革创新，加强理论支撑和机制建设协同跟进

按照社会化的要求，完善党委领导、政府负责、社会协同、公众参与、法治保障的社会治理体制，探索实践多样化治理模式，着力提升完善社会治理机制。构筑社会治理权责配置机制，清晰界定各类主体的责任和权力范畴，以促进政府、市场与社会职权边界内的协同联动。构筑社会平等协商对话机制，明确协商事项的范围，进一步健全、规范协商的程序和规则，并构建协商成果的运用和反馈机制。构筑社会利益均衡整合机制，建立有效的利益表达、利益整合和利益均衡机制，促进公共资源的合理公正分配。构筑社会信息互动共享机制，提高政府信息公开的自觉性，积极打造社会治理信息互动平台，深挖大数据背后的社会运行规律，实现社会服务领域精准化供给。构筑社会治理人才激励机制，发挥专业优势，拓展工作内容，有效应对多样化民生需求。构筑社会治理绩效评估机制，将民生指标纳入绩效评估体系，建立考、评、议相结合的绩效评估机制，发挥绩效评估纠偏的动态功能，特别是在大型的社会治理项目运行中，设立第三方独立评估办法。

（三）健全法治保障体系，发挥法治引领、规范和保障作用

按照法治化要求，推进法治社会建设，把法治的规范作用

与道德的教化作用结合起来，着力提升完善社会治理模式。强化法治理念，营造良好的法治环境，建立党委领导、人大监督、政府实施、部门配合、社会参与的协同机制，通过媒体平台、阵地载体，传播发挥信息，着力培育公民的法治思维方式，增强依法维护自身权益的意识和能力。修订地方性法律法规，构建完备的法治支撑，突出民生领域立法工作，重视地方性法规配套制度建设，拓展立法信息公开的范围，以及法规实施情况的跟踪与督查。规范公正执法，维护严明的法治程序，全面规范行政处罚裁量权，严格落实行政执法责任制，提高文明执法能力水平。加强监督力度，健全社会治理公开制度，完善监督问责机制，通过构建党内、人大、政协、行政、司法、社会监督综合体系，加强绩效管理，以法治化保障共建共治共享的社会治理格局。同时，还应加强社区治理体系建设积极探索新模式。按照因地因时因人制宜的原则，实现管理人性化、需求匹配化、参与互动化、服务便捷化、成果共享化。

二、推进法治山东建设

法治是治国理政的基本方式。山东各级各部门认真贯彻落实党中央、国务院法治建设要求，坚持改革和法治两翼齐飞、双轮驱动，按照“走在前列”的思路要求，积极适应改革和经济社会发展需要，在地方立法、法律法规实施、依法行政、公正司法以及普法宣传、依法治理等方面采取了一系列扎实有效的措施，法治山东建设取得了新进展新成效。当前，全省上下正以习近平新时代中国特色社会主义思想为指导，全面贯彻落实党的十九大精神和习近平总书记视察山东重要讲话、重要指示批示精神，在广度深度上持续推进法治山东建设，努力在新起点上让人民群众的获得感、幸福感、安全感越来越厚实。

（一）坚持依法服务保障经济社会发展

牢固树立并贯彻落实新发展理念，充分发挥政法职能作用，依法服务保障新旧动能转换重大工程、乡村振兴战略、海洋强省建设等重大任务举措，建立健全联席会议等工作机制，努力为经济社会持续健康发展营造良好法治环境。依法惩处各类违法行为，加大食品药品、公共卫生、安全生产、文化旅游、资源环境、交通运输、城乡建设、社会治安等关系群众切身利益的重点领域执法力度，贯彻落实“三同步”原则建立政法宣传舆论引导联席会议制度，统筹做好敏感案事件依法处理、舆论引导、社会面管控工作，维护群众合法权益和法律尊严。积极稳妥推进司法体制改革，全面推开司法责任制改革，认真落实员额制改革、工资制度改革、职务序列改革等政策措施，统筹推进法院检察院内设机构改革、司法业务管理监督、刑事案件速裁程序、诉讼制度改革等任务，确保改革正确的政治方向，确保改革取得实实在在的效果，不断提升执法司法公信力。

（二）着力推进严格执法文明执法公正司法

认真践行执法司法为民宗旨，大力推进公共法律服务体系建设，加大惩治侵害民生民利犯罪力度，把便民惠民措施落到实处，以保民安解民忧为切入点全面做好服务保障民生工作。认真落实领导干部干预司法活动、插手具体案件处理的记录、通报和责任追究实施办法（试行），支持政法机关依法独立公正行使职权。深入推进执法司法规范化建设，进一步推动执法司法规范化提档升级。完善执法办案终身责任及过错追究制度，加强对司法重点领域的监督检查，开展减刑、假释、暂予监外执行专项整治活动。全面实行行政执法人员持证上岗和资格管理制度，加强执法监督，全面落实行政执法责任制。深入开展久押不决案清理、党政机关执行人民法院生效裁判积案清理、重点涉法涉诉信访案件化解和查处办“人情案”“关系案”“金钱案”等问题专项清理整顿，切实纠正执法办案中损害群众利益的行为。建立政法宣传舆论引导联席会议制度，统筹做好敏感案事件依法处理、舆论引导、社会面管控工作。

（三）深入开展法治宣传和法治创建

推动落实“谁执法谁普法”的普法责任制，健全普法依法治理工作推动机制。深化“法律六进”活动，突出抓好领导干部、青少年、企业经营管理人员等重点对象学法用法，举办“学习宪法、尊法守法”、法治山东主题巡展等活动，营造全民学法、普法的浓厚社会氛围。完善领导干部学法用法述法制度，将法治教育纳入国民教育体系和精神文明创建内容。积极利用新媒体开展法治宣传教育，进一步提升公民法律素质、法治意识。深入开展法治城市、法治县（市、区）、民主法治村等创建活动，推进城乡治理规范化、制度化、法治化。

三、完善社会治安防控体系

社会治安是平安建设的“晴雨表”。建立完善立体化社会治安防控体系，是有效应对社会稳定突出问题、依法严密防范和惩治各类违法犯罪活动、全面推进平安山东建设的有力举措。党的十八大以来，山东着力构筑立体安防体系，全省社会治安形势持续稳定向好，人民群众的安全感不断提升。随着经济社会快速发展和改革的日益深化，社会治安面临新的形势，必须着眼于提升整体效能，以“全域覆盖、全网共享、全时可用、全程可控”为目标，深入推进地面、地下、空中、海域、网络“五位一体”立体化社会治安防控体系建设，全方位推动防控体系建设再拓展、再升级，不断提高综合效能和实战水平，坚决遏制刑事犯罪高发态势，切实保护人民人身权、财产权、人格权。

（一）加强社会面治安防控网建设

根据人口密度、治安状况和地理位置等因素，科学划分巡逻区域，优化防控力量布局，加强公安与武警联勤武装巡逻，建立健全指挥和保障机制，完善早晚高峰等节点人员密集场所重点勤务工作机制，减少死角和盲区，提升社会面动态控制能力。加强公共交通安保工作，强化人防、物防、技防建设和日常管理，完善和落实安检制度，加强对公交车站、地铁站、机场、火车站、码头、口岸、高铁沿线等重点部位的安全保卫，严防针对公共交通工具的暴力恐怖袭击和个人极端案（事）件。完善幼儿园、学校、金融机构、商业场所、医院等重点场所安全防范机制，强化重点场所及周边治安综合治理，确保秩序良好。加强对偏远农村、城乡接合部、城中村等社会治安重点地区、重点部位以及各类社会治安突出问题的排查整治。总结推广零命案县（市、区、旗）和刑事案件零发案社区的经验，加强规律性研究，及时发现和处置引发命案和极端事件的苗头性问题，预防和减少重特大案

（事）件特别是命案的发生。

（二）深入推进公共安全视频监控建设联网应用

大力实施“雪亮工程”，深化视频监控系统建设应用（见图6-5），落实全省视频监控全覆盖工程指导意见、开展“科技创安示范城”建设活动的意见、加强全省铁路沿线公交站点暨农村地区视频监控全覆盖工程建设的意见和山东省公共安全视频监控建设联网应用工作实施意见（2015—2020年），积极开展全国公共安全视频监控建设联网应用试点工作，推动公共安全视频联网整合，加快实现建设集约化、联网规范化、应用智能化，推进立体化、信息化，将社会治安防控触角延伸至网格员、家庭和居民。继续推进“天网工程”建设，固化环京“护城河”“环鲁防控圈”等长效机制，不断增强防控体系的系统性、整体性、协同性。推动科技信息的深度应用，政法部门认真落实与浪潮集团签订战略合作协议，公安机关加快推进大数据警务云计算建设，加快以警务千度、一体化信息采集、移动警务和警务云应用开发中

图6-5　“雪亮工程”视频监控系统

心为代表的通用系统的建设和应用，强化大数据警务云支撑。

（三）深化拓展网格化管理

健全完善源头管控、整体防控、应急处置等工作机制，全面落实省里出台的城乡社区实行网格化管理指导意见，以网格化管理、社会化服务为方向，健全基层综合服务管理平台，推动社会治安防控力量下沉。把网格化管理列入城乡规划，将人、地、物、事、组织等基本治安要素纳入网格管理范畴，做到信息掌握到位、矛盾化解到位、治安防控到位、便民服务到位。因地制宜确定网格管理职责，纳入社区服务工作或群防群治管理，通过政府购买服务等方式，加强社会治安防控网建设。总结完善淄博市“平安网格”责任田经验做法，推动城乡社区社会治理逐渐由粗放式向精细化转变。全面加强基层综治中心规范化建设，在拓面覆盖、规范提高上下功夫，落实加强全省基层综治工作平台规范化建设的指导意见，加快全省县、乡、村级综治工作平台建设。组织开展“无命案乡镇（街道）、无刑事案件村（社区）”综治主题创建活动，组织开展工作督查，提高全省无命案乡镇（街道）和无刑事案件村（社区）覆盖率。

四、让安全生产警钟长鸣

安全生产责任重于泰山，安全事故无小事。安全生产意识应深入到每一个人的心里，在任何时候都不能放松。纵观各种重大安全事故，最初导致事故的原因大都是低级的错误操作，或仅仅因为太过自信。安全事故发生前就如过去认为平坦公路上不可能翻车一样，却偏偏毫不客气地发生着，最终造成无法挽回的经济损失，甚至于付出生命的代价。2013年，青岛黄岛经济开发区输油管线泄漏引发爆燃事故，就是血的教训。习近平总书记强调："这次事故再一次给我们敲响了警钟，安全生产必须警钟长鸣、常抓不懈，丝毫放松不得，否则就会给国家和人民带来不可挽回的损失。必须建立健全安全生产责任体系，强化企业主体责任，深化安全生产大检查，认真吸取教训，注重举一反三，全面加强安全生产工作。"近年来，山东认真落实习近平总书记指示要求，牢固树立安全发展理念，强化安全生产工作的组织领导，夯实安全生产责任，持续在全省范围内开展安全生产隐患大排查快整治严执法集中行动，强化重点行业领域安全监管和专项整治，安全生产形势总体稳定，安全事故总量连续下降，切实承担起"促一方发展、保一方平安"的政治责任。

山东是人口大省，经济总量大，监管对象多，安全生产的任务十分繁重和艰巨，安全生产仍面临着严峻的形势。从理念上看，安全发展的理念还不够牢固。一些地方、部门和企业存在重生产轻安全、重增长轻保障、重利税收入轻社会效益等问题。对安全生产工作的长期性、艰巨性和复杂性认识不充分，对经济社会发展中持续增加的安全风险因素防控不足。从管理上看，政府职能转变滞后。有的行业主管部门对本行业本领域企业安全生产指导、监督方法不多、力度不够；有的安全生产监管部门对企业的监管过分依赖行政手段，经济手段、法律手段、产业手段、金融手段、惩戒手段运用不足。从责任上看，企业主体责任落实不到位。一些企业主要负责人法治意识淡薄，重生产、轻安全的思想比较普遍，在安全生产上不愿投入，安全管理水平不能适应企业的快速发展。从行业上看，化工企业安全生产问题仍然突出。占比70%以上的小化工企业普遍存在工艺技术落后、自动化控制水平低、安全管理水平不高、安全设备设施不完善等问题。一些企业对化工园区的政策和形势持观望态度，安全保障能力严重不足，形成新的安全问题。从体制上看，安全监管体制机制尚不完善。电力、铁路、航空、危险化学品等行业安全监管体制不理顺。危险化学品装卸、城市安全运行、轨道交通安全等领域存在交叉监管和推诿现象。安委会管理机构组织协调、监督检查、考核巡查等作用发挥不够有力有效。从队伍上看，安全监管力量薄弱。特别是县、乡级安监机构编制偏少、力量不足，监管执法专业技术队伍有待加强。以上这些问题的存在，导致当前安全生产事故仍易发多发，有的造成重大人员伤亡、财产损失和不良社会影响。

面对安全生产面临的新形势新问题，必须牢固树立安全发展理念，以更加坚决的态度、更加务实的作风、更加有力的举措抓好安全生产工作，绝不要带血的GDP，坚决遏制事故多发势头。深化安全生产领域改革，认真贯彻落实国家部署精神，建立健全严密的责任体系、严格的法治措施、有效的体制机制、有力的基础保障、科学的风险管控、完善的系统治理，推进安全防范治理体系和治理能力现代化。严格落实安全生产责任，充分发挥安全生产委员会作用，建立安全生产巡查和考核制度，将事故多发的县（市、区）纳入“重点关注县”强化监管。持续开展大检查快整治严执法集中行动，在重点领域实行“一重点、全覆盖”式执法检查，综合运用停产停业整顿、顶格罚款、查封设备等措施，督促企业彻底消除事故隐患和非法违法生产经营建设行为。狠抓风险分级管控和隐患排查治理，全面排查安全风险点，建立安全风险和事故隐患数据库，利用信息化对重大风险点实施动态监控和事故预警。强化企业安全生产监督管理，通过严格监管、严厉处罚，引导企业建立起自我约束、自查自改、持续改进的内生机制。深入开展重点行业领域专项治理，持续推进化工行业转型升级和危险化学品综合治理，持续开展非煤矿山转型升级和专项整治，持续深化烟花爆竹、涉氨制冷、有限作业空间和职业病危害等专项治理，紧紧扭住遏制重特大事故"牛鼻子"。夯实安全生产基础，提高现代信息技术与安全生产融合度，提升企业生产系统本质安全水平，加强安全生产社会监督、舆论监督和群众监督，落实举报奖励制度，推进社会共治，促进全省安全生产形势持续稳定好转。

五、健全公共安全体系

公共安全，一头连着经济社会发展，一头连着千家万户，是社会安定、社会秩序良好的重要体现，是人民安居乐业的重要保障，是最基本的民生。党的十九大提出，要牢固树立安全发展理念，弘扬生命至上、安全第一的思想，时刻把人民群众生命安全放在第一位。

当前，山东公共安全形势总体稳定，全省各级党委、政府高度重视，全社会普遍关注，民众积极参与，已经有了实实在在的安全获得感。尤其是公共安全保障能力不断加强，自然灾害监测预测预警时效性和准确性明显提升，公共卫生事件监测研判和控制成效明显，社会安全风险防控网基本形成，快速反应和现场处置能力显著增强。同时，必须看到，我国正处在公共安全事件易发、频发和多发期，维护公共安全的任务重要而艰巨。特别是随着工业化、信息化、城镇化、市场化和国际化快速推进，各种变革调整速度快、范围广、影响深，公共安全问题的复杂性加剧，潜在风险和新隐患增多，防控难度加大。因此，必须健全公共安全体系，全面提升公共安全保障能力。

（一）健全公共安全体系必须依靠创新

大力推进公共安全保障的思路理念、体制机制、方法措施和技术装备创新，充分发挥科技创新在全面创新中的支撑和引领作用。一方面，应构建全方位、立体化公共安全网技术体系。面向公共安全保障的突出问题和重大需求，重点围绕共性基础科学问题、安全信息系统、社会安全综合治理、生产安全、城镇安全、重大基础设施安全、抵御和应对自然灾害、公共卫生安全、生物安全、农产品食品药品安全等方面的关键科技瓶颈问题开展研究和应用示范，建立公共安全风险评估、预防准备、监测预警、态势研判、救援处置、综合保障等关键环节的公共安全风险防控技术体系。另一方面，应构建标准化的公共安全应急技术装备体系。针对突发事件应对中人员救护和现场处置薄弱的问题，围绕公共安全应急的关键装备和应急服务，开展基础科学问题、共性关键技术、技术标准化和产业化等研究，研发出一批标准化、体系化、成套化的应急技术装备，服务于提升应急保障能力和培育形成新的应急产业经济增长点。另外，还应加强不同类型研究基地建设。比如，能在实验室中再现公共安全事件灾害性耦合作用，再现承灾载体破坏，导致次生、衍生事件及事件链过程的大型试验基地；能对公共安全事件发生、发展和应对处置全过程进行动态模拟仿真、情景构建推演、态势研判、优化决策、指挥跟踪的专题数据库和先进显示系统，等等。

（二）健全公共安全体系必须重视公共安全网建设

编织全方位、立体化的公共安全网是健全公共安全体系的重要举措。公共安全网是以突发事件、承灾载体、应急管理等核心要素及其关联关系构成的横纵互联、虚实结合的大规模复杂网络。通过科技和管理的有机结合，充分运用复杂系统动力学、大数据、云计算、物联网、决策科学、安全平台和应急技术装备等现代科学技术手段，揭示研究对象自身发展规律及其内在联系，实现高效有序的网络运行。提高公共安全体系精细化水平，从预判预警到应急处置，在物理空间、信息空间和心理空间，构建公共安全人防、物防和技防网络，实现人员素质、设施保障和技术应用的整体协调，解决公共安全领域的突出风险和突发事件的辨识、准备、监测、评估、判定、决策、预警、处置、救援和恢复重建等重大问题，驱动公共安全保障能力的持续提升。

（三）健全公共安全体系必须始终保持高压态势

贯彻落实总体国家安全观，以政治安全为根本，把维护国家政治安全摆在首位，深入开展反恐怖、反邪教、反渗透斗争，严密防范、坚决打击敌对势力各种渗透颠覆破坏活动，坚决维护国家安全和社会政治稳定。着眼于防范暴力恐怖事件、群体性事件、个人极端事件、自然灾害等公共安全风险，保障公共卫生、食品药品、交通、网络等各领域安全，持续深入地开展各类集中行动和安全建设，维护全省社会和谐稳定。以提高预测预警预防能力和水平为着力点，推动排查安全隐患防范四类风险专项行动常态化制度化，有效防控政治安全、经济安全、公共安全、网络安全等领域风险隐患。深入开展扫黑除恶专项斗争，持续开展食药打假“利剑”行动、易制毒化学品集中整治、打击打孔盗油违法犯罪破案会战、打击网络贩枪和网络治爆等专项行动。完善打击犯罪新机制，深入推进DNA、电子物证、微量物证、视频技术等新技术应用。深入开展公路安全生命防护工程，开展全省消防安全“责任强化年”活动，深入推动寄递物流渠道安全管理。健全完善特殊人群服务管理体系，组织开展“流浪孩子回校园”等专项行动，切实做好严重精神障碍患者、不良行为青少年、刑满释放人员、社区矫正人员、邪教人员等特殊人群教育管控工作。适应高铁快速发展新形势，着力打造平安铁路建设升级版。

（四）健全公共安全体系必须动员全社会参与

民众是公共安全保障的主体，既是公共安全保护的主要对象，又是实施公共安全保障的重要力量。公众参与对维护公共安全、预防和应对安全风险非常关键。在灾害事故来临时，公众第一时间的自救和互救对提高生存率发挥着不可替代的作用。这就需要完善公共安全学科建设和教育体系，构建覆盖专业人才培养与基层民众科普的公共安全教育体系，建设一批公共安全体验、培训、演练基地，提高民众的安全意识、安全素质和自救互救能力。

参考文献

[1]《中国大百科全书》，中国大百科全书出版社1990年版。

[2]《陈云文选》，人民出版社1995年版。

[3]崔功豪：《区域分析与规划》，高等教育出版社1999年版。

[4]魏后凯：《中国国家区域政策的调整与展望》，《西南民族大学学报》2008年第10期。

[5]杨开忠：《迈向空间一体化——市场经济与中国区域发展》，四川人民出版社1993年版。

[6]何添锦：《我国区域经济发展格局与政策演变的回顾与启示》，《经济论坛》2010年第5期。

[7]孙斌栋：《制度变迁与区域经济增长》，科学出版社2007年版。

[8]陈栋生：《中国区域经济发展的新格局——改革开放30年回顾与前瞻》，《南京社会科学》2009年第3期。

[9]王倩：《基于主体功能区的区域协调发展新思路》，《四川师范大学学报（社会科学版）》2011年第38卷第1期。

[10]王凯：《全国城镇体系规划的历史与现实》，《城市规划》2007年第10期。

[11]杨开忠：《迈向空间一体化——市场经济与中国区域发展》，四川人民出版社1993年版。

[12] 任金玲:《我国产业转移与区域经济协调发展研究》,西南财经大学出版社2014年版。

[13] 孙久文:《区域经济规划》,商务印书馆2005年版。

[14] 冯子标、焦斌龙:《分工、比较优势与文化产业发展》,商务印书馆2005年版。

[15] 高鸿业:《西方经济学》,中国人民大学出版社2001年版。

[16] 陈体标:《技术增长率的部门差异和经济增长率的“驼峰形”变化》,《经济研究》2008年第11期。

[17] 陈体标:《经济结构变化和经济增长》,《经济学(季刊)》2007年第4期。

[18] 江小涓:《世纪之交的工业结构升级》,上海远东出版社1996年版。

[19] 潘团:《科技创新、产业结构升级对经济增长的影响研究》,安徽财经大学2017年硕士学位论文。

[20] 张明:《产业升级与经济增长理论研究——兼论中国产业升级和经济增长融合之路》,山西财经大学2013年。

[21] 张辽:《要素流动、产业转移与区域经济发展》,华中科技大学2013年博士学位论文。

[22] 孔昭昆:《我国地方政府在区域经济竞争中角色定位研究》,哈尔滨工业大学2006年硕士学位论文。

[23] 张红梅:《地方政府在区域经济竞争中的角色定位》,《宁夏党校学报》2008年第4期。

[24] 谷亚光、谷牧青:《论“五大发展理念”的思想创新、理论内涵与贯彻重点》,《经济问题》2016年第3期。

[25] 程恩富:《论新常态下的五大发展理念》,《南京财经大学学报》2016年第1期。
[26] 郝潞霞:《习近平对中国特色社会主义发展理论的新发展》,《科学社会主义》2016年第1期。
[27] 黄书进:《习近平治国理政的新理念新思想新战略》,《观察与思考》2016年第2期。
[28] 颜晓峰:《中国特色社会主义发展规律的新认识》,《中国特色社会主义研究》2016年第1期。
[29] 辛鸣:《论当代中国发展战略的构建》,《中国特色社会主义研究》2016年第1期。
[30] 张建:《"五大发展理念":全面建成小康社会的科学指南》,《理论导刊》2016年第2期。
[31] 严书翰:《中国共产党发展理念的演进与创新——兼论习近平发展思想的科学内涵》,《人民论坛·学术前沿》2016年第3期。
[32] 冯俊:《五大发展理念是对科学发展观的新突破新发展》,《中国浦东干部学院学报》2016年第1期。
[33] 2009—2017年《中国统计年鉴》。
[34] 2009—2017年《山东统计年鉴》。
[35]《山东新旧动能转换综合试验区建设总体方案》。
[36]《山东省新旧动能转换重大工程实施规划》。
[37]《关于推进新旧动能转换重大工程的实施意见》。
[38] 李稻葵、[德]罗兰·贝格:《中国经济的未来之路:德国模式的中国借鉴》,中国友谊出版公司2015年版。

[39] 张军扩、余斌、吴振宇:《追赶接力:从数量扩张到质量提升》,中国发展出版社2014年版。

[40] 芮明杰等:《中国新型产业体系的构建与发展研究》,上海财经大学出版社2017年版。

[41]《习近平谈治国理政》第一卷、第二卷,外文出版社2017年版。

[42] 中共中央宣传部编:《习近平新时代中国特色社会主义思想三十讲》,学习出版社2018年版。

[43] 习近平:《摆脱贫困》,福建人民出版社1992年版。

[44] 中央党校采访实录编辑室:《习近平的七年知青岁月》,中共中央党校出版社2017年版。

[45] 中共中央宣传部理论局编:《新时代面对面——理论热点面对面》,学习出版社、人民出版社2018年版。

[46] 党的十九大报告辅导读本编写组编著:《党的十九大报告辅导读本》,人民出版社2018年版。

[47] 山东省决策咨询培训中心编:《山东省情》2017版,山东友谊出版社2017年版。

后 记

本书作者长期从事政策研究工作，对山东区域发展的历史演变和实践过程比较熟悉，参与了省内多项区域发展规划的研究谋划。主编郝宪印从书稿立意、研究方向、篇章结构、写作风格都做了全面策划，对各章节写作进行了精心指导和系统审改。其他参与人员：都杰，负责第一章“区域发展与竞争优势”的编写；张成杰，负责第二章“大而不够强的山东经济”的编写；管延忠，负责第三章“从全国区域竞争格局中看山东经济”的编写；黄建勇，负责第四章“加快新旧动能转换是唯一出路”的编写；吕擎，负责第五章“着力构建现代产业新体系”的编写；郭延民，负责第六章“实现以人民为中心的发展”的编写。在本书付梓出版期间，山东人民出版社相关人员贡献了汗水和心血，在此一并表示感谢。

编 者

2018年10月